오프로드를
달리는 여자

오프로드를 달리는 여자

발행일 2008년 7월 21일 1쇄 | **저자** Christine Comaford-Lynch | **역자** 이향림 | **디자인** 디자인자신 | **발행처** (주)한국맥그로힐
주소 서울시 마포구 서교동 376-12 지우B/D 2, 3F | **전화** (02)325-2351 | **발행인** 채정태 | **등록번호** 제10-1734호(1999.3.29)
ISBN 978-89-6055-096-4 | **판매처** (주)새빛에듀넷 | **문의** (02)3442-4393 | **판매정가** 12,000원

※잘못된 책은 바꾸어 드립니다.

※역자와의 합의하에 인지는 생략합니다.

달리는 여자

크리스틴 코모포드 린치 지음 | 이향림 옮김

McGraw-Hill Korea

| CONTENTS |

__번역을 마치고

　글을 썩 잘 쓰는 것은 아니었지만 초등학교 때부터 백일장을 하면 언제나 등수 안에 들었고, 국어 선생님들께 작문 솜씨에 대해 칭찬도 종종 들었던 학창시절을 보낸 이유로 언젠가는 나도 글을 써 보리라 생각한 적이 있었다. 대학생 때는 젊음의 고뇌 때문에 여러 편의 시를 쓰기도 했지만 창작의 즐거움으로 가슴 떨리던 순수의 시간은 어느새 희미하게 색이 바래버린 중년이 되었다. 선택한 일에 책임을 지는 인생을 살고자 현실에 충실 하다 보니 문학의 향기와는 멀어졌으나 세상이 말하는 성공한 사람 축에 들게는 되었다. 작년 겨울 맥그로힐에서 여성 CEO가 번역을 하면 좋을 책이 있다고 작업을 의뢰해 왔을 때 오랫동안 잊고 지내던 글쓰기에 대한 향수가 살아났다.

　일단 원본을 한번 읽어보고 결정하겠다고 했다. 번역은 구미가 당겼지만 내가 좋아할 책인지 먼저 알아보는 것이 필요했기 때문이다. 내용에 공감을 할 수 없다면 번역은 지루한 일이 될 것이고 그런 일은 할 필요가 없으니까 말이다. 책을 읽었다. 내용이 좋았다. 이 책의 작가는 드물게 많은 경험을 한 여성이고 매우 성공한 여성이다. 지나치다 싶을 정도로 솔직하게 털어 놓은 그녀의 삶을 들여다 보면서 신선한 감동을 느낀 이유는 이 정도로 자신의 이야기를 가감 없이 할 수 있다는 것은 작지 않은 내공의 소유자라는 뜻임을 알기 때문이다. 많은 일을 겪고 어떤 지점에 다다른 사람들과 이야기를 나누는 것은 즐거운 일이다. 나는 이 책을 번역하면서 그러한 즐거움을 혼자 느꼈다.

저자가 살아온 이야기를 들으며 자연스럽게 나의 인생 여정과 비교를 하게 된다. 그녀가 말하고 있는 이단자의 모습이 낯설지 않다고 느끼면서 새삼스럽게 나도 이단자로 살아 왔음을 상기하게 된다. 실제로 저자의 이야기가 마치 나의 이야기처럼 느껴지는 대목도 많이 있었다. 두려움을 극복하는 방법과 실패를 바라보는 시각 등은 내가 지금까지 살아오면서 알아낸 삶의 비밀 그대로였다.

생각해 보면 우리 모두는 나름대로 이단자일 수 밖에 없을 것이다. 제 멋에 산다는 말처럼 누구나 자신만의 인생을 살아가고 있지 않은가. 그런 의미에서 또 하나의 성공 지침서가 아니고 남녀노소 모두 공감하면서 읽을 수 있는 좋은 책을 번역하게 된 것을 진심으로 감사하고 있다. 각 장마다 현실감 넘치는 에피소드를 읽는 재미가 쏠쏠하고 마지막엔 요점정리와 좋은 인터넷 사이트들도 소개하고 있으니 넘쳐나는 서점의 책들 중 독자의 독서 욕구를 충족시키기에 충분한 미덕을 지닌 책이 아닐까 생각한다.

번역은 녹록한 일이 아니었다. 우리말과 영어가 매우 다른 언어라는 것을 명심하고 완전한 이해를 전제로 새롭게 글을 쓰면서도 원작의 묘미를 잃지 않아야 한다는 것은 결코 만만한 과제가 아님

7

을 알게 되었다. 오랜만에 책과 씨름하는 느낌이 싫지 않았다. 처음에는 맘만 먹으면 쉽게 빨리 할 수 있을 거라고 여유를 부리다가 첫 장을 번역해 보곤 '앗 뜨거' 하는 느낌이 들었다. 몇 번의 주말과 연휴를 온전히 쏟아 붓고서야 초벌 번역을 끝낼 수 있었다.

번역을 하는 동안 글쓰기의 즐거움을 다시 느꼈고, 책의 내용이 독자들께 도움이 될 수 있을 거라는 확신으로 들뜬 기분이 되기도 했다. 최선을 다해 저자의 의도를 정확하게, 왜곡 없이 전달 하려고 애를 썼으나 완벽할 수는 없을 것이다. 혹시라도 있을 어색하고 껄끄러운 부분에 대해 독자 여러분의 너그러운 이해를 구한다.

독자들께 이 책이 재미있는 책이 되길, 그래서 저자가 말하고자 하는 진심이 잘 전해지길 소망한다. 역자로서 그것처럼 보람되고 안심되는 일은 없을 것이다. 좀더 좋은 표현을 찾기 위해 친구들의 시간을 빌려 토론을 하기도 하였다. 기꺼이 응원군이 되어준 정도와 재숙에게 고마움을 전한다.

2008년 초여름
이향림

번역을 마치고

_당신은 이단자이다.

    당신은 남들과 달리 뜨거운 열정과 신념이 있다. 당신은 일에 방해가 되는 모든 불필요한 규칙들을 깨고 싶어한다. 당신은 이단자이다. 당신은 성공의 제단에 자신을 제물로 바치길 거부한다. 커리어를 키워가면서 나만의 제국을 건설하고 싶어한다. 당신이 잘나가는 회사의 사장이거나 아니면 사내 한 조직의 부서장이거나, 회사가 작거나 크거나, 또는 수익이 있거나 없거나 상관이 없다. 혹 당신은 재취업을 염두에 두고 있을 수도, 처음으로 취업전선에 나선 사람일 수도 있겠다. 당신의 지금 기분이 어떠한지 난 안다. 내가 알고 있던, 모르고 있던 간에 나도 이단자였기 때문이다.

    비즈니스의 세계에서 나의 여정은 결코 순탄하지 않았다. 열 여섯 나이에 직업모델이 되기 위해 집을 나와 뉴욕으로 도망쳤고, 6개월 후 고등학교 졸업장도 없이 대학진학을 시도했다. 뉴욕의 패션계와 대학 모두, 세상을 바꾸고 싶은 나의 소망을 충족시키지 못했기에 나는 불교의 승려가 되었다. 그러나 스물 넷에 승려로서의 맹세를 파기하였다. 스물 다섯 살에 다시 햄버거를 먹었고 남자친구를 사귀었으며 마이크로소프트에서 말단 직을 얻었다. 나는 내 안에 존재하는 괴짜의 모습을 기꺼이 인정하였고 나만의 길을 가면서 세상에 도움이 되는 사람이 되려면 회사를 세워야 한다는 것을 깨달았다. 스물 일곱 살에 백만장자가 되겠다고 결심했다. 10년이 흐른 후 천만 달러 이상을 벌었고 3백만 달러를 여러 자선단체에 기부했다. 40살에 은퇴했을 때는 포천 1,000에 등재된 기업들 중 700개 회사들 그리고 수백 개의 작은 회사들과 컨설팅 사업을 하고 5000개 이상의 일자리를 만들었으며 나의 이상형을 만나 결혼하고 멋진 의붓아들을 가진 엄마가 된 후였다.

아주 근사해 보이지 않는가? 내 이력서의 앞장을 화려하게 장식하는 이야기들이다. 이력서의 뒷장에 쓰여지는 이야기들은 이렇다. 나는 망가지는 것도 엄청나게 멋졌다. 그것도 매우 자주 말이다. 나는 맨 처음 사업이란 세계에 발을 들여놓을 때 가졌던 바람직한 통찰력을 잃어버렸다. 계속해서 다른 사람들에게 기대고 나의 가치를 남이 좋게 평가해주기를 고대하면서 자신감을 잃어갔다. 예쁘게 보이고 싶어서 금발을 만드느라 검은 머리를 심하게 탈색하는 바람에 머리칼의 뿌리가 상해 결국 8개월이나 가발을 쓰고 다닌 적도 있었다. 한 종교집단에 빠져서 열심히 쌓아 올린 명성과 커리어를 모두 망쳐 버릴 뻔 하기도 했다. 거래처 명단을 늘리는데 혈안이 되어서 소중한 친구들을 많이 잃어버렸다. 어금니를 악물고, 갈아대고 조바심에 전전긍긍하며 사느라 서른 여덟 살에 얼굴의 곳곳을 손봐야 했고 마흔 둘에는 인공치아를 해 넣었다. 아 참, 그리고 8백만 달러를 날려버린 작은 실수에 대해서 이야기 했던가? 원래 이루려고 했던 인생의 목적을 다시 세우고, 필요한 일을 하도록

11

나 자신을 되돌리는 데는 많은 깨달음이 있은 후였다. 슬프게도 그 깨달음 중에는 아버지의 임종을 지키면서 얻어진 것도 있다.

마흔 네 살이 된 지금 나는 아직도 노력하는 중이다. 나는 내 영혼을 살찌웠던 일자리로 돌아왔다. 사람들이 가진 사업가로서의 기질을 발전시키는 방법을 알려주고 회사의 크기에 상관없이 사업을 활성화 시킬 수 있도록 돕는 일을 한다. 글을 쓰고 세미나에서 연설을 하며 열성적으로 봉사활동을 한다. 아직도 실수를 하지만 지금은 예전에 비해 횟수가 줄었고 보다 넓은 안목을 가지고 일을 한다.

당신의 여정은 나의 것과 다르겠지만 그래도 공통점은 있을 거라 생각한다. 당신은 근사한 인생과 커리어를 원하고 있다. 아마도 그 꿈을 이룰 계획도 가지고 있을 것이며 자신을 완전히 희생하지 않고 성공을 얻고 싶을 것이다. 그런 당신을 위해 이 책을 썼다. 당신이 커리어의 어느 과정을 밟고 있느냐에 따라 이 책의 각 장들이 조금씩 다른 도움을 줄 것이다. 순서를 무시하고 읽어도 좋다. 그러나 당신은 결국 모든 이야기들을 다 읽게 될 것이다. 각 장마다 각기 다른 이야기들이 각기 다른 도움을 줄 것이기 때문이다. 만약 안 읽고 넘어가면 재미있는 이야기들을 놓치게 될것이다.

이 책은 내가 사업의 성공과 실패, 애정이 담긴 강한 관계와 처참하게 무너진 관계에서 배우고, 영적인 삶을 추구하면서 알아낸 삶의 핵심들을 정리한 것이다. 나는 아무것도 가진 것 없이 시작했다. 머리가 좋은 것도 아니었으며 사회적으로 물려받은 것도 전혀 없었고 돈도 없었다. 그러니 내가 한 만큼 누구나 할 수 있다. 당신이 원하는 것이 단순히 금전적으로 독립하는 것이라면 이 책이 도움을 줄 것이다. 풍부한 관계를 통한 의미 있는 삶을 원한다면 이 책이 도움이 될 것이다. 일하는데 영성을 불어넣고 싶다면 이 책이 도움이 될 것이다. 자신감과 자긍심을 좀더 갖고 싶다면 이 책이 도움이 될 것이다. 완벽한 복부와 멋지게 태운 피부, 더 멋진 허벅지를 30일 안에 갖고 싶다면 미안하지만, 이 책은 도움이 안 될 것이다.

나의 커리어에 관련된 재미있는 이야기들을 통해서 비즈니스가 얼마나 격정적이며, 창의적이고 또 멋질 수 있는지 보여주고 당신이 내가 목격한 완벽한 승리와 철저한 파멸을 엿보면서 웃고 느낄 수 있도록 하자는 것이 이 책의 기획 의도였다. 두 경우에서 모두 많은 것을 배울 수 있으니까. 그러나 사업가로서의 나의 인생을 곰곰이 반추하면서 나는 조금 더 거대한 이야기를 하고 싶어졌다. 커리어를 역동적으로 키워가면서 인생을 충실히 살아가면 자연히 얻어지는 그 어떤 지혜 같은 것에 관한 이야기들 말이다.

당신도 나처럼 공짜 경품을 좋아하리라. 나는 언제나 백악관에서 준 손수건을 소중히 아낀다(뭐 정확하게 말하면 내가 그냥 집어 온 것이지만). 그래서 이 책에는 멋진 공짜 선물들이 많이 들어있다. 사업계획안 견본, 영업과 마케팅 기술에 대한 교본을 얻을 수 있는 웹사이트, 내면의 힘을 키우고 거절당할 때 잘 견뎌내는 방법 등등.

당신이 내 이야기에서 인생과 커리어에 대한 투자 수익은 들어가는 비용보다 천만 배 더 크게 돌아온다는 점을 배웠으면 좋겠다. 당신은 힘과 용기, 자신감과 낙관을 얻고, 그 어떤 난관에도 당신이 결국 승리하리라 확신하게 될 것이다. 당신은 단지 살아 남는 게 아니라 성공하고 말 것이다.

자, 이단자 여러분들이여,
   이제 파티를 열어보자.

크리스틴 코모포드 린치

Rule_1

모든 것은 허상이다
힘이 생기는 장면을 상상하라

현실은 아무리 지속적이어도
허상에 지나지 않는다.

알버트 아인슈타인(Albert Einstein)

벼락치기 창업으로
수백만 달러 벌기

이단자들은 자신과 회사에 맞는 현실을 생각한다. 그러나 현실이란 무엇일까? 당신은 확신하는가? 내가 10대에 인간의 잠재능력에 대한 공부를 시작했을 때, 곳곳에서 후렴구와도 같이 자주 마주쳤던 구절 하나가 있다. '모든 것이 허상이다'라는 개념이 그것이다. "치~ 그게 사실이면, 난 뭐든지 될 수 있겠네"라고 생각하곤 했다. '허상'이라고 해서 모든 것이 매트릭스 세상처럼 가짜라는 뜻이 아니다. 우리의 삶은 우리가 생각하고 느끼는 대로 창조할 수 있는 것임을 말하는 것이다. 셰익스피어는 이 사실을 알았다. "생각이 모든 것을 그렇게 만든다"고 말하지 않았는가. 우리는 인생의 모든 단계에서 매 순간 허상을 만들어낸다. 허상은 긍정적이기도 하고 부정적이기도 하며 성장을 견인하기도 하고 파괴를 촉진시키기도 한다. 우리를 둘러싼 현실은 우리가 스스로 만들어 내는 것임을 확실히 인식해야 자신을 위축시키는 몹쓸 허상을 버리고 의식적으로 행복하고 진취적인 허상을

모든 것은 허상이다. 힘이 생기는 장면을 상상하라

품을 수 있다.

우리는 늘 즉석에서 판단을 내리곤 한다. 당신이 다른 이들에 대해 그렇게 하듯, 그들도 당신에 대해 즉석에서 판단을 내린다. 먼저 우리는 스스로 자신에게 내리는 판단을 바꿔 볼 필요가 있다. 그래야만 나에 대한 타인의 판단을 바꿀 수 있는 것이다. 늘 가능하진 않지만, 조금 더 긍정적인 인상을 제공하여 타인에게 영향력을 발휘할 수는 있을 것이다. 우리가 내린 자신에 대한 정의가 허상임을, 그것도 고착된 허상임을 기억하라.

내가 원하는 일이더라도 새로운 일에 착수할 때는, 엄청난 불안감을 느끼곤 했다. '잘할 수 있을까?'라는 의구심을 떨쳐버리려고 안간힘을 썼다. *나는 가진 게 없어, 아는 사람들도 별로 없어, 나는 가난해, 겁이 나, 나는 인기도 없어, 나는 샌님인데다가 품위도 없어...* 당신도 이런 고민에 시달린 적이 있으리라. 이런 생각들은 파괴적인 허상을 만들어낸다. 내가 배운 것은 이렇다. 이런 감정 덩어리를 내버리지 않으면 늘 보잘것없는 사람으로 남을 것이며 인생도 보잘것없어진다는 것이다. 짐을 내버리는 것이 쉽지 않은 일임을 잘 안다. 당신이 나의 노골적인 동정에 마음이 상했다면 용서를 구한다. 나는 이 악마들과 싸우느라 많은 시간과 에너지를 낭비했고 이제 당신과 같은 아픔을 나누고 싶을 뿐이다. 짐을 내버려라. 당신의 파괴적 허상을 없애버려라. 꿈을 좇는 경주를 하고 싶다면 쓸데없는 짐을 버리고 가벼운 몸이 되는 것이 낫지 않겠는가?

많은 사람들이 그렇듯 내 어린 시절에도 문제가 많았다. 아버지로

18

부터 내가 아들이었으면 얼마나 좋았을까 하는 이야기를 들었을 때, 여자애 치고는 똑똑하지도 않고 예쁘지도 않다는 말을 들었을 때 나는 가슴 깊이 큰 충격을 받았고, 이 파괴적 허상을 마음 속 깊이 새겼다. 나는 낙오되지 않기 위해 가치 있는 사람임을 증명하려고 안간힘을 썼다. 아버지의 비판적인 말이 사실은 나에게 동기를 부여하고, 아픔을 통해 행동을 이끌어내려는 의도였다는 것을 아는데 몇 십 년이 걸렸다. 내가 사업이 성공하도록 사람들을 돕고 고무하는 일을 할 수 있게 된 저변에는 바로 아버지가 나로 하여금 모자람이 많은 아이라는 딱지를 스스로 붙이게 만들었던 그 일이 자리잡고 있다 해도 과언이 아니다. 나는 평판보다 훨씬 나은 사람이라는 것을 보여주기 위해서, 나 자신의 덕목을 찾아내고 드러내는 노력을 부단히 했다. 그런 노력을 통해서 알아낸 진실은 정말 멋진 것이었다. 아버지가 나를 괜히 야단치신 게 아니라 세상과의 싸움에서 이길 수 있도록 강하게 키우려는 의도에서 그랬다는 것이었다. 결국 나의 아버지는 가장 신뢰할 수 있는 내 인생의 조언자였다. *살다보면 파괴적인 허상들이 더 큰 힘이 되는 무엇인가로 탈바꿈하는 일이 종종 발생한다.*

태어날 때 우리는 모두 같은 크기의 존재가치를 부여 받는다고 나는 믿는다. 더도 아니고 덜도 아닌 딱 그 만큼. 아무도 그걸 뺏어 갈 수 없고 더해 줄 수도 없다. 때로 우리는 그것을 가지고 있었다는 사실을 망각하곤 하지만 이제는 회복해야 한다. 존재가치는 쓸모없다고 여기기 쉬운 개념이다. 그러나 당당히 나아가서 당신은 가치 있는 사람이라고 선언하라. 모든 것은 어차피 허상이니까.

19

마왕의 황혼

인사부의 초임 임원. 어떤 타입의 사람들인지 어렵지 않게 상상이 갈 것이다. 마이크로소프트에 그런 임원들이 있는데 그 중에서도 가장 술수가 능란한 한 사람을 내 편의에 따라 '딕'이라고 부르겠다. 얼굴은 그럴싸하게 생겼지만 속지 마시길. 감색 윗도리와 카키색 바지, 그 북구유럽풍의 근사한 얼굴 뒤에는 인사부의 마왕같은 음흉한 본색이 있으니까. 하지만 그가 아무리 위세를 떨어 우리에게 권력을 휘두르려 해도, 우리 계약직 직원들은 전체 엔지니어들의 20%에 달하는 만큼 그는 우리가 필요하다.

복도에서 마주치면 딕은 임시직 명칭이 들어간 이메일 주소를 이용해 인사를 한다. "안녕, t - 크리스." 그의 우월적 지위, 풋내나는 명령조, 고르게 드러난 이는 마치 "너는 누가 뭐라 해도 임시직일 뿐이야, 너의 이메일은 t로 시작하거든(모든 임시직들에게는 임시(temporary)를 나타내는 t로 시작하는 사원 분류코드가 주어진다). 우리 정규직들이 냉장고를 사용하고, 8개의 다른 맛이 나는 주스를 마시고, 공짜 우유를 6종류나 마음대로 마셔도 신경 꺼줘"라고 말하는 것 같다.

마이크로소프트에는 프로그래머, 소프트웨어 테스터 등 여러 직종에 수백 명의 독립적인 계약직원들이 있다. 대다수가 수년 동안 일해왔고, 국세청 규정대로라면 우리는 사실상 정규직원이나 마찬가지였다. 그러나 마이크로소프트는 계약직에게는 원천징수 의무를 다하지 않았다. 국세청은 당연히 이에 화가 났고 난리를 부렸다. 때는 1989년, 베를린 장벽이 무너지고 있는데 워싱턴 주 레드몬드 시의 마이크로소프트 인사부서가 비틀거리고 있는 중이다. 난 무엇인가 무너지는 걸 좋아한다. 빨리 움직이면 뭐 좀 주워올게 있으니까.

딕이 회의실에 모든 계약직원들을 소집했다. "주목하세요. 주목, 모두. 자 회의를 시작합시다." 우리들 대부분은 여전히 속닥거리고 있고 딕은 헛기침을 하고 나서 볼륨을 높인다. "우리 마이크로소프트에서는 최고의 인재들만을 고용하려고 합니다. 그리고 그 인재들이 정직원이 되기를 원치 않으면 우리는 지금까지 이들에게 계약직을 허용해 왔습니다." 그는 자리에 모인 3백 여명의 계약직원들이 숨을 죽여가면서까지 오로지 그만을 주목해주기를 바라며 말을 멈추지만 우리는 계속해서 속닥거린다. 딕의 얼굴이 벌겋게 달아오른다(그는 우리가 자기를 존경하지 않는 것을 무척 싫어한다). "결론적으로 말해 여러분의 세금을 누군가가 내야 하므로 여러분은 이제 곧 정규직으로 전환해야 합니다."

사실 우리는 죽어도 정규직이 되고 싶지 않다. 누구에게 고용되는 것도 원치 않는다. 우리는 일주일에 80시간 이상 일하면서 정규직 사원의 3배에 달하는 돈을 벌고 있다. 스톡옵션이나 건강수당 같은 것은 없지만 어차피 회사가 상장된 지 몇 년 되지도 않았으니 크게 손해 볼 것도 없다. 마이크로소프트 스톡 옵션 팔아서 얼마 벌겠어? 언젠가는 벌 수도 있겠지. 하지만 난 어리기는 해도 바보는 아니거든.

"여러분이 마이크로소프트의 직원이 되길 거부한다면... 누가 그런 결정을 할지 의심스럽지만... 여러분은 볼트(Volt) 기술지원 회사의 직원이 되

21

모든 것은 허상이다. 힘이 생기는 장면을 상상하라

어야 할 겁니다.'" '왜 거대한 직업 알선회사의 먹이가 되어야 해? 원천징수 서비스 한답시고 우리 돈을 왕창 떼어 갈려고? 내가 스스로 서비스 하고 말지. 고맙지만 됐네요.'

바로 옆자리에 앉아있던 전 부서 동료인 댄이 내게 기대더니 가는 갈색머리칼과 투명하고 반사가 심한 그의 할머니 풍 안경을 통해 올려다 본다. "이봐, 저 볼트라는 회사 말이야. 수표 좀 발행해주고 소득세 원천징수 좀 하면서 한밑천 잡겠는데."

나는 회의실을 훑어 보면서 머리 속으로 계산을 한다. 약 300명의 계약직들, 시간당 평균 마진 10달러 – 우와! 그러면 시간당 3천 달러 수익, 하루에 2만 4천 달러... 급여관리하고 소득세 보고만 하면서도 말이지. 볼트 녀석들이 군침 흘릴 만도 하군. 급여 관리라... 흠... 어떻게 하는 거지? 알아낼 수 있겠지. 모르면 아빠에게 여쭤보자. 그래, 낮에는 마이크로소프트에서 일하고 밤에는 서비스 계약회사를 운영하는 거야.

나는 손을 번쩍 들고 흔든다. "이봐요, 딕! 저한테 회사가 하나 있어요." 나는 자리에서 일어선다. "제가 모든 직원들을 고용할게요." 딕의 차가운 푸른 눈이 얼어붙는다. 모두들 일제히 나를 바라본다. 모두들 쥐 죽은 듯 조용하다. 딕은 내가 헛바람을 빼고 자리에 앉도록 하려고 눈짓으로 나를 밀어낸다. 자기가 가진 어둠의 빛 파워를 어떻게든 써 보려고 노력하는 중이다. 나는 내 바지의 앞쪽 벨트 고리를 눌러서 우리 엔지니어들끼리 농담으로 사용하는 '광선 방패'를 작동시켰다. 댄도 같은 행동을 하면서 속삭인다. "광선 방패 작동!"

"게다가" 나는 계속 이야기한다. "저희 회사는 직원들한테 볼트보다 서

22

비스 요금도 적게 받을 거예요." 저희 회사? 무슨 회사? 이 회의가 끝나자마자 1-800-INCOURPU(미국의 수신자 부담 전화)에 전화해서 회사를 하나 세워야 해. 볼트의 서비스료? 얼마나 되는지 모르지만 그것보다 좀 덜 받으면 되겠지. 사업 용어로는 차별화라고 하지. 《Inc.》에서 읽은 적이 있어. 접어서 뒷주머니에 넣은 잡지가 나를 자꾸 앞으로 밀고 있는 느낌이다.

나는 대부분이 남자들로 이뤄진 군중들을 말없이 뚫어지게 바라본다. 제발 나하고 일해요. 당신들에게 좀더 나은 조건이라니까. 제발… 몇몇 얼굴들이 천천히 밝아진다. 그들은 자신들이 이곳에 필요한 인물이며 자신들에게 선택권이 있음을 깨닫고 환하게 빛이 나고 있다.

"애송이 보스?" " 어느 부서야?" "소프트웨어 엔지니어야? 마케팅 친구야? 볼트보다 낫다는 거야?" 숙덕거림은 계속된다.

딕이 얼굴을 돌려 나를 본다. "그것 참 흥미로운 제안이군요, 크리스틴." 그는 내가 OS(Operating System:운영체제) 부서에서 최초의 여성 계약직원인 것을 고깝게 생각한다. 그는 내가 고등학교 졸업장도 없고 대학교 학위도 없는 것을 싫어한다. 그는 내가 아이비리그 출신들로 넘쳐나는 화려한 인재 풀에 오점을 만든 것을 증오한다. 그리고 계약직원들이 나의 제안을 고려하고 있는 것도 싫어한다.

"모두들 조용히 하세요!" 아무도 듣지 않는다. 속닥거림은 대화로 번져간다. 300여 개의 목소리들이 큰 소음을 만들고 너무나 명백하고 커다란 힘을 생성시켜 열기를 느낄 정도의 불꽃으로 변해간다. "모두들, 모두 좀 주목하세요." 방안은 소란으로 가득 찬다. 작은 땀방울이 격노한 딕의 뺨을 타고 흘러내린다."모두들, 제발 여러분 모두… 닥쳐요!" 딕이 소리친다.

확실해. 나는 생각한다. 이 친구는 불안정한 생물체야.

딕의 연설 내내 딕과 함께 넌단에 서 있는 두 명의 볼트 직원들은 군중들을 바라보면서 고개를 저으며 넥타이를 느슨하게 잡아 늘이고 있다.

"그러니까 여러분, 모두 볼트로 가세요." 딕은 흥분해서 침을 튀긴다.

나는 일어서서 돌아선다. 사람들을 훑어보고 그들도 나를 보는지 확인한다. 나는 그들에게 주어진 또 다른 대안책이다. 나는 그들의 B 계획안인 것이다.

"세상에 기가 막혀서." 딕은 윗입술을 말아 올리면서 말한다. "아니면 크리스틴의 회사로 가던지요. 그러나 일주일 안에 정규직 직원이 안 되면 해고입니다." 그는 연단에서 내려와 허리를 펴고 볼트에서 온 양복들과 악수를 한다. 그들은 불쾌함이 역력한 얼굴로 나를 보면서 나를 죽이고 싶은 생각을 할 것이다. 하지만 그들도 나의 광선 방패를 뚫지 못한다.

약간의 사람들이 나의 이야기를 더 듣기 위해 모여든다. 나는 나 자신이 엔지니어이며 볼트보다 5퍼센트 싸게 일하겠다고 강조한다. 나는 t-chrisc@microsoft.com 라고 적힌 나의 이메일 주소를 준다. 그래요 나도 "t -"랍니다. 그래요 나는 계약직이죠. 그래도 지금은 여기 있어요. 바로 이곳에 있다고요.

모두들 회의실을 떠나자 나는 뒤에 남아 전화기를 찾는다. 빈 사무실에 잠깐 들어가서 욱신거리는 젖은 손으로 뒷주머니에 넣어두었던 구겨진 잡지를 꺼내 힘없이 내려놓는다. 전화해야지, 전화. 회사를 세웠는데 아무도 입사를 안 하면 어떻게 하나? 아니 사람들이 많이 입사했는데 내가 일을 못하면 어쩌지? 나는 아직도 손가락이 떨린다. 그냥 전화하자. 번호를 돌려야 돼. 10분 동안 100달러를 쓴 후 나는 델라웨어, 쿠베라 조합 (Delaware corporation, Kuvera Associates)을 세운다. 내 입안에서는 공포의 맛, 쇳내가 나고 있다.

두 번째 전화. 임원실 임대 서비스. 임시 사무실이 필요하다. 여기 이 사무실 같은.

세 번째 전화. "아빠, 급여관리 있잖아요, 어떻게 하면 되나요?" 아빠는 소득세, 직원 개발부서 그리고 국세청에 관한 긴 강연을 시작한다. "아유! 좀 쉽게 알 수는 없나요, 아빠?"

"얘야, 쉬운 방법이 있단다. 급여 서비스를 외주를 주도록 하는 거야."

다음날 아침까지 35명의 계약직원들로부터 이메일이 도착한다. 오. 마이. 갓. 나는 사무실을 빌려 모든 예비 직원들과 면담을 한다. 나는 각각의 계약서를 마감하는 악수를 하기 위해 땀에 젖어 축축해진 손을 상설할인 매장에서 구입한 바지 정장에 훔쳐낸다. 저녁 때가 되자 총 35명의 직원이 생겼다.

나는 너무나 높이 날고 있다.

• • •

처음 CEO가 되었을 때 무엇을 어떻게 해야 하는지 전혀 몰랐다. 나는 비즈니스 관련 서적들을 읽으면서 매우 빠른 속도로 일들을 알아가기 시작했다. 어떤 면에서 모든 CEO들은 처음에는 일을 해 나가면서 배운다. 새로운 일을 맡고, 인생에서 또는 직장에서 새로운 역할

모든 것은 허상이다. 힘이 생기는 장면을 상상하라

을 담당하게 되거나 새로운 단체에 입회하게 되면 당신도 아마 그렇게 할 것이다. 자신이 이전과는 다른 무엇이 되리라 선언하는 것이다. 의도를 가지고 그렇게 하며, 당신이 선택하는 것이다. 마치 전장에 발을 들여놓는 순간 승리를 선언하는 것과도 같다. 그리고 나서 필요한 일들을 찾아서 하기 시작한다. 예컨대 새 역할에서 성공을 하기 위해 필요한 것들 – 열심히 일하고, 기술을 익히고 적용하는 일 같은 것 말이다.

민첩한 변신의 달인이 되라

자기이미지(self-image)라 불리기도 하는 허상을 선택할 때 좋은 점은 그 모습이 마음에 안 들면 언제라도 바꿀 수 있다는 것이다. 어떤 허상은 도움이 안 된다. 그러면 다른 허상으로 옮겨가면 된다. 지금 보고 있는 장면이 탐탁지 않은가? 걱정할 거 없다. 다시 만들면 된다.

중요한 것은 일, 인간 관계, 라이프 스타일, 공동체의 서비스 등, 무엇이 당신의 영혼을 채워주는지 알아내야 한다는 것이다. 어떤 허상에 많은 투자를 하고 공을 들였다가 그 허상이 별로 시원치 않은 것으로 판명되면 난감해진다. 당신은 언제 손을 떼고, 언제 별 소용 없는 일에 돈과 시간을 버리는 짓을 멈추어야 할지 알고 있는가? 당신은 이 자리를 떠나야 할지 아니면 이 자리에서 더 큰 도전을 감행할지 말할 수 있을 만큼 솔직한가? 끝까지 포기하지 않을 용기를 갖고 있는가? 알아내는 방법은 이렇다. 자신에게 질문하라.

- 현재의 '자기이미지'가 다른 이들에게 무엇을 말하고 있나? 어떤 메시지를 투영하고 있는가?

- 현재의 자기이미지에서 힘과 능력을 느끼고 있는가?

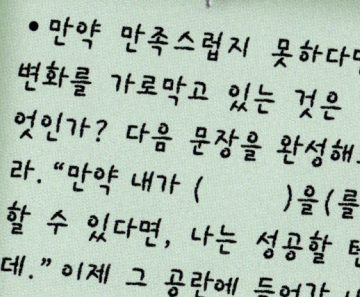

- 만약 만족스럽지 못하다면, 변화를 가로막고 있는 것은 무엇인가? 다음 문장을 완성해보라. "만약 내가 (   )을(를) 할 수 있다면, 나는 성공할 텐데." 이제 그 공란에 들어갈 내용이 무엇인지 찾아 나서라.

- 현재의 자기이미지가 무한한 가능성을 보여주는가? 내가 원하는 목표지점까지 현재의 자기이미지를 확장시키고 늘여갈 수 있는가?

이 질문들에 대한 답을 통해 솔직한 자기평가를 내려라. 당신이 지금 빨리 변해야 하는 시점인지 아닌지 용단을 내리는데 도움이 될 것이다. 내 친구 월터는 재능 있고 다작을 하는 작가이다. 그는 자주 출판업계에 대한 불평을 하면서, 그 업계가 얼마나 신인 작가에게 기회를 주는 일에 인색하며, 첫 책을 내는 것이 얼마나 힘든 일인지 한탄을 하곤 했다. 나는 그에게 출판업계와 그 자신의 관계에 대해 어떻게 느끼는지 묘사해 보라고 했다. 그는 출판업계를 마당이 잘 가꾸어진 커다란 맨션 같다고 했다. 그는 심지어 그 정원에서 일하는 사람도 될 수 없었다. 마치 남쪽 40마일 밖에 떨어져 있는 농장의 노동자처럼. 그가 속한 이 평원에서는 거대한 맨션의 고압적인 대문은 보이지도 않는다. 도제살이를 하는 하인처럼 그는 출판 맨션 근처에는 가보지도 못할 것 같다.

내가 불쑥 말했다. "어차피 모든 것이 허상 아니야? 기왕이면 힘이 되는 쪽으로 상상을 해보지 그래?" 월터는 나도 출판업계에 관해서는 신인임을 알기에 내 생각은 어떠냐고 물어왔다. 나한테는 출판업계가 복잡한 소프트웨어 시스템이고 나는 매우 출중한 해커라 생각한다고 대답했다. 매일 시스템을 조금씩 더 알아가고 있으며 어떻게 작동하는지 이해가 좀더 명료해지고 있다고. 이 모험이 신나고 언젠가는 완전히 정복할 거라고 말해 주었다. 월터는 잠시 조용히 있더니 "아, 네가 왜 그렇게 훌륭한 대행사를 가지고 책을 출판하는데 성공했는지 알 것 같아" 라고 했다. 그는 이 대화를 가슴에 새겼다. 월터는 자기이

웹 기반 제품을 제공하기만 한다면 고객들은 현재 지불하는 고가의 관리 비용을 절감할 수 있었다. 따라서 더 많은 고객을 더 빨리 끌어 들여서 효율적인 판매 구조를 만들 수 있을 터였다.

그 회사의 CEO였던 톰과 나는 열성적으로 대화를 나누었지만 결론에 도달하지 못했다. 그는 기존의 제품 전략에 너무 많은 돈과 시간 그리고 자존심을 쏟아 부은 까닭에 이사회에서도 권고한 나의 제안에 끝까지 동의하지 못했다. 새로운 사장 헨리가 영입되었지만 역시 변화에는 역부족이었다. 헨리 또한 기존의 판매방식에 대한 확고한 고집 때문에 민첩한 변신의 달인이 되기에는 어려움이 많았다. 그는 쉽고 빠른 웹 중심의 제품 판매 전략을 뒤로 제쳐놓고 비용이 많이 나가는 영업사원 중심의 판매 방식을 선호했다. 결국 새로운 제품 판매 전략은 6개월이나 더 지난 후에 채택되었지만 그때는 이미 회사가 심각한 자금 부족에 시달리게 된 후였다. 이 회사는 결국 다른 회사로 인수되고 말았는데, 인수한 회사는 웹 기반 제품 판매의 호황에 재빠르게 동참한 한 보수적인 소프트웨어 기업이었다.

12개월 후에 알게 된 일은 이렇다. 톰은 새로운 회사에서 전에 자신이 그렇게 반대하던 웹 상의 판매 방식을 채택했다. 판매는 급격히 신장했고 톰에게 뒤늦은 성공을 안겨 주었다. 헨리는 대기업에 입사해서 아직도 시대에 뒤떨어진 직원 중의 하나로 일하고 있다. 두 명의 CEO 모두 자존심으로 인해 버리지 못했던 망상을 기꺼이 포기할 수 있었다면 회사에 그렇게 큰 손해를 입히지는 않았을 것이다.

가끔은 옳은 변화에 도달할 때까지 반복적으로 재빠른 변신의 달인이 될 필요가 있다. 물론 많은 용기와 새로운 길에 대한 비전이 있어야만 한다. 소비자 중심의 사업을 시작한 한 회사가 있었다. 12개월 동안 특정 소비자 계층을 대상으로 고군분투하다 나와 컨설팅을 하게 되었다. 우리는 소기업들에 초점을 맞추는 것이 합리적이라는 결론에 도달했고, 새로운 이름, 로고, 웹 사이트 등 많은 돈이 필요한 신규브랜드 창출이 불가피했다. 6개월이 지나자, 대기업들이 이 회사의 고객들로 부상했다. 회사는 그들이 발굴하려던 '소기업' 고객들이 실은 대기업의 한 부서였다는 것을 알게 되었다.

그들은 고객 기업의 규모에 상관없도록 마케팅 메시지를 변경하여 모든 워크그룹에 적용시켰다. 이러한 마케팅 전략은 고객의 요구에 매우 잘 맞아 떨어져 현재 이 회사는 많은 기업 고객을 가지고 작은 규모의 부서 중심 판매를 확장하는 방법으로 결국 회사 전체적으로 제품을 팔고 있다. 이 회사의 경우 새로운 사업은 변이를 만들고 성공과 수익을 가져왔다. 목표 고객군에 대한 망상을 깨고 생각을 바꿈으로써 진짜 서비스가 필요한 대상을 찾아낼 수 있었기 때문이다. 성공하는 리더들은 필요한 때 재빨리 변신하는 달인들이다. 비전과 유연성을 갖추고 있어 망상을 버리고 제대로 팀을 이끄는 것이다.

가끔 모든 것이 너무 잘 풀릴 때도 있다. 그러다 보면 사업이 만족스럽고 번창은 하지만 성장하거나 더 뻗어 나가지 못하고 좀 지겨워질 수도 있다. 이는 당신에게 새로운 도전이 필요한 때가 왔다는 뜻이다. 새로운 허상을 찾아야 한다는 말이다. 5년 동안 나는 《PC week》에 글을 기고해 왔다. 매달 수백 통의 이메일을 받고 셀 수 없이 많은 강연을 하면서, 빠르게 변하는 정보 기술을 받아들이느라 애를 먹는 많은 기업들에게 도움을 주었다. 그러나 정작 나 자신은 더 이상 발전하지 못하고 있었다. 편안하기 이를 데 없는 상태에 도달하였기 때문에 신선한 무언가를 찾고 다시 일어서기 위해 새로운 공간이 필요함을 느꼈다. 그래서 자신에게 질문을 던졌다.

모든 것은 허상이다. 힘이 생기는 장면을 상상하라

• 지금의 이 허상에 신이 나고 이 허상이 아직도 내게 도전의식을 일으키는가?

• 지금의 이 허상을 유지해 나갔을 때 나의 미래는 어떤 모습일지 확실히 알고 있는가?

• 지금 이 길을 버리고 빛나는 새로운 허상을 추구해 나간다면 나중에 가서 후회할 점이 있을까?

이 세 가지 질문에 대한 대답(예, 아니오, 아니오)과 함께 나는 이제 움직일 시점이 왔음을 알았다. 그래서 나는 친숙했던 허상에 작별을 고하고 기고문을 중단했다. 그러자 창조적 사고를 위한 유연성을 더 가지게 되었고 자신을 돌아보고 더 성장하기 위한 동기를 찾게 되었으며, 결과적으로 아르테미스 벤처(Artemis Ventures)라는 컨설팅 회사를 차리게 되었다. 이 회사는 나중에 벤처캐피탈 회사로 변모해 간다. 인생을 살아가는데는 두 가지 방법이 있다. 한 가지는 매일 아침 일어나서 "오늘 내 인생이 어떤 모습일지 잘 알아. 그리고 그 모습이 내가 원하는 거야" 라고 말하는 운명적 접근이다. 다른 하나는 "오늘 내 인생이 어떤 모습일지 대충 알지만 진짜 어떤 모험이 새롭게 등장 할지 기대가 돼! 얼마나 신이 날까!" 라고 말하는 것이다. 나는 후자를 선호하며 그것이 내가 민첩한 변신의 달인이 되고 싶어 하는 이유이다.

나의 친구 다이앤 콘웨이는 《What Would You Do If You Had No Fear?》라는 책을 쓰면서 독자들에게 꿈꾸는 인생의 모습을 그려보고 꿈을 가로막는 두려움에 대해 곰곰이 생각해보라는 주문을 했다. 그녀가 최근에 발간한 책은 '우리가 인생을 다시 시작할 수 있다면 어떻게 할까' 라는 문제에 대한 이야기이다. 그 책에는 다이앤이 청중들에게 인생을 다시 시작할 수 있다면 그렇게 하겠냐고 물어보는 장면이 있다. 80%에 달하는 사람들이 그렇게 하고 싶다는 대답에 나는 충격을 받았다. 얼마나 많은 사람들이 헨리 데이빗 소로우(Henry David Thoreau: 《월든》으로 유명한 미국의 철학가)가 말한 '소리 없는 절망' 속에서 살고 있는 지에 대해 놀라움을 금할 수 없다. 사람들은 아닌 것을 알면서도 현재에 너무 익숙하고, 고착되어 버렸기 때문에 변화를 만들지 못하고 마지못해 그냥 살아가는 것이다. 이런 사람들이야 말로 정말 모든 것이 허상일 뿐이라는 사실을 상기해야 한다. 너무 늦은 때란 없다. 힘이 되는 허상을 만들어내라.

새로운 허상이 별 도움이 안 된다고 낙담하지 말라. 실리를 생각하라. 과거는 언제나 쓸모가 많다. 너그럽게 과거를 돌아보라. 모든 경험은 소중한 것이다. 현재의 허상을 버리고 새 것을 디자인하기 위해 위의 3가지 질문을 던져 보라. 그리고 나서 실천하라. 항상 기억해야 할 것은 당신이 하나의 자기정체성인 허상을 선택하지 않으면 다른 이들이 당신 대신 골라줄 것이라는 사실이다. 스스로 결정하는 것이 좋지 않겠는가?

내 안의 못된 잔소리꾼 쫓아내기

당신의 발목을 잡는 것이 무엇인가? 나하고 비슷한 사람이라면 당신도 뭔가 이제 신이 나려고 할 때 두려움이란 놈이 슬그머니 머리를 들이미는 경험을 한 적이 있을 것이다. 좋은 소식을 하나 알려 주겠다. 그놈의 두려움은 단지 허상일 뿐이다. 어떤 두려움은 좋은 것일 수도 있다. 생존에 도움이 되는 두려움은 꼭 필요하다. 힘든 날들을 견뎌내는 동력을 만드는 두려움도 있다. 하지만 대개 두려움이란 단지 일종의 허상일 뿐이며 특별한 것은 아니다. 기업가나 사내 기업가들과 같이 일을 해보면 우리가 많은 동일한 두려움을 공유하고 있음을 발견하게 된다.

두려움을 없애기 위해 당신은 어떻게 하는가? 두려움은 대체로 무지에서 오기 때문에 대부분이 일시적이다. 나는 두려움 명세서를 만들어 한 달에 한 개씩 없애겠다고 노력한 적이 있다. 일년에 적어도 2번 내가 성공적으로 그 악마들을 처치했는지 검토를 하곤 했다. 이제는 두려움이 생길 때마다 그때그때 대처한다. 나는 과거 이런저런 행사에 참석할 때면 유명인사들의 행사에 참석하기에는 적합하지 않다는 두려움과 스스로 중요하지 않은 인물로서 사교에 무지하다는 두려움에 시달렸다. 손바닥이 얼음처럼 차가워지고 땀으로 축축해지거나 자세가 위축되어 등이 구부정해지곤 했다. 나는 전혀 소속감을 느끼지 못했다. 수준에 맞추어서 사업을 위해 당당히 행동하고 싶었지만 두려움이 발목을 잡았다.

마침내 이 두려움을 없애버리자고 결심했을 때 나의 멘토 중 한 분이 나를 뉴욕에서 열리는 디너파티에 초대했다. 같은 테이블에 코니 청(Connie Chung:바바라 월터스와 더불어 미국의 유명 여성 저널리스트중의 하나), 머리 포비치(Maury Povich:미국의 유명 저널리스트이자 토크쇼 호스트)등 여러 명의 유명 인사들이 앉아 있었다. 많은 악수를 하고, 이 사람들이 무엇에 관심이 있는지 알 수 없어 90분 동안 잡담만 했다. 나는 스스로 영향력 있고 유명한 중요 인사가 된 것처럼 허상을 만들어냈다. 그리고 내 손바닥의 땀이 마르고 따뜻해지도록 의지력을 발휘했다. 나는 의도적으로 많은 질문을 던졌고, 확신에 찬 모습을 연출했다. 그 결과 지금은 누구와 만나도 상관없고 어떤 사람들 앞에서도 이야기할 수 있으며 언제나 당당할 수 있다.

머리 속으로 내 안의 비판가, 페어몬저(영국TV SF시리즈물 'Doctor Who'에 나오는 악마)를 확실하게 보아라. 그자의 모습을 그려보고 그자가 하는 말을 적어보아라. 내 경우는 진짜 말이 많은 녀석이다. 실수 좀 그만 해라! 이 뚱뚱보야 살 좀 빼! 세상에 도움되는 일 좀 해 – 더 열심히 해라, 일도 더하고 기부도 더해라! 넌 사기꾼이야, 넌 실제로는 그다지 똑똑하지도 않고 뭐 하나 제대로 이룬 것도 없으면서 사기 치고 있어! 당신의 내부 잔소리꾼은 아마 여사감이거나, 불쾌하고 거대한 괴물이거나 독재자일 것이다. 원하면 이름도 지어줘라. 코미디언인 내 친구 테리 테이트는 자신의 내부 잔소리꾼을 '위층에 사는 그 못된 년'이라고 부른다. 그자의 꽥꽥거리는 소리를 들을 때면 "관심 가져줘서 고마워"라고 말하라. "근데 이제 신경 끊고 쉬든지, 안정제를 먹든지아니면 낮잠을 자는 게 어때?"라고.

도대체 무엇을 두려워하는가? 왜 두려운가? 남들이 당신을 싫어할까 봐? 괜찮다. 이단자들은 원래 인기상 타기가 어렵다. 이것은 선택의 문제가 아니다. 당신은 사람들의 인기를 얻기 위해서가 아니라 반드시 해내야만 한다는 일념으로 추구하는 열정을 갖고 있다. 여성 임원들은 이 문제에 더 힘들어하는 경향이 있다. 왜냐하면 '여성들이 야망을 갖는 것은 바람직하지 않다'라는 사회통념이 있기 때문이다. 당신도 이 말에 공감한다면 데브라 콘드렌이 쓴 《AmBITCHous》를 읽어보고 얼마나 잘못된 생각인지 확인하길 바란다. 리더십이 팀원들과의 합의를 도출하는 일련의 과정이라 믿는 한 여성과 일한 경험이 있는데 그녀의 생각은 틀렸다. 리더십은 '팀원들의 생각을 듣고 당신 혼자 결정하는 일련의 과정'이다. 이 여성임원은 직원들에게 사랑받는 것을 너무 중요하게 여겨, 작은 결정 하나에도 우유부단하고 전전긍긍하면서 모든 사람들의 완전 동의를 얻고자 노력했다. 그 결과는? 수없이 많은 기회를 놓쳤고, 제품은 제때에 출시되지 못했다. 이런 회사를 나는 '살아있는 시체'라고 부른다.

당신의 감정이 성공을 그르칠 수도 있다고 생각해 보았는가? 질투는 위험하다. 나는 개인적으로, 또는 일하면서 이 에너지를 잡아먹는 놈에게 먹이가 되었던 적이 있다. 질투와 시기는 자신의 내면을 타인의 외면과 비교하는데서 온다. 보이는 것에 치중하는 병이다. 그가 진정 어떠한 사람인지 당신이 어떻게 알 수 있겠는가? 알고 보면 남들도 속으로는 그렇게 멋진 인생을 살고 있는 것이 아닐 수도 있다. 아마 끝까지 진실을 알 수는 없으리라. 다른 사람들에 대한 내 판단이 너무나 자주, 완전히 틀리곤 했다는 사실을 돌아보면 참 재미있다. 타블로이드 신문은 온통 이런 이야기들로 채워진다. 행복하고 완벽해 보이는 유명배우 커플이 화사한 얼굴로 결혼 뉴스를 장식하지만 얼마 지나지 않아 불행하게 이혼했다는 기사를 얼마나 많이 보는가. 핵심은 누구나 자신만의 인생을 산다는 것이다. 서로 다 다르다. 나는 나만의 인생을 살면 된다. 잭 캔필드가 말한 것처럼, 우리는 함께 보낸 시간이 가장 많은 다섯 사람의 복합체이다. 당신의 다섯 사람은 긍정적이고 용기를 주는 사람들이었는가? 아니면 부정적이고 소모적인 사람이었는가? (혹은 당신 자신이 부정적이거나 소모적인 사람은 아닌가?)

모든 것은 허상이다. 힘이 생기는 장면을 상상하라

엄정한 평가를 통해 현명한 선택을 하라. 에너지는 소중한 것이니 당신이 진정 원하는 곳에만 써야 한다.

세상에는 무엇이든지 충분치 않은 것 같고 당신에게 기회가 없을지도 몰라 두려운가? 절대 그렇지 않다. 이것도 또 하나의 허상일 뿐이다. 세상에 결핍은 존재하지 않는다. 세상은 모두가 충분히 나누어 가지고도 남을 만큼 풍요로 가득 차 있다. 매일 새로운 부가 창출되고, 태양은 에너지를 보내주고, 새로운 만남이 당신 인생에 나타나고 새로운 기회가 찾아온다. 이것이 세상 이치다. 모든 것은 움직인다. 원자를 이해한다면 알 수 있는 일이다. 평형상태는 사실 역동적 상태이다.

성공한 사람을 그대로 따라 하려고 시도한 적이 있는가? 그런 생각은 잊어라. 그런 생각을 하는 순간 당신은 당신과 당신 모델의 모조품으로 전락한다. 그래서는 결코 성공에 이를 수 없다. 다른 사람들과 책에서 배우는 것은 좋으나 반드시 스스로 교훈을 만들어가야 한다.

실패가 두려운가? 실패에 관한 이야기는 너무 중요해서 실패만을 다루는 장이 따로 필요하다. 그러나 걱정하지 말라 – 세상에 실패란 것은 없다. 5장에서 자세히 이야기할 것이다.

당신이 내부 비판자를 무시하는 법을 익힐 때까진 두려움을 실제처럼 느끼기 쉽다. 누구나 이런 덫에 걸릴 수 있다. 나에게는 의사소통 코치를 하는 친구가 하나 있다. 활기차고, 지적이고 미혼인 그녀는 좋은 사람을 정말 만나고 싶어 했다. 그녀는 외출하려고 옷을 갈아입고 거울을 볼 때면 늘 "아, 나는 늙었구나. 날씬하지도 않고. 누가 나한테 말을 걸어 줄까... 파티에 가지 말까?"라고 중얼거린다고 했다. 한편 키가 152센티에 14인치의 허리를 가진 친구가 있었다. 그녀는 그저 그런 직장에, 대단한 점을 별로 찾을 수 없는 평범한 여성이었다. 그러나 매일 옷을 입을 때마다 거울을 보면서 말하곤 했다. "어떻게 이렇게 멋있게 변했니?"와 "정말 끝내주는데!!" 그 결과 그녀는 《GQ》에서 방금 나온 것 같이 끝내주는 남성들과 데이트를 즐겼다! 그녀는 자신이 스스로 부여한 화끈한 자신의 모습에 걸맞은 화끈한 상대를 만난 것뿐이었다.

그즈음 나는 자신을 하찮게 생각하고 있는 만큼 거기에 어울리는 남자들을 만나고 있었다. 나를 존중해 주지 않는 나쁜 남자들 말이다. 이런 만남은 내가 모든 것이 허상이라는 사실을 다시 기억했을 때 변하기 시작했다. 자신감이 솟는 모습을 상상하는 순간, 똑똑하고 친절하며 멋진 남자들을 만날 수 있었다. 믿을 수 있는 친구들에게 당신의 자기이미지와 보디랭귀지를 솔직하게 평가해 달라고 부탁해보라. 자신이 세상에 내보내는 말 없는 메시지들을 잘 인지하고 있어야 한다. 왜냐하면, 세상은 확실하게 그 메시지에 반응하기 때문이다. 내가 가끔 유명 호텔에서 객실 등급을 상향 받거나, 예약이 꽉 찬 식당에서 자리를 얻는 등의 특혜를 받는 이유는 나의 보디랭귀지와 말투가 그러한 대우를 받도록 유도하기 때문이다. 나는 권리를 주장하는 투의 말과 행위를 하지 않는다. 그런 행위들은 사람들을 멀어지게 한다. 그러기보다는 "우리 함께 해봐요"투의 의사전달 방법을 사용하여 다른 이들의 마음속으로 다가가려고 한다. 당신이 직업적으로 연설을 한다

41

모든 것은 허상이다. 힘이 생기는 장면을 상상하라

면 코치를 통해 당신의 보디랭귀지에 대한 점검을 받아 볼 필요가 있다. 어떻게 하면 '내가 여기 있다, 나는 가치 있는 사람이다. 나는 이곳에 당당하게 서 있다' 라고 분위기를 전달할 수 있는지 배워라.

"진짜 그렇게 될 때까지 그런 척을 하라"는 말을 많이 들어봤을 것이다. 나는 이 말이 두려움에서 비롯된 것임을 잘 안다. 당신이 다른 상황에 있는 것처럼 상상하는 것은 가장하거나 사기를 치는 것과는 다르다. 다른 사람을 속이는 것이 아니라 당신의 마음에 무단침입한 그 나쁜 잔소리꾼을 속이라는 것이다. 모든 사람들이 '아닌 척 또는 그런 척' 하면서 살아감을 안다면 조금 마음이 편해지겠는가?

나는 "진짜처럼 연기하라"라는 말을 아주 좋아한다. 마치 당신이 CEO가 되는 법을 아는 것처럼 연기하라. 보스에게 승진을 요구할 때 이미 승진한 사람처럼 연기하라. 그러한 연기는 커리어의 도약 순간에 자연스럽게 따라붙는 두려움과 자기회의를 극복하는데 도움이 될 것이다. 거대한 다국적 기업의 주요 임원들 앞에서 제품을 설명할 때 당신의 회사가 매우 뛰어나고 중요한 회사임을 연기하라. 자신감과 신념을 전달할 수 있을 것이다.

솔직히 나도 아직 자기회의를 느끼며 가끔은 여전히 두려움에 사로잡힌다. 그러나 더는 두려움의 힘이 나를 완전히 지배하거나 방해하진 못한다. 이 장에서 이야기한 방법들을 통해 나는 많은 두려움을 없앴고 아직 남아 있는 어떤 끈질긴 두려움들은 잘 조절하고 있다. 새로운 허상을 만들 때면 나의 든든한 조력자들이 다소 당황하는 것을 보게 된다. 지금까지 가지고 있던 허상에 대해 내가 너무 연기를 잘했기 때문이다. 그러나 정작 반대자는 '위층 사는 못된 년' 뿐이다. 그녀가 고맙지도 않은 판결을 내리려 하거나, 주제넘게 충고를 하려 들 때면 나는 늘 이렇게 맞받아친다. "괜찮아. 어차피 모든 게 허상이잖아."

목표를 세우고 성취하는 쉽고 빠른 방법

목표 세우기는 당신의 꿈을 만들고 새로운 정체성을 확립하는 데 가장 좋은 방법이다. 먼저 욕망이 필요하다. 당신은 무엇인가를 강렬히 원해야 한다. 그러면 목표가 당신의 욕망을 실현하는 길이 된다. 당신의 욕망을 토대로 구체적인 목표를 세우고 그것이 실현되는 것을 상상하고 느껴라. 빛나는 미래를 상상하고 당신을 그 속에 놓아보라. 그런 다음 길을 떠나라. 의심하지 말고 자기파괴도 하지 마라. 아인슈타인의 말을 빌리면 "상상은 아주 긴요하다. 그것은 미래에 일어날 일을 미리 보는 것이다."

● **다음 7개의 분야에서 1개에서 3개까지 목표를 세워라.**
재무 상태와 부, 커리어와 비즈니스, 자유시간과 즐거움, 건강과 외모, 인간관계, 자아개발과 학습, 공동체와 자선. 너무 많다면 당신에게 중요한 3가지만 골라 그 목표에 집중해도 좋다. 시간이 가면 자연스럽게 추가하게 될 것이다. 숙제처럼 힘든 것이 아니라 재미있어야 한다. 당신의 미래를 그리고 원하는 것을 당신 삶 속으로 가져오는 것이다. 당신이 결과를 좌우할 수 있다는 것이 신나지 않는가!

● **카드 한 장에 한 개의 목표를 적어라.**
현재형으로 나는 "~~ 한다."의 능동태로 적어야 한다. 목표 일을 정하되 "또는 그 이전", "또는 그 이상", "또는 그 이하"라는 말을 붙여라. 예를 들면 "나는 50킬로 또는 그 이하의 몸무게를 2007년 9월 30일 또는 그

44

이전에 갖게 될 것이다." "나는 2008년 12월 31일 또는 그 이전에 100억 또는 그 이상의 매출을 올릴 것이다." 당신은 모두 21장의 목표 카드를 만들게 된다.

• 이 목표 카드를 매일 두 번 이상 들여다 보라.

모습을 그려보고 좋은 기분을 즐겨라. 아침에 목표카드를 점검하면서, 가장 중요한 목표의 달성을 위해 당신이 오늘 할 수 있는 3가지 행위를 적어보라. 또한, 성공을 그려보는 동안 떠오른 아이디어를 적어 놓으라. 후에 사용할 수 있도록.

• 드림보드를 만들어라

2장에서 설명하듯이 잡지 등에서 오려낸 그림이나 사진 등을 이용하여 당신이 원하는 것, 되고 싶은 것, 갖고 싶은 것을 보여주는 드림보드를 만들라.

• 달력에 성장과 자아개발을 위한 시간을 표시하라.

나는 매년 두 개 이상의 자기개발 세미나에 참가하며 한 번은 명상을 위한 칩거를 한다. 이를 통해 새로운 시각과 충만한 에너지를 갖고 다시 인생을 이어가게 된다.

• 목표에 집중하는 것만으로는 충분하지 않다.

기회를 찾으려고 항상 눈과 귀를 열어두고, 목표달성을 위해 필요한 일을 해야 한다.

부정적 허상을 극복하는데 더 많은 도움이 필요하다면 다음 두 가지 방법을 소개한다. 데이비드 번즈 박사의 《*Ten Days*

모든 것은 허상이다. 힘이 생기는 장면을 상상하라

to Self-Exteem》을 읽고 책에서 하라는 대로 연습을 해보아라. 나는 3천 달러짜리 심리치료보다 15달러 밖에 안 되는 이 책에서 훨씬 많은 것을 얻었다. 또한, 잭 캔필드의 'Breakthrough to Success training' 프로그램을 추천한다. 1주짜리 이 집중 세미나는 당신의 인생을 바꾸어 놓을 것이다. 당신은 인생의 무게에서 벗어나 현실감을 더 가지게 되고 진정한 자신과 만날 수 있게 될 것이다.

무료로 제공되는 좋은 자료들

www.RulesForRenegades.com 접속 후 다운로드
(접속 시 로그인 필요)

"Goal Setting Worksheet"
"New Illusion Worksheet"
"Future Planning Worksheet - Personal Development section"

Rule_2

MBA는 선택 GSD는 필수

아이디어는 흔하지만
이를 실행하는 자는 귀하다.
메리 케이 애쉬(Mary Kay Ash)

거창하게 나가다가
꼬리내린 사연

특권층 출신이 아니라고? 좋은 대학도 못 나왔다고? 부를 물려받지도 못했다고? 그렇다면, 실력으로 자수성가한 사업가 모임에 들어올 자격이 있다. 성과는 특권을 주고 신임장을 만들어내며 부를 창출한다. 많은 사람이 사회적 지위, 가문, 또는 인맥 등이 성공의 비밀열쇠라고 생각한다. 하지만, 사실은 전혀 아니다. 물론, 인맥은 큰 도움이 되긴 하지만 당신 스스로도 만들 수 있다. 아버지 인맥은 필요없다. 당신 발로 직접 뛰어서 꾸준히, 제때에 좋은 결과를 내는 것이 중요하다.

좋은 대학에서 좋은 논문을 쓰는 것과 성공은 별로 관계가 없다. 훌륭한 교육의 효과를 부정하려는 것이 아니다. 다만, 내가 볼 때 더 중요한 것은 당신이 가진 GSD임을 강조하려는 것이다. GSD는 어떤 일을 끝까지 밀어붙여, 성과를 이뤄낸 경험에서 얻은 '성과 달성 학위(Gets Stuff Done)' 이다. 당신이 골몰하던 가상세계의 사례연구나

49

MBA는 선택 GSD는 필수

이런저런 학위가 중요한 게 아니고 진짜 세상에서 이룬 결과물들이 작더라도 유효하다. 교육을 통해 기술을 배우거나 좋은 학교 출신이라면 신용이 커지는 것도 부인할 수 없는 사실이다. 학위가 일의 시작에 도움이 되기도 한다. 고등학교를 졸업했더라면 나의 커리어에 그렇게 많은 구멍이 생기지는 않았을 것이고 대학에서 학위를 받았다면 상대적으로 쉽게 일이 풀렸을 수도 있다. 그러나 여전히 나의 관심은 당신이 가진 기술에 GSD의 학점을 더하는 데에 있다. 특정 직업에 특정 학위가 필요한 경우도 있다. 하지만, 경험을 통해 얻은 결과만큼 회사에서 성공의 사다리를 올라가는데 도움이 되는 것은 없다.

50

재미와 성취를 향해 돌진하기

인생의 다음 단계로 재빨리 나아갈 수 있을 정도로, 충분한 경험과 성숙함을 갖추었다고 여겨지면 망설이지 말고 전진하라. 그러한 느낌을 유지하며 일을 시작하는 것이 중요하다. 사회는 우리에게 언제나 강권하지만, 사회가 원하는대로 편안하고 친숙한 현재 상태에 안주하지 마라. 나는 남들의 기대에 어긋나지 않게 조심하는 것이 선이 아니라는 것을 배우는데 시간이 좀 걸렸다. 고등학교 시절을 돌아보자. 내가 다니던 고등학교의 졸업반은 완전 난장판이었다. 모든 애들이 그저 파티를 하거나 축구나 보러 다녔다. 그래서 나는 졸업반에 올라가지 않기로 결정했다. 인내심이 늘 바람직한 것은 아니지 않은가.

고등학교를 중퇴하고 샌디에고에 있는 캘리포니아 대학에 청강 신청을 했다. 2년간의 청강 수업을 마치자 일자리를 얻어 경험을 쌓는 것이 더 나아 보였다. 대학을 그만두고 LA로 가서 작은 은행의 접수 창구에서 일을 시작했다. 바로 이거였다! 나는 일이 좋았다. 재미있고 성취감도 컸으며 집중할 수 있었다. 4개월이 지나자 다른 일을 맡게 되었고, 다시 2개월 후엔 2백만 달러의 현금이 저장된 금고의 책임자가 되었다. 24시간 365일 고객을 위해 늘 호출기를 차고 다녔다. 하지만, 문제는 내가 더는 커리어를 키울 수 없다는 것이었다. 대학의 학위 없이는 승진할 수 없었기 때문에 한 번 더 대학 문을 두드릴 수밖에 없었다. 이번에는 UCLA였다. 영문과에 다니면서 애플 컴퓨터에서 시장조사 일을 부업으로 했다. 나는 컴퓨터를 좋아했다. 컴퓨터는 사람들처럼 이랬다 저랬다 하지 않고 혼란스럽지도 않았다. 프로그래머가 되면 다른 이들과 크게 부딪히지 않고 기동성과 유연성을 갖고 살 수 있을 것 같았다. 완벽한 직업이었다. 하지만, 컴퓨터 사이언스를 전공하려면 대학에서 3년을 더 있어야 했다. 나는 혼자서 PC 프로그래밍을 배우기 시작했다. UCLA를 그만두고 몇 개의 프로그래밍 일을 통해 경험을 쌓은 후, 더 주저하지 말고 나만의 길을 가자고 마침내 결심했다. 2년 후 기다리던 기회가 왔다. 마이크로소프트에서 일을 하게 된 것이다. 어떻게 해서 들어가게 되었는지 지금부터 이야기를 시작하겠다.

51

• • •

용돈이라도 벌어 보려고 밤마다 웨이터 일을 하는 훌리한이라는 레스

토랑에 매주 수요일 마이크로소프트에 다니는 남자 손님들이 온다. 빌 게이츠가 윈도우를 전 세계 표준으로 만들겠다고 선언했지만 윈도우 프로그램의 경험을 가진 사람은 많지 않다. 그 손님들은 내게 마이크로소프트에 이력서를 넣어보라고 말한다. 그들 중 한 명인 토니가 친절하게도 내게 회사의 코딩작업에 쓰이는 코드를 알려주고 그레그라는 손님은 내가 토니의 친구임을 보증해 주겠다고도 한다. 하지만, 둘 다 나를 취직시켜줄 수는 없기 때문에 스스로 마이크로소프트에 들어갈 방법을 찾아야 한다.

　몇 가지 작은 문제점들이 있다. 일단 나는 필수적인 엔지니어링 학위가 없다. 뭐 다른 학위도 없지만.... 그리고 솔직히 나는 경험 없는 젊은 여자고 1980년대 첨단 엔지니어링 세계에서 승산이 있어 보이지도 않는다. 그래도 난 기술이 있고, 태도도 바람직하고 일에 대한 열정도 있다. 졸업증명서는 없어도 내 주머니에는 GSD 학위가 있고 예전 보스들이 써 준 추천서도 많이 있다. 취직하는데 일단 세 가지 방법이 있다. ⑴ 인력회사를 통해 임시직으로 들어가는 뒷문 이용법, ⑵ 인사부서에 입사원서를 내고 정식으로 도전하는 정문 통과 법, ⑶ 윈도우 엔지니어링 부서장에게 전화를 걸어 윈도우에 관한 문제 해결 아이디어를 제시함으로써 기회를 잡는 옆문 활용법. 적어도 내가 그렇게 접근하면 부서장은 반응할 수밖에 없지 않은가?

　이력서를 인력회사에 보냈으니 이제 인사부에 원서를 낼 차례다. 그리고 윈도우 부서에 전화를 해야지. 싱크대 옆에 구부리고 서서 입사원서를 쓰다가 '성별' 란에서 주춤한다. 그 란은 남자 또는 여자 두 개밖에 없다.

남자에 표시하면 인터뷰 기회를 잡기가 쉽겠지. 일단 인터뷰를 하기만 한다면 재빠르게 사정을 설명하고 능력을 잘 보여주면 된다. 그렇게 하면 성공할 수도 있다. 여자에 표시하면 아마 인터뷰조차 쉽지 않을 거야. 그럼 안되지. 만나볼 기회도 없이 떨어지긴 싫다. 어떻게든 인터뷰를 해야 한다.

이제 세상은 윈도우가 장악하게 될 텐데 무슨 수를 써서라도 이 기회를 놓칠 수 없다. 포기하기엔 지금까지 해온 노력이 아깝다. 나는 남자에 표시를 한 후 이력서를 첨부하고 이름을 크리스틴이 아닌 크리스로 바꾼다. 조금 떨린다. 성별에다가 거짓으로 표시한 것 이외에도 교육란은 애매모호하게 써 놓았기 때문이다. 고등학교와 대학교 관련 날짜에는 내가 학교 다니던 해를 슬쩍 적어 넣고 학위란에는 공부하던 과목을 그냥 적었다. 년도를 까다롭게 따져보기 전에는 알 수 없을 것이다. 따져본다면 내가 고등학교 졸업도 안 했고 대학교 학위도 없는 것을 알게 되겠지. 물어보면 어떻게 대답해야 하나? 염주알을 주물럭거리면서 나는 중얼거린다. "제발, 제발 마이크로소프트에 들어가게 해주세요."

3일 후 전화벨이 울린다. "여보세요. 크리스씨 댁인가요? 마이크로소프트 인사부의 마리라고 하는데요."

"아, 지금 크리스는 집에 없는데요. 무슨 일이신가요? 제가 메모 남겨드릴게요. 크리스는 전화 올 때마다 메시지를 잘 받아놓으라고 하거든요."

"그러세요. 인사부에서 인터뷰를 하고 싶어 한다고 전해주세요. 돌아오는 목요일 1시입니다. 연락받으면 확인 전화 달라고 전해 주시고요."

"있잖아요. 크리스가 오늘 아침 외출하면서 다음 목요일에는 할 일이 없다고 했거든요? 인터뷰에 갈 거에요. 제가 대신 확인해 드리지요. 전화 주셔서 감사합니다. 안녕히 계세요." 전화를 빨리 끊어야 한다. 그녀가 의심하기 전에.

"예에~ –알겠습니다." 머뭇거리면서 마리가 전화를 끊는다.

휴우~~ 좋아. 이제 5일 안에 남자로 변신만 하면 된다. 인터뷰 하나는 됐고, 이제 두 개 남았네. OS 부서에 전화해야지. 다음 목요일 전에 인터뷰를 하게 된다면 다른 부서에서 이미 나에게 눈독을 들이고 있다고 말할 수 있다. 마이크로소프트는 일 잘하는 사람을 서로 데려가려고 부서마다 경쟁하는 걸로 유명하니까. 윈도우 부서의 책임자하고 인터뷰할 길은 오직 하나뿐이다. 무작정 전화하는 것.

몇 주 전 《PC Magazine》에서 윈도우에 관한 기사를 보았다. 기사에 나온 사람이 인상적이어서 보관하고 있다. 그는 말재주가 없는 사람이어서 좀 어수룩하고 건방진 엔지니어처럼 보였다. 좋아. 내가 그 사람하고 전화만 되면 내 방식대로 인터뷰 약속을 받아 낼 수 있을 것 같다. 인터뷰를 하게 된다면 일자리를 달라고 말할 때 그가 나를 내쫓지 못하게 만들 묘책을 찾을 수 있을 거다. 마이크로소프트 대표 번호로 전화를 해서 라이언을 바꿔 달라고 한다. "진짜처럼 연기하라"라는 말을 실천할 순간이다.

"안녕하십니까? 라이언, 저는 마이크로소프트 윈도우가 정말 괜찮은 아이디어라는 걸 말씀 드리려고 전화했습니다." 내 목소리는 낮고 중성적이다. 흠~ 남자 목소리같이 들려야 할 텐데. 적어도 여자같이 들리지는 않아야 할 텐데. 그가 전화를 끊지 못하게 해야 한다.

"아, 감사합니다. 우리 회사는 우수한 소프트웨어 엔지니어링 기술을 가진 것을 무척 자랑스럽게 생각하고 있습니다. 윈도우는 곧 데스크탑 PC의 표준이 될 겁니다." 곧 이라고? 이봐요, 윈도우는 이제 겨우 시험적으로 조금 사용되고 있을 뿐이라고요. 일반인은 전혀 사용하지 않고 있고요... 그래요. 잘도 내일 모레 전 세계 표준이 되겠네요. 이 친구, 망상가야 뭐야.

"그런데 좀 문제가 있어요." 나는 슬쩍 모험을 건다.

"네? 무슨 문제요?"

"사용하기가 너무 어렵습니다. 제 말은, 아이디어는 좋은데요. 디자인이 너무 떨어지는 거 같습니다."

"그렇게 잘 아신다면 직접 와서 한 번 바로잡아 보시지요?" 라이언의 빈정거리는 얼굴을 눈앞에서 보는 것 같다.

"좋습니다. 금방 가지요. 가서 로비에서 전화 드리겠습니다. 참, 제 이름은 크리스 코마포드 입니다. 그럼." 전화를 끊는다. 작은 내 아파트 마루의 보풀이 일어난 갈색 카펫을 왔다 갔다 하면서 나는 현실을 직시한다. 아무 계획이 없다. 그저 일단 가서 이 사람을 만나 내가 가진 생각을 잘 이야기하고 그리고 나서는 기적을 바라는 수밖에. 나는 준비됐다. 내가 가진 장점을 하나하나 짚어 보면서 자신에게 용기를 불어 넣는다. 윈도우 프로그래밍 능력, 편견 없는 디자인 아이디어, 불굴의 인내심, 그리고 아는 사람들...

접수창구에서 시시한 농담을 좀 주고받다가 라이언에 대한 비밀 정보를 우연히 알게 된다(상대방에 대한 정보는 많이 알수록 좋다). 나는 로비에 있는 3개의 무료 전화 중 하나로 라이언에게 전화를 한다. 그는 곧바로 나타난다. "아니, 당신... 당신은 여자잖아." 더듬거리면서 눈이 휘둥그레진다. "나는 당신이 진짜 올 줄은 몰랐는데... 내 말은 그러니까 그냥 한 번 해본 소린 줄 알았는데..." 그는 비스듬히 나를 향해 돌아서서 의심스럽다는 듯이 머리를 뒤로 젖히고 중절모 아래로 나를 훔쳐본다.

세상에, 이 사람 뭐야? "그래요 라이언, 난 여자예요. 그렇지만, 어셈블리(Assembly), 코볼(COBOL), RPG도 코딩 할 수 있고, 포트란(FORTRAN)이랑 C도 좀 해요. 윈도우 1.03 APIs도 하구요." 나는 손을 옆구리에 붙이고 고개를 높이 든다. 내가 자신감을 가지려고 애쓸 때 취하는 '자신만만 포즈'이다. 당당해야 할 필요가 있을 때는 언제나 이렇게 한다. 실제로 자신감이 생기지 않더라도 내가 많이 알고 있는 것들에 대해 생각하고 힘과 확신을 드러내려고 애쓴다.

"관심 없어요." 그는 이제 한발 빼면서 없던 일로 하려고 한다.

"제 말 좀 들어보세요. 제가 코딩하는 것을 시험하셔도 좋아요. 버그가 어디에 있는지 보여드리기 위해서 윈도우를 모두 깨뜨렸다가 다시 맞출 수도 있어요." 윙크하면서 그에게 다가선다.

그는 한 발 더 뒤로 물러서면서 계속 나를 밀어낸다. 그렇게 쉽게는 안 될걸요, 아저씨.

여전히 머리를 뒤로 젖힌 채 가늘게 뜬 눈을 하고서 그가 말한다. "그래요?"

"그래요 라이언. 당신 사무실에서 계속 이야기하면 안 될까요? 윈도우는 조금만 손보면 데스크탑 PC의 세계 표준이 될 수 있어요." 나는 사무실이 있는 복도 쪽으로 그를 이끌어 간다. 이 사람 정말 끔찍하군, 그렇지만 난 여기서 직장을 얻어야 해. 성차별주의 얼간이 때문에 일을 망칠 수는 없지.

우리의 담화 – 라이언은 그렇게 생각하는 것이 분명하다 – 는 그런대로 잘 진행되었다. 나는 그가 이것이 인터뷰인 것을 인정하게 하려한다. 나는 윈도우가 진짜 서류와 파일을 그대로 모방해서 여러 장을 겹치게 화면에 띄울 수 있어야 한다고 말한다. 생전 처음 들어 보는 아이디어는 아니겠지만 그래도 '여자'가 이런 말 하는 것은 처음일 것이다.

"라이언, 제가 정말 많은 비서를 아는데 그들이 모두 윈도우를 쓸 사람들이거든요. 그들의 일이 쉽도록 만들어 줘야 돼요. 윈도우가 그렇게만 해준다면 금방 미국 전체에 퍼져 나갈 것이고 결과적으로 세계를 장악하게 될 거에요." 라이언은 지루한 듯이 사무실을 둘러보며 거의 듣지 않고 있다. '세계를 지배하다'라는 말에 대해서만 귀를 쫑긋하는 모습이 꼭 사냥개가 나팔소리에 반응하는 것 같다. TWD 즉 '전 세계 지배(Total World Domination)'라는 단어는 마이크로소프트 안에서 가장 선호하는 약자이다. 나중에 실무 교육을 받으면서 알게 된 사실이다.

"알아요. 나도 겹쳐지는 윈도우에 대해 많이 들었어요... 하지만, 나는 지금처럼 윈도우가 보이는 화면이 전부인 것이 낫다고 봅니다. 사람들은 화면이 겹쳐지면 헷갈리게 될 거에요. 지금 우리 환경에서는 조각조각 여러 개 화면이 나누어지는 것이 최선이에요." 아무도 조각조각 나누어진 윈도우를 가지고 일할 수 없다고요... 각각의 윈도우를 옮겨다니면서 화면

크기를 키웠다 줄였다 하는 것이 얼마나 짜증나는 일인데. 일이 많아 죽겠는데 비서들이 그렇게 불편한 기술을 좋아하겠어요? 비서가 아니라 누구라도 싫어할 거라고요. 라이언이 일어나서 고개로 방문을 가리킨다.

"이야기 즐거웠어요. 그럼 잘 가세요."

시간이 없다. 염치 불구하고 매달려 본다. "라이언, 저 정말 잘할 수 있어요. 제 말에 동의하는 사람들이 이미 이곳에 많다니까요. 시스템부에 있는 토니하고 지원 부서의 그레그도 제가 회사에 꼭 필요한 인물이라고 했어요."

"당신이 토니하고 그레그를 안다고요? 그들은 신과 같은 존재인데!" 라이언의 눈이 휘둥그레지더니 처음으로 나를 똑바로 바라본다.

"그러면 그들에게 전화해서 당신에 대해 좀 알아 봐야겠네요. 프로그램 테스트하는 자리에 사람을 좀 뽑아야 하니까." 그는 조소하는 듯한 눈빛으로 말한다.

프로그래머에게 테스트하는 일을 맡기는 것은 큰 모욕을 주는 일이다. 마치 5성급 최고 요리사를 햄버거집 주방에 보내는 것과 같다. 라이언은 여전히 '여자는 못해' 코드에 묶여 있다. 나는 이따위 면박은 아예 인정하지 않기로 한다. 나의 자신감 넘치는 자세는 모욕하고는 잘 어울릴 수가 없으니까. "사실은 프로그래머 자리를 생각하고 있거든요. 인사 부서에서 다음 주에 인터뷰를 할 거예요." 나는 냉정한 얼굴로 똑바로 서서 그의 얼굴을 쳐다본다.

"알았어요. 어쨌든 생각해 보지요." 그는 돌아서서 책상에 앉아 일하는 척한다. 미팅은 끝났다. 나는 겁먹지도 않았고 쫓겨나지도 않았다.

하지만, 라이언이 진짜 일을 줄지 확신은 없다. 더 이상 뭘 더 어떻게 하랴?

다음날, 나는 라이언이 아니라 마이크로소프트에 불려갔다. 뭐 어쩌랴. 회사에 들어가려면 여러 가지 가능성에 대비하고 있어야 하는 거니까. 인력회사(나의 뒷문 이용법)가 결국 최종 방안이 되었다. 10시간 동안이나 기진맥진할 정도로 힘겨운 과정을 보낸 바로 다음 날, 8명의 다른 프로그래머들과 인터뷰를 하고, 셀 수 없을 정도로 많은 줄의 코딩작업을 하고, 기억도 못 할 만큼 많은 버그를 찾아 고치는 일을 한 후, 정말 이상한 질문들에 대답하느라 진땀을 빼고 나는 집에 가서 쓰러졌다.

•   •   •

'크리스'는 인사부서의 마리와 결국 인터뷰를 하지 못했지만 오히려 다행이었다. 필요하다면 남장도 할 생각이었지만. '크리스틴'은 프로그램 테스트하는 일을 하게 되었다. 처음에는 자존심이 뭉개지는 것 같았지만 일단 회사에 발을 들여 놓는 것이 중요하다고 생각했다. 나중에 프로그래머의 자리에 올라가기는 했지만 그 일은 경쟁사인 로터스(LOTUS)에서 하게 되었다.

가끔은 뒷문이나 옆문으로 들어가는 것도 괜찮다. 뭐 어떤가? 나올 때 앞문으로 나오기만 한다면... 나는 실력이 있었기 때문에 세가지 방법 중에 하나는 성공할 거로 생각했다. 그게 바로 GSD를 가진 사람의 자신감이다.

아얏! 내 발이 끼었어!

대개 GSD를 얻으려면 성공적으로 첫 걸음을 내딛는 것이 필요하다. 들어가다가 발이 끼는 한이 있더라도 말이다. 내 친구 찰스는 손꼽히는 한 컨퍼런스에서 이야기 할 기회를 목마르게 찾고 있었다. 그일을 통해 그는 자신의 커리어를 쌓을 수 있다고 생각했다. 신뢰의 기반을 다지고, 판매도 많이 할 수 있으며, 그 자리에서 잠재 고객군을 이끌어낼 수 있다고 믿었다. 나는 그 컨퍼런스의 책임자인 여자를 그에게 소개했고, 찰스는 4개월 동안이나 그녀에게 전화와 편지로 접촉을 시도했다. 그녀는 첫 이메일에 답장을 보낸 후 전혀 소식이 없었다. 이 일의 매우 중요한 결정권자인 그녀와 교신이 되지 않자, 몹시 실망한 찰스는 나에게 조언을 구했다. "찰스, 그녀가 다음 주에 회의하러 LA에 가는 거 알잖아. 너도 LA로 가. 가서 그녀가 있는 호텔에서 무조건 만나. 별로 힘든 일 아니야. 어서." 그는 스케줄을 조정하고 딱 10분을 그녀와 만나고자 왕복 4시간을 허비했지만 결국 성공했다. 그날 찰스는 GSD를 얻었고, 그의 커리어는 순항을 하기 시작했다.

기업 내 한 조직의 부서장이라면 당신도 GSD가 필요하다. 그것은 사장처럼 행동하는 것을 뜻한다. 한 제조회사의 구매 담당이었던 해롤드는 비용 절감, 과다 지급 방지, 효율성 증대를 위해 공급자들이 실시간으로 견적을 내주기를 원했다. 그는 계속해서 새로운 시스템이 필요하다고 역설했고 경영진은 마침내 비싼 컨설팅 회사에 의뢰해서 4개월짜리 분석을 받아 보라고 명령했다. 해롤드는 기가 막혔다. 의견

60

을 받아보는데 4개월을 쓰라고? 그는 상사에게 자신의 팀이 직접 하면 하루에 몇 시간씩 몇 주 정도면 결론을 낼 수 있다고 설득했다. 초반에는 모두 순조로웠다. 하지만, 시간이 좀 더 필요해졌다. 그의 상사는 시간을 더 주었고 3개월이 지난 후 해롤드의 팀은 실시간 견적 시스템을 개발했다. 경영진은 자신들의 잘못을 인정하고 직원들의 실력을 신뢰하게 되었고 컨설팅 계약은 취소했다. 해롤드는 GSD를 손에 쥐었고, 회사는 3억 달러 이상의 비용을 절감하였다.

GSD를 얻으려면 자신의 본능적인 목소리에 귀를 기울일 필요가 있다. 18개월 전에 나는 오랫동안 공을 들이던 고객인 베로니카에게 지금 바로 전화를 해보자는 생각이 들었다. 그녀의 전화번호를 돌리고 자동 응답 음성이 흘러나오자 잠깐 동안 회의가 일었다. 내 직감이 틀렸나? 그런데, 잠시 후 그녀가 음성 메일 중간에 전화를 집어들었다. 나는 예전에 했던 이야기를 다시 하기 시작했고 그녀는 자신이 방금 나에 대해서 이야기 하던 중이라고 말하는 것이었다. 그녀의 회사와 계약을 맺기 위해 지난 8개월 동안 얼마나 노력했는지 모른다. 계약은 성사되었고, 우리가 맺은 계약 내용에는 그녀의 회사 행사에 내가 개인적으로 참석해 세미나를 여는 것도 들어 있었다. 그곳에서 수많은 신생기업의 대표들을 만나게 되었고, 지금은 그들 중 수십 명에게 전화로 컨설팅 해 주고 있다.

GSD를 얻으려면, 당신 커리어의 목표를 명확히 하고 다음 두 단계의 승진을 계획해 보는 것이 필요하다. 당장 CEO가 된 모습을 떠올리기 어려울진 몰라도, 당신이 바라는 바로 위 두 칸 정도야 어렵지 않

61

게 상상할 수 있다. 그곳에 도달하려면 무엇이 필요할까? 남들이 꺼리는 고된 일도 마다하지 말고 하라. 물론 일을 한다고 결과가 늘 좋은 것은 아니다. 그러나 이것은 아직 알려지지도 않은 당신의 이름과 브랜드를 세상에 외칠 수 있는 기회인 것이다(4장에서 더 자세히 이야기하겠다). 더 많은 기회를 요구하라. 다시 말해 더 많이 일할 기회 그리고 더 많이 인정 받을 기회를 구하라. 당신의 개인적 발전이 회사의 발전이라고 생각하라. 당신은 모든 부서의 동료에게 이익이 되는 사람이 될 수 있다. 재미, 개인적 성장, 봉사, 인간관계 등은 재무, 커리어, 건강 같은 항목만큼이나 흥미롭고 중요하다. 당신의 인생을 높은 수익의 잘 나가는 회사라고 생각하면 어떤가?

뱀파이어와 다른 골칫거리들

해로운 사람들에 대해 이야기해보자. 그들은 다양한 형태로 존재한다. 나와 함께 일했던 사람 중엔 그 일이 너무 복잡해서 어렵다는 뉘앙스를 풍기며, 예쁜 머리로 골치 아프게 고민하지 말라고 하는 이들도 있었다. 처음에는 그런 말에 속았다. 그러나 내가 겁을 먹는 바람에 아주 좋은 기회를 놓쳤다는 사실을 나중에야 깨닫게 되었다. 이런 부류의 독성은 진짜 치명적이다. 왜냐하면, 보호해 주고 도와주는 양 위장을 해서 다가오지만 결과적으로는 당신이 능력 없고 보잘것없는 사람이라고 느끼게 하기 때문이다. 당신을 불안하게 만드는 또 하나의 해악은 정보를 감추는 것이다. 동료가 당신의 성공에 중요한 어떤 사실을 알려 주지 않아서 결국 당신이 실패를 경험하는 것 말이다. 불안한 마음을 깨뜨리는데는 사우스파크를 만든 이들이 찍은 영화 '농구(Basket Ball)'를 보면 도움이 된다. 이 영화는 운동 경기에서 개인적 모욕과 신경전을 이용하면 얼마나 경쟁 상대를 불안하게 할 수 있는지 잘 보여 준다.

친구들도 해가 되는 사람일 수 있다. 내 경우 끊임없이 같은 불만을 반복하는 몇몇 친구 때문에 괴로웠던 적이 있다. 전화를 받거나 만난 후에는 심리적으로 완전히 녹초가 되었다. 나는 마침내 그들이 자신들의 인생을 위해 어떤 노력도 하지 않을 것이며 무슨 이유인지는 몰라도 진정 원하는 것은 한심한 인생뿐이라고 믿게 되었다. 긍정적이고 발전적인 인생을 살아 보려는 나의 소망을 함께 할 친구들이 필요했다. 그래서 상황을 바꿀 수 없다면 작별을 고하는 것이 낫다고 생각했다. 안녕을 고하는 2가지 순서가 있다. 첫째, 해로운 사람들이 가진 긍정적인 면들을 적어본다. 그리고 그들을 생각할 때 긍정적인 면을 먼저 떠올린다. 그들의 부정적 측면에 관심을 기울이지 않으면 어쩌면 그들도 긍정적으로 변해 갈지 모른다(이런 방법은 두려움이나 나쁜 버릇에 대해서도 적용할 수 있다). 이렇게 해도 소용이 없으면 완전히 헤어지는 것을 선택할 수 있다.

파괴적 관계를 청산할 때는 부디 연민의 마음을 가지도록 노력하라. 상대방에게 미워서가 아니고 서로 지향하는 방향이 달라서 헤어진다고 말하라. 목표와 자아 발전에 도움이 되는 사람들 속에서 지내는 것은 중요하다. 그럴 수 없다면 어떻게 해야 할까? 해로운 사람들

63

이 당신의 상사이거나, 동료 심지어 가족이라면? 7장에서 이야기하는 '세가지 E'를 실천해 보아라. 가능하면 함께 지내는 시간을 줄이고, '자신만만 포즈'를 사용하라. 바지 벨트 고리에서 나오는 '광선 방패'를 작동하는 것도 잊지 말고! 상대방이 힘들어 하는 여러 가지 고통에 대해 연민을 가져라. 그들이 일부러 나쁘게 굴고 남을 괴롭히려고 작정했겠는가? 부정적 상황들이 당신에게 손도 못 대고 튕겨 나가는 상상을 해라. 필요하면 좀 더 바람직한 일자리를 찾아보는 것도 좋다. 당신의 이상적 업무 환경과 인생을 설계하는데 적극적으로 나설수록 주변에 해로운 사람들이 줄어들게 된다. 당신이 발산하는 긍정적 에너지가 주변 사람들을 변화시키는 것이다.

마음으로 보라

마이크로소프트에서 시간당 계약직으로 일할 때 내 자리에 '내 생애 최초의 백만 달러'라는 제목의 포스터를 붙여 놓았다. 백만 달러에 달하는 현금이 쌓여 있는 그림이었다. 백만 달러를 벌 수 있는 아이디어가 떠오르기를 기다리면서 매일 그림을 쳐다보곤 했다. 그 포스터를 사고 2년 후에 나는 생애 첫 백만 달러를 벌었다. 몇 년 전에는 내가 바라는 집을 사고자 비슷한 방법을 썼다. 포도밭이 딸린 근사한 집 그림을 오렸는데 1년도 안 되어서 똑같은 모습의 집을 좋은 가격에 찾을 수 있었다. 지금은 좀 더 여자로서의 시간을 가지고 싶어서 여자들끼리 어울리는 사진과 결혼생활을 위해서 서로 보듬은 커플의 사진을 붙여 놓았다.

당신이 원하는 삶을 보여주는 '드림 보드'를 만들어라. 그것은 당신의 생각을 수시로 새롭게 해주고 원하는 목표를 향해 집중적으로 에너지를 쓸 수 있도록 도와줄 것이다. 진짜 그렇다니까요! 베로니카를 기억하는가? 내가 맘속에서 들려오는 '지금 당장 전화해'라는 목소리를 듣지 않았더라면 분명히 거래 성사에 6개월 이상 더 걸렸을 것이다. 드림 보드에 있는 목표를 하나라도 이루면 잘 기록해 두라. 당신이 목표를 하나하나 이루고 있음을 상기시켜 주도록. 명확히 해두고 싶은 것이 있다. 지금 나는 고운 꿈을 꾸기만 하면 우주가 소원을 이루어 주는 금가루를 뿌려줄 거라는 말을 하는 것이 아니다. 목표를 세우고 그것을 이루고자 노력하면서도 이미 목표가 이루어진 것처럼 마음속에서 그려보는 것이 의식적으로 혹은 잠재의식에서 얼마나 큰 에너지를 용솟음치게 하는지를 말하는 것이다.

멋들어진 4가지 어구 수시로 언급하기

GSD를 얻고자 노력할 때 유념해야 할 것은 너무 공격적이면 좋지 않다는 것이다. 그렇게 되면 사람들이 멀어지고, 당신을 도와주고 싶은 생각이 사라지게 된다. 내가 너무 강하게 나가면 사람들을 질리게 한다는 것, 사람들은 때로 전력질주보다는 느긋한 산책을 더 좋아한다는 것을 깨닫게 되기까지 무척 힘든 과정을 겪었음을 고백한다. 나는 비즈니스에서 가장 중요한 어구 4개를 수시로 사용하면서 자신에게 고삐를 죄곤 한다.

- 부탁합니다 (Please)
- 감사합니다 (Thank you)
- 죄송합니다 (I'm sorry)
- 잘 모르겠습니다 (I don't know)

나는 이 간단한 4가지 어구를 말하기 싫어하는 사람들에 대해서는 직원으로 뽑지도 않고, 도움을 청해도 거절하거나 고객으로 관계를 맺지도 않으려고 한다. 처음 두 개의 어구는 기본 예의에 관련된 말들이다. '부탁합니다'라는 말은 당신이 상대방에게 무엇인가를 요청할 때 당연히 받아야 할 것이 아니라 순전히 상대방의 호의를 바라고 있음을 상기시켜 준다. '감사합니다'라는 말은 그 호의에 대해 생각하는 시간을 갖는 것이다. 이 두가지 어구는 단순한 예의를 넘어서는 높은 인식의 수준을 요구한다. 좋은 비즈니스와 생활의 정수라고 할 수 있다.

멋들어진 4가지 어구 중에 세 번째는 인간미와 배짱이 있어야 쓸수 있다. 일을 망쳐 놓고도 미안하다고 말하는 것이 왜 그렇게 힘이 드는 걸까? 일을 하다 보면 실수를 저지르게 마련이다. 인정하고 해결하면 된다. 진정한 사과는 잘못된 일을 바로 잡겠다는 무언의 약속이다. 내가 사과한다고 해서 상대방도 똑같이 사과해 올 것을 기대하지 마라. 상대방도 그렇게 한다면 좋은 일이겠지만, 상대방의 사과는 당신이 하는 사과와 완전히 별개의 것이다. 저지른 일에 대해서 어떻게 바로잡아야 할지 모르겠다면 이렇게 말하라. "죄송합니다. 일을 망쳐 버렸네요. 어떻게 하면 좋을까요?" 시간과 돈의 손실은 노력하는 마음이 만들어 내는 선의와 거기에 따르는 지속적 관계에 의해서 보상받게 된다. 연구에 의하면 의사들이 자신들의 실수 또는 잘못된 판단에 대해 환자에게 솔직히 이야기하면 의료 사고에 관해 소송을 당하지 않는 경우가 많다고 한다.

67

얼마 전에 나는 신생 회사의 이사회 임원으로 있었는데 그 회사의 CEO인 리앤은 똑똑한 사람이었지만 지나치게 과장하는 경향이 있었다. 그녀는 쓰러져가는 회사를 살리고자 영입되었는데 2년 만에 제품을 다시 살려내고 9백만 달러의 판매량을 이룩했다. 정말 놀라운 실적이었다. 그러나 리앤의 아킬레스건은 확실하지 않은 일에 대해서도 장밋빛 전망을 계속 불어넣는다는 것이었다. 리앤은 직원회의에서 큰 건이 진행되고 있고 조만간 결론이 날 거라는 말을 계속했다. 이사회에도 같은 이야기를 했다. 문제는 계약이 깨지는 일이 많았다는 것이다.

마침내 리앤의 주요 상사들은 이사회를 소집하여 사실을 알아보기로 했다. 하지만, 이사회는 역시나 그녀의 쇼를 감상할 수밖에 없었다. 그녀는 신임을 잃어 갔다. 더 나빴던 것은 그녀가 "죄송합니다. 일이 완전히 마무리될 때까지 기다렸어야 했습니다"라는 말을 절대 하지 못했다는 것이다. 그녀는 오히려 자신을 변호하고자 무리수를 두었다.

리앤에 대한 신뢰는 완전히 무너졌고 그녀는 해고되었다. 회사는 거의 망했다. 현재 이 회사는 3백만 달러 정도의 판매도 하지 못하고 있다. 그녀가 우리의 충고를 들어서 조금 더 자중하고 장밋빛 청사진에 대해 그렇게 떠들어대지만 않았더라면 해고되지도 않았을 것이고 회사는 지금 무척 잘 나가고 있을 것이다. 그녀는 다시 채용될 수 있을까? 물론 그녀가 멋들어진 4가지 어구를 사용하는 법을 배우기만 한다면 얼마든지 다시 채용될 것이다.

많은 사람이 무지를 인정하기 힘겨워한다. 약하고, 바보 같고, 허술해 보이는 것이 싫기 때문이다. 사람들 앞에 서서 – 그 사람들이 직원들이거나 주주들일 경우에는 더욱 – 특히 그들이 화가 나 있거나 막강한 힘을 가졌으면 더욱더, 당신이 무엇인가를 모르겠다고 말하는 것은 정말 어려운 일일 것이다. 처량하고 비참하다. 그러나 괜찮다. 모든 것은 지나가는 법이다.

다 알 수 없다면 그렇다고 말하고 언제까지 해답을 찾겠다고 말하라. 모른다는 사실을 인정한다고 해서 남들이 그걸 이용하려 들지는 않을 것이다. 오히려 당신의 용기를 칭찬할 것이다. 똑바로 서서 "그 질문에 대해서는 지금 답을 모르겠습니다. 하지만, 며칠 안에 알려드리겠습니다"라고 말하라. 그리고 어떻게 답을 찾아볼 것인지 설명하고 사람들의 의견을 들어보라. 이렇게 하면 사람들이 답을 구하는 과정에 참여하게 되며 자연히 당신이 정답을 찾기를 원하게 된다. 반드시 약속을 지켜라. 사람들은 당신을 주시할 것이며 한 말을 어기면 그것을 기억할 것이다!

같은 맥락에서 다른 사람들이 솔직히 모르는 것을 모른다고 할 때는 옳은 태도를 가진 것에 대해서 지지해 주도록 하라. 내가 자신의 무지에 대해 담백하게 인정했을 때 "너 그거 정말 몰라?"라는 투의 불신이 가득한 반문을 받으면 참기 어렵다. 이런 종류의 반응이 오면 더는 그 사람과 말하고 싶지 않다. 마음의 문이 닫히면 다시 여는데 시간이 무척 걸린다. 신뢰를 회복하는 것은 공이 많이 드는 일이다.

한때 같이 일했던 토드라는 사람은 처음으로 CEO가 된 사람인데 무척 똑똑하고 치밀한 재무 담당 임원 출신이었다. 성공적인 기업 공개의 경험을 가진 그는 이사회와 교류하는데 전혀 어려움이 없었다. 토드는 영업과 마케팅에 경험이 없었지만 자신의 약점을 보완해 줄 수 있는 영업 담당 부사장을 잘 뽑기만 한다면 전혀 문제가 없는 일이었다. 불행하게도 토드는 '잘 모르겠다' 는 말을 할 줄 모르는 사람이었다. CFO로서 모든 것을 다 아는 것 같은 상황에 너무 익숙한 나머지 초심자의 자세를 가지기가 어려웠던 것이다. 그래서 문제가 있을 때(문제는 언제나 있다) 영업이나 마케팅 부서에 물어보기를 주저했다. 우리는 그를 돕고 싶었지만 그는 도움받기를 거부했다. 자신의 약점을 인정하기 싫었기 때문이다. 애석하게도 그는 회사를 떠나야 했다.

일단 GSD를 당신의 뒷주머니에 넣기만 한다면 당신이 세상에서 가장 강력한 신임 보증서를 갖고 있다는 뜻이 된다. 당신은 자신의 강점을 알게 된 것이고, 이러한 이해는 실력을 더 연마해서 미지의 영역으로 계속 뻗어나가는 과정에서 더욱 확실해진다. 당신은 GSD를 가진 다른 사람들을 보는 눈이 생겨 그들과 함께 일할 기회를 얻을 수 있게 될 것이다. 팀의 리더이건, 팀원이건 GSD를 가진 한 당신은 장애물 경주의 기수 역할을 할 수 있다. 이제 마음껏 달려라!

GSD를 얻기 위한 10가지 단계

GSD는 언제나 주저하는 자세를 억누르고 과감히 앞으로 나아가는 것과 밀접한 연관이 있다. 추진력을 키우는 10가지 방법은 다음과 같다.

1. 책임감을 극대화하라.

인생이 잘 풀리지 않는다고 또는 원하는 것을 갖지 못한다고 남을 원망하지 마라. 원망의 다른 모습인 불만에 대해서도 마찬가지이다. 당신은 그 누구의 소유물도 아니다. 우리 인생의 모든 것은 좋건 나쁘건 우리 자신의 생각과 행동의 산물이다. 자기 인생에 대해서 100% 책임을 지는 순간 우리는 이런 사실을 알게 되고 우리의 삶은 나아지기 시작한다. 책임은 적극적인 추구이다. 5%만이라도 더 책임감을 가질 때 무슨 일이 일어날까? 그 결과에 당신은 놀랄 것이다.

2. 상상의 눈을 길러라.

1장에서 목표를 설정하는 방법을 자세히 이야기했다. 중요하고 세밀한 목표를 세웠다면 그 목표가 이루어진 상태를 마음속에서 보고 이미 그렇게 되었다고 믿어라. 목표 속에는 '무엇'과 '언제'가 다 들어 있어야 한다. 예를 들어 만약 승진 계획을 세우고 싶다면 보스에게 목표 X, Y, Z를 이루었을 때 승진이 보장되는지, 월급이 _% 오를 것인지 확실히 해두라. 일의 진전 상황을 잘 기록하여라. 이런 식으로 집중하는 것은 놀라운 결과를 가져 온다.

3. 최고의 지원을 얻어내라.

도와주는 사람들이 반드시 필요하다. 내가 보기에 가장 효과적인 지원군은 두 그룹이다. 책임감 있는 파트너와 조언자 그룹이 그들이다. 책임감 있는 파트너는 당신이 끝까지 책임감을 잃지 않도록 도와주는 친구나 동료들이고 조언자 그룹은 비슷한 생각을 가지고 모여서 서로 목표를 이루도록 돕는 사람들이다. 이 장의 끝에 이 두 가지 지원군을 만드는데 도움이 되는 정보가 있다.

4. 해로운 사람들을 배척하라.

어쩌면 바로 지금 해로운 사람들에게 시달리고 있는지도 모르겠다. 그들은 당신을 주저앉히고 물러서게 만드는 자들이다. 당신의 발전을 방해하는데 적극적인 자들이 누구인지 구별할 수 있는가? 쓸데없이 불을 질러서 당신으로 하여금 밟아 끄는데 시간을 낭비하게 하는 사람? 일을 제대로 하지 못한다고 비난하는 사람? 그들은 김 빼는 사람들이다. 쥬디스 올로프 박사는 그런 사람들은 '에너지 뱀파이어'라고 부른다. 그들을 피해 다니거나 그들이 내뿜는 부정적인 영향을 없애도록 하라. 어떤 사람이 해로운 사람인지 아닌지 잘 모르겠거든 같이 시간을 보내고 나서 어떤 기분이 드는지 잘 생각해 볼 필요가 있다. 화가 나는가? 피곤한가? 풀이 죽는 기분인가? 당신은 활기차게 지낼 권리가 있다. 구속에서 벗어나라!

5. 긍정을 극대화하라.

자기 자신에게 목표에 대해 이야기를 할 때는 언제나 긍정형만을 사용하라. 부정적인 독백은 부정적인 자아 이미지를 만들고 부정적인 행동을 하게 만든다. 우리는 남들보다 자신이 스스로 더 많이 자기 자신을 방해하는 경향이 있음을 알아야 한다("내가 말했지? 날 뽑지 않을 거라고 / 데이트 신청 안 할 거라고 / 판매상을 주지 않을 거라고"). 자신의 장점을 적어보아라. 약점은 적지 마라. 대신 더 계발하고 싶은 면을 적어라. 어떤 특정한 일에 대해서는 관심도 없고 나아지고 싶은 생각도 없다면 그것도 그대로 인정하고 받아들여라. 나의 예를 든다면, 나는 정리를 잘하는 사람이 되고 싶은 생각이 전혀 없다. 그래서 그런 일을 해 줄 사람을 고용한다. 긍정성을 강하게 키우는 또 하나의 방법은 영감을 주는 책을 읽고 또 읽는 것이다. 동기부여에 도움이 되는 CD를 듣거나 동영상을 보아라. 자신의 주변을 고양된 에너지로 채워라.

6. '끌어당김의 법칙'을 기억하라.

뉴턴의 물리학에서는 배울 수 없는 이야기지만 우리는 모두 '끌어당김의 법칙'이라는 우주의 멋진 법칙에 따라 살고 있다. "두드려라! 그러면 열릴 것이다"라는 말을 들어본 적이 있을 것이다. 그것이 바로 '끌어당김의 법칙'이다. 무엇을 원하는지 확실히 생각하고 집중하고, 그것이 이루어진 것처럼 좋은 기분을 가지면 당신의 마음은 그 소망이 '전진 명령'이라고 여기게 된다. 우주는 당신의 꿈을 이루어 주기 위해 움직인다. 그러므로 당신은 자신이 무엇을 원하는지 확실히 알아야 한다. 그리고 원하는 것을 마음속으로 그려보고, 이미 그것을 가진 것처럼 느끼면서 원하는 것을 위해 필요한 일을 해야 한다. 이것이 꿈을 이루는 방법이다. 노만 빈센트 필(Norman Vincent Peale : 미국의 유명 신학자)이 말한 것처럼 "당신은 자신이 성공하는 모습을 마음속에서 정확히 그려내어 사진 찍듯이 찍어 놓아야 한다." 끈질기게 그 사진을 붙들고 있어라. 절대로 사진이 희미해지지 않게 하라. 당신의 이 간절한 소망이 그 사진을 현상하게 될 것이다.

7. 끈질기게 노력하라.

5장에서 더 이야기하겠지만 당신은 흔히 사람들이 말하는 실패라는 것을 겪을 것이며 커리어와 인생에서 종종 거절을 당하는 일도 있을 것이다. 중요한 것은 당신이 그것들을 바라보는 관점이며 그 때문에 퇴보하지 않아야 한다는 것이다. 나는 부정적 측면을 줄이고자 실패를 '학습을 위한 모험'이라고 부른다. 헨리 포드도 말했듯이 "실패는 좀 더 현명하게 시작할 기회를 주는 것이다." 누구나 겁을 내고 실패를 하며, 또 거부당한다. 피할 수 없는 펀치는 늘 있는 법이다. 마더 테레사의 "Do It Anyway" - 이 책의 결론이기도 하다 - 라는 말을 사무실의 눈높이에 맞추어 걸어두어라. 힘겨울 때는 더욱 자주 그 말을 읽도록 하라.

8. 주의를 기울여라.

3장에서 이야기하겠지만 수련을 통해 반드시 습득해야 하는 중요한 태도가 있다. 바로 주변에 대해 주의를 기울이는 것이다. 그다지 어려운 일이 아닌 것 같지만 단순히 하는 일에 집중하는 것과는 다른 것이다. 하는 일에 집중을 하다 보면 때로는 다른 중요한 일을 놓치게 된다. 길에 틈이 생긴 것에 눈을 너무 팔면 하늘에 떠 있는 무지개를 못 보듯이... 우리는 망각의 동물이다. 하지만, 인생에 주의를 기울이면 기울일수록 좀 더 현재에 살게 되고 좀 더 많은 기회를 발견하게 된다. 당신의 주변을 집중해서 꼼꼼히 보는 능력을 배양하라.

9. 오류를 지속적으로 수정하라.

누구나 실수를 한다. 7장에서 더 이야기하겠지만, 요점만 말하면 정직할수록 실수를 더 줄이고, 실수를 한다고 해도 즉시 알아챌 수 있으며, 문제를 빨리 바로잡을 수 있다는 것이다. 문제들을 더 깨끗이 해결할수록 죄의식과 후회가 덜해지고 짐도 가벼워진다(족쇄 지수가 감소한다). 또한, 시시한 일들에서 벗어나는 일도 쉬워지며 사건을 좀 더 명확하게 볼 수 있게 된다. 명확히 볼수록 더 나은 결정을 내릴 수 있게 되는 것이다.

10. 성공을 자축하라.

위험을 감수했으니 자신에게 상을 주도록 하라. 당신이 가장 좋아하는 상이 무엇인가? 내 친구 중 한 명은 영업사원인데 이베이(e-Bay)의 패션몰에서 온라인 쇼핑하는 것을 무척 즐긴다. 그는 유명 디자이너의 패션 상품을 아주 싼 가격에 사곤 한다. 몇 백 달러만 주고도 끝내주게 멋진 양복을 사는 방법을 안다. 그는 판매가 한 번 될 때마다 자신의 쇼핑 계좌에 100달러씩 적립을 한다. 동기부여인 셈이다. 잠재 고객들에게 무작정 전화를 걸어 영업하는 일에 진저리가 날 때면, 이베이 경매 상품 중에 자신의 '소망 목록(wish list)'을 한 번 들여다 보는 것만으로도 다시 용기를 내어 일을 할 수 있다. 그는 자신이 조만간 자축의 잔을 들게 될 것을 믿는 것이다.

무료로 제공되는 좋은 자료들

www.RulesForRenegades.com 접속 후 다운로드
(접속 시 로그인 필요)

"30 Days To Where You Want to Be"
"Accountability Partner Worksheet"
"Mastermind Group Worksheet"
"Goal Setting Worksheet"

76

Rule_3

문제 + 고통 = **수익**

비관론자들은 기회를 어려움으로 여기지만
낙관론자들은 어려움을 기회로 여긴다.

원스톤 처칠(Winston Churchill)

고통이 크지 않으면
지갑은 열리지 않는다

세상은 불완전하다. 사실 이것은 좋은 일이다. 끊임없이 혼란이 창조되는 세상은 언제나 해결사를 원하고 있기 때문이다. 기회는 곳곳에 있다. 주의 깊게 둘러보아라. '사업상의 고통'에 시달리는 사람들의 이야기에 귀를 기울여라. 먼저 고통이 어디에서 오는지 진단을 내려라(경쟁사들이 너무 막강한가, 시장이 아직 조성되지 않았나, 아니면 비효율적인 시스템이 혁신의 숨통을 막고 있진 않나?). 그리고 나서 고통을 해결책이 필요한 문제로 인식하라. 문제에 고통이 더해지면 바로 수익의 기회가 생긴다. 고통을 문제로 전환하는 것, 그것이 관건이다. 문제로 인식해야만 고통을 없애려고 지갑을 열 것이기 때문이다.

나는 두 가지 방법으로 회사를 세워왔다. 어려운 방법은 뚜렷한 아이디어 없이 해결할 문제를 찾아다니는 것이다. 이 방법에 대해 곧 자세히 이야기하겠다. 쉬운 방법은 해결책이 필요한 문제가 내 무릎 위

문제 + 고통 = 수익

에 뚝 떨어지는 것이다. 1장에서 본 것처럼 쿠베라(Kuvera)를 세우자는 아이디어는 한순간 갑자기 떠오른 것이었다. 마이크로소프트는 고통을 느끼고 있었다. 우리 같은 계약직들도 고통을 느끼고 있었다. 내가 일주일 아니 하루라도 더 주저했다면 고통에 대한 해결책을 만들어 볼트(Volt)와 경쟁할 기회를 놓쳤을 것이다. 이 일에서 무엇을 배웠느냐고?

1. *주의를 기울여라.* 항상 기회를 주시하라. 당신을 둘러싼 기회를 포착하는데 집중하겠다는 목표를 세워라. 그리고 기회가 오면 행동하라.

2. *두려움이나 부족감을 메워라.* 강력하고 전문적인 경쟁자가 있다고 위축되지 마라. 당신은 그들이 갖지 못한 것을 제공할 수 있다. 쿠베라와 마이크로소프트 간의 대전에서 내가 가진 무기는 계약직 직원들을 인간답게 대해주고 조금이라도 적은 서비스 요금을 받는다는 것이었다. 자신감을 유지하고자 마음속으로 어떤 생각을 해도 좋다. 나는 딕의 눈초리 공격을 막아내고자 '광선 방패'를 작동하는 상상 게임을 했다. 2장에서 보듯, 라이언이 나의 능력에 의구심을 나타냈을 때는 '자신만만 포즈'를 취해서 자신을 보호했다.

3. *돌진하라.* 기회가 눈앞에 떠오르면 꽉 잡아라. 준비가 안 되어 있어도 상관없다. 일을 하면서 만들어 가면 된다. 거절당할 수도 있다.

하지만, 크게 성공할 수도 있다. 위험을 감수하지 않고선 결과를 알 수 없다. 그런데 뭐가 위험하다는 거지? 나는 아무것도 가진 것 없이 시작했고 일이 실패해도 달라질 것은 아무것도 없었다. 그러니 잃을 것이 아무것도 없었다.

기회가 갑자기 뚝 떨어지지 않을 때는 어떻게 할까? 지금부터 그 이야기를 하겠다. 나는 '포천 1,000'에 실린 정보 기술 관련 임원들의 명단을 구했다. 사무실 안에 틀어박혀서 코드별로 나눈 다음 이른 아침과 저녁에 임대 사무실에서 전화를 걸었다. 엄청난 양의 숙제를 하는 것 같았다. 아침에 자명종 소리를 듣지 못할 정도로 피곤하게 일했다. 6개월이 되자, 하도 전화를 눌러 대서 내 손가락은 지문이 없어질 정도였고 계속해서 말을 하느라 턱뼈가 아팠지만 그래도 5군데의 고객을 발굴할 수 있었다.

뛰면서 만들기

은행 잔고가 불어나기 시작했다. 고통에 귀 기울임으로써 마침내 마이크로소프트에서 벗어나기 시작한 것이다. 갑자기 수익을 내는 작은 회사의 CEO가 됐다. 자연스럽게 수익을 내는 큰 회사로 만들고 싶어졌다. 단순한 서비스 사업이 아니라 좀 더 마진이 큰 상품을 개발할 필요가 있었다. 내 회사의 자산이었던 마이크로소프트의 계약직 직원들은 비용은 높고 이익은 매우 작았다. 게다가 그들은 수시로 회사를 떠났다. 나는 낮은 고정비로 많이 팔 수 있는 상품이 필요했다. 나는 문제를 발견했고, 그 문제가 고통스러운 것임을 확신했다. 이제 세 번째 단계를 실천할 시간이었다. 즉 문제에 대해 무엇인가 행동하는 것이다.

나는 좀 더 큰 회사들에 가까운 캘리포니아 북쪽으로 이사를 했다. 계속해서 고객 발굴을 위해 전화를 돌렸고 1991년에 CCI(Corporate Computing International)라는 전략 컨설팅 회사를 세워 쿠베라를 통합시켰다. CCI는 IT 전략과 시스템 구축에 관한 컨설팅을 제공했다. 우리는 큰 회사들이 다목적 PC 플랫폼을 가지고 소프트웨어를 설계할 수 있도록 도왔다. 이제 보다 격이 높은 수준의 사업을 하게 되었고 자연히 큰 금액의 청구서를 발행할 수 있었다. 사무실 직원을 고용하고 나는 뒤로 물러났다. 낮에는 애플 컴퓨터에서 계약직 프로그래머 일을 얻었다.

나는 애플에서 새로운 생산 시스템을 설계하는 일과, 내가 고용한 직원들에게 컨설팅 일을 물어다 주고자 IT 임원들에게 계속 전화하는 두 가지 일을 병행했다. 신선한 아이디어가 필요했고 계속 팔 수 있는 상품을 개발해야 했다.

매킨토시는 윈도우 3.0 때문에 어려움을 겪고 있었지만 나는 마이크로소프트가 이 '과일 사단'에서 배울 것이 많음을 알고 있었다. 애플이 출시한 매킨토시에는 스타일 가이드라는 것이 있어서 구매자들이 일관된 사용자 인터페이스를 이용해서 소프트웨어를 만들어 갈 수 있었다. 그런데 마이크로소프트는 이런 스타일 가이드없이 윈도우

3.0을 전 세계 기업들이 사용하도록 밀어붙이고 있었다. 많은 회사가 빌 게이츠의 신제품에 열광했지만 그들은 사실 첫 아이를 낳은 부모와 비슷했다. 그들은 흥분 속에서도 이 새로운 한 다발의 즐거움을 가지고 무엇을 해야 할지 잘 몰랐다. '바로 이거야. 여기 기회가 있다' 라고 나는 생각했다. 나는 윈도우 사용자들을 위한 스포크 박사가 되었다. 이 생각은 우리의 첫 번째 상품인 'GUI 가이드라인' 이 되었다.

쉬운 방법과 어려운 방법 사이에 별 차이가 없다는 것을 알 수 있을 것이다. 두 가지 방법 모두 많은 주의를 기울여야 한다. 어려운 방법은 좀 더 많은 연구와 모색이 필요하지만 이미 말했듯이 세상은 불완전한 곳이다. 늘 어디엔가는 잘못된 것이 있게 마련이다. 자신의 주변을 돌아보고 물어보아라. '여긴 고장난 게 없나? 어떻게 고치지? 빠진 건 뭐야?'

이 시점에서 크리스틴은 차분히 앉아서 자세한 사업 계획을 세웠을 것 같은가? 아니다. 때로는 계획이란 것이 너무 과대 평가되어 있다. 존 레논이 말했듯이 "인생은 우리가 다른 계획을 세우는 동안 일어나는 일들이다." 사업가, 엔젤투자가, 그리고 벤처기업 투자자로서의 커리어를 통해 지금까지 36개의 신설 회사와 함께 일했다. 그 36개 회사 중에 최초의 사업계획안을 그대로 실행한 회사는 단 하나도 없다. 왜 그럴까? 상황이 변하기 때문이다. 경쟁사가 나타나고, 시장이 형성되지 않거나 성숙되지 않을 수도 있으며, 제품이 생각만큼 좋지 않을 수도 있다. 그림이 그려지는가? 투자자를 모집하거나 당신의 비전을 세울 때 또는 사업 목표를 정할 때 물론 계획은 필요하다. 그것에 대해서는 잠시 후 이야기하자. 그러나 기회가 떠오르면 먼저 일을 시작하고 계획은 필요한 시점에 세워라. 자신의 생각을 믿고 떠오른 아이디어를 사랑한다면 빨리 기회를 포착하고자 먼저 머리를 들이밀고 뛰어들 필요가 있다.

나의 사업 착수 과정은 3단계로 이루어지며 그 다음은 모두 공란이다. 당신이 사업 아이디어가 떠오르면 처음 세 개의 단계를 규명하라. 그리고 움직여라. 나머지는 시간이 가면서 해결해 나간다. 처음 3단계를 알아내는 방법은 아래의 세 가지 질문을 던지는 것이다.

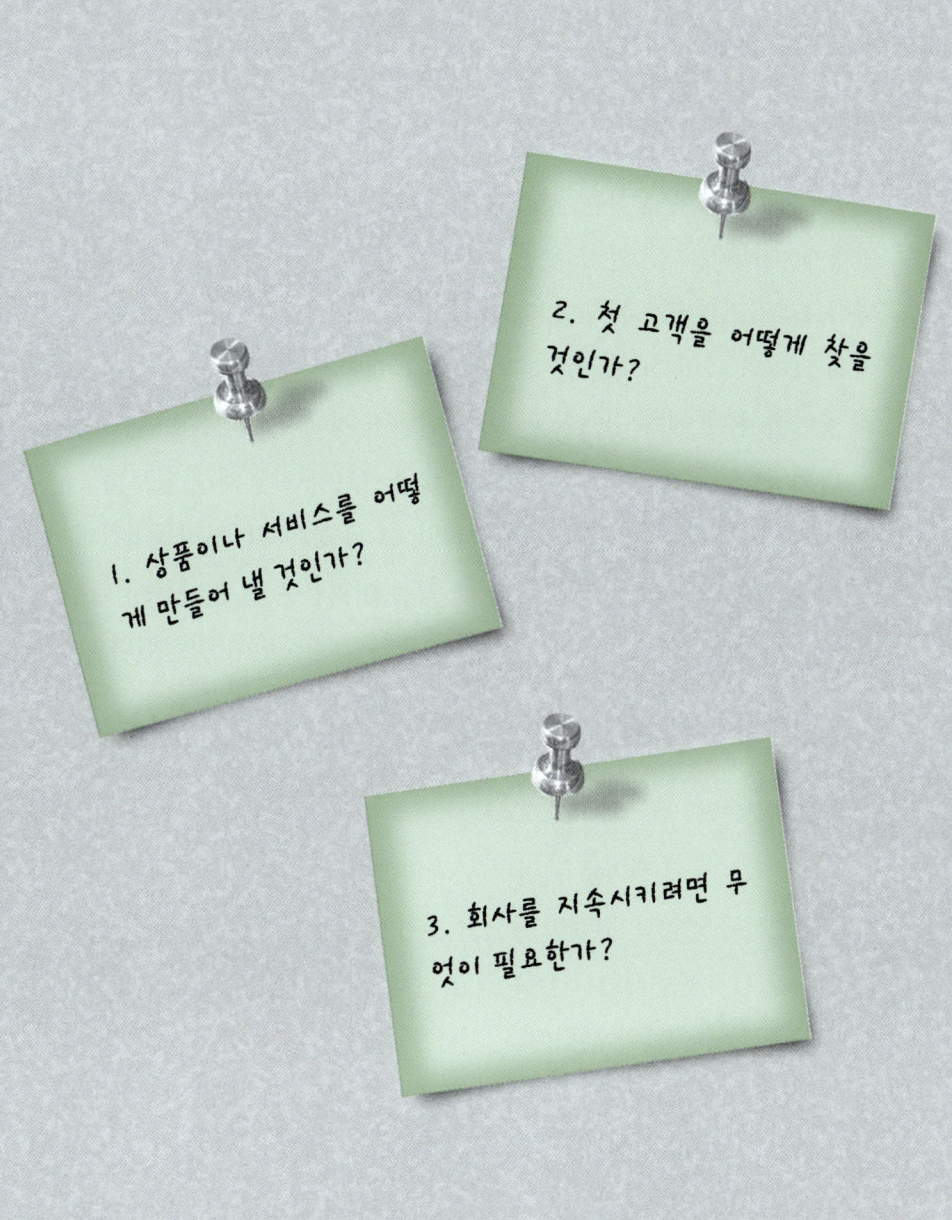

상품이 있었으니 두 번째 단계로 진입한다. 고객 찾기. 누가 우리의 스포크 박사를 가장 원하고 있을까? 물론 '포천 1,000' 회사들이다. 그들이 가장 고통을 많이 느끼는 사람들이다. 그들은 기존의 본체 시스템을 PC에서 구동하는 시스템으로 바꾸려 하고 있었지만 그래픽 환경에 대해서는 잘 알지 못했다. 나는 빨리 움직여야 했다. 조만간 마이크로소프트에서 문제를 파악하고 자체 스타일 가이드를 만들 것이고 그러면 나의 회사는 큰 타격을 입을 것이기 때문이다. 사력을 다해 영업을 해야 했다. 6개의 큰 회계 법인이 경쟁사로 떠올랐다. 그들은 나의 잠재 고객들에게 자기들이 PC 소프트웨어에 대해 나보다 더 전문가라고 허황된 거짓말을 해댔지만 그 주장은 잘 먹혀들어갔다. '포천 1,000' 회사들에 영업을 할 때 겪는 어려움은 이 회사들이 너무 안전하게 일을 하려고 한다는 것이다. 뭔가 우회작전이 절실했다. 그들은 고통을 겪고 있었고 나는 그것을 치료할 능력이 있었다.

무작정 500통의 전화를 걸어서 35개의 방문 약속을 얻어냈지만 결국 깡그리 퇴짜를 맞았다. 고객이 필요한 것이 내 손안에 있는데 왜 나를 쓰려 하지 않지? 35번째의 거절을 겪고 난 후 나는 방법이 떠오를 때까지 차 안에 앉아서 곰곰이 생각한다. 차를 건물의 입구 쪽으로 운전하면서 경쟁자들이 밖으로 나오길 기다린다. 30분 후, 나를 거절했던 전산부장이 2명의 남자와 함께 걸어 나온다. 바로 경쟁사 직원들이다. 그들은 웃으면서 악수를 한다. 신문을 쥐고서 얼굴을 가린 채 틈새로 이 세 남자를 관찰

한다. 열린 차창을 통해서 그들의 대화가 흘러들어온다.

"좋은 뉴스와 나쁜 뉴스가 함께 하는 상황인 거죠." 전산부장이 말한다.

"장모님이 절벽으로 떨어지는 것을 목격하는 것처럼요." 첫 번째 남자가 맞장구를 친다.

"내 BMW를 몰고 말이죠"라고 두 번째 남자가 덧붙인다.

웃고, 악수하면서 서로 친밀하게 등을 두드린다. 정말 화기애애한 분위기다.

"그럼 월요일 9시에 봅시다." 전산과장이 말한다. 그가 건물로 다시 들어가는 동안 모두 서로에게 손을 흔든다.

경쟁자들이 내 차 옆을 지나칠 때 나는 신문을 내려놓고 머리속으로 그들의 사진을 찍는다. 중년에 짧은 머리, 진한 감색 양복, 결혼반지, 안경. 그들의 외모는 이렇게 말한다. '우리는 믿을 수 있습니다. 우리는 전문적이고 보수적입니다. 우리와 함께라면 당신은 골치 썩을 일이 없습니다.' 아직 20대의 미혼인 나는 다듬지 않은 긴 머리에 '로스 드레스 포 레스'의 옷(Ross Dress for Less:미국 할인점 중의 하나)을 입고 있다. 나의 외모는 '종이백에 넣을까요? 아니면 비닐 백에 넣을까요?' 또는 내가 화장을 좀 대충했다면 '감자 튀김도 드릴까요?' 라고 말하는 것 같다. 이제 알겠어. 모든 것은 허상이야. 새로운 허상을 만들어야 할 때다. 이번에는 보수적이고 이미 성공한 임원 같은 허상 말이다. 쇼핑몰로 곧장 달려간다.

새로운 전투용 장구(감색 양복, 안경, 결혼반지)를 착용하고 머리를 말아 올린 후 나는 다음 판매 목표를 향해 돌진할 준비를 한다. 행운의 숫자

문제 + 고통 = 수익

36번째이다.

쉐브론의 사무실은 밝고 쾌적하며 방금 볶은 커피향이 가득하다. 기업 정보 기술 담당 임원인 밥 랜돈은 내가 그에게 무작정 전화를 걸자 곧 방문을 해 달라고 요청해 왔다. 그는 소프트웨어 디자인에 대한 하루짜리 시범 컨설팅을 해달라고 한다. 됐어! 마침내 나를 알아보는 사람이 생겼다.

일주일 후 컨설팅을 끝내자 밥이 내 손을 잡고 흔든다. "정말 좋았어요, 크리스틴." 그는 대부분이 남자인 전산과 직원들이 회의실을 나가는 것을 보며 고개로 인사를 한다. 밥은 또 하나의 컨설팅 예약을 한다.

두 번째도 성공적으로 마치고 나자 밥은 나를 자신의 사무실로 데리고 가면서 이야기를 시작한다.

"몬타나 좋아하나요?" 그가 말한다.

"좀 다쳤다지요?" 나도 신문 스포츠 면에서 읽은 적이 있다. '샌프란시스코 49'의 쿼터백이었던 조 몬타나는 그 당시에 거의 신이었다. 그에 대한 열광에 동참할 필요가 있었다.

"그렇다고 하네요."

사무실에 도착하자 밥은 사업에 관해 진지해진다.

"좀 더 체계적으로 직원들을 훈련시킬 필요가 있겠어요." 빌 게이츠에게 배운 교훈을 기억한다. 먼저 팔고 그 다음에 만들어라. "강좌를 개설하는 것에 대해 어떻게 생각하세요, 밥? 우리 회사에서 최근에 새로 만든 강좌가 있거든요." 이제 만들면 된다. 밥이 내 제의에 동의한다면.

"아 그래요? 얼마나 긴 강좌인가요?"

"하루짜리요."

"9시에서 5시까지요?"

나는 고개를 끄덕인다.

"좋아요. 첫 번째 강좌를 월요일에 시작하도록 하지요. 8시에 준비를 시작하면 되겠죠?"

공식주문을 받아야 해. "물론이죠." 주문서를 받기 전에는 나가지 말자. "구매 주문서가 필요한데요."

"아, 물론 그렇겠죠. 가격은 어떻게 되나요?"

"훈련생이 몇 명인가요?"

"20명이요."

흐음... 얼마를 이야기해야 하나? 마이크로소프트 대학 강의 카탈로그에서 본 학생당 요금이 얼마였지? 기억이 안 나네. 그냥 대충 추측하는 수밖에 없다. "그러니까, 학생당 300달러, 총 6,000 달러가 되네요."

"아, 아주 저렴한 가격이네요."

어이그, 너무 낮게 불렀구나. "많이 할인을 해 드리는 겁니다. 당신 직원들과 우리 개설 강좌를 처음 해보는 것이니까요."

밥은 일어서면서 웃음을 띠고 악수를 청한다. "6,000달러로 하지요."

커피 머신의 도움을 받아 나는 주말 동안 꼬박 일한 다음 훈련강좌를 개발했다. 월요일 새벽 2시에 일을 모두 끝내고 4시간 후 킨코스(Kinko's)에서 교재를 받았을 때는 쉐브론에 시간을 맞춰 갈 수 있는 충분한 여유가 있었다.

• • •

제대로 된 회사를 가지고 믿음직한 외모로 탈바꿈을 하자. 오히려 고객들 스스로 그들의 고통스러운 문제를 나에게 상담하고 나의 제품 아이디어를 그들이 고안해 내게 되었다. 쉐브론이 그런 첫 고객이었다.

경청하기, 카페라떼 그리고 벼락치기 창업

CCI는 번창했다. 우리는 수많은 훈련강좌를 개설하고 GUI 가이드라인을 팔았다. 소규모 팀, 부서 또는 작은 지사용 상품뿐만 아니라 전사적 상품도 판매했다. 대기업이 전체 지사들을 위해 우리의 상품을 구매한 것이다. 마이크로소프트는 내가 그들의 제품과 관련해 디자인 기준을 제공할 권리가 없다고 불평했다. 무슨 소리인가. 그들은 고객을 그냥 물가에 내버렸고 내가 대신해서 구명선을 보낸 것이다. 나는 그들에게 전사적 상품의 라이센스를 30만 달러에 팔겠다고 제의했다. 마이크로소프트도 다른 여타 고객과 같았으니까. 고객들은 꾸준히 구매를 했고 한동안은 문제가 없었다. 하지만, 나는 좀 더 잠재력이 큰 고객들이 필요했다.

나는 사설 교육학원과 손잡고 하던 훈련강좌를 중단하고 윈도우 소프트웨어를 디자인하는 공개 세미나를 개설했다. 사설 학원이 행정과 마케팅을 담당하고 나는 교육을 담당해서 이익을 반으로 나누었다. 이렇게 해서 '포천 1,000' 중에 첫 100개 회사를 고객으로 유치하게 되었다. 마침내, 나는 애플을 그만둘 수 있었다. 그러나 거기서 만족할 수는 없었다. 나는 《PC week》에 기고를 시작했고 그 결과 고객 명단을 '포천 1,000' 중에서 300개 회사로 늘리게 되었다. 모든 것이 매우 잘 되어가고 있었다.

고객들은 소프트웨어나 서버를 위한 디자인 가이드가 절실히 필요했고, 그런 상황은 IT 시장에 앞으로 닥칠 큰 트랜드였다. 회사들은 거대한 서버 형태의 컴퓨터 시스템에서 벗어나 PC에서 가능한 빠른 응용 프로그램을 개발하는 것에 중점을 두고 있었다. 우리는 RADPath(Rapid Application Development Path: 빠른 프로그램 개발 방법)라는 제품을 개발하고 엔지니어들에게 PC 중심의 기업 시스템을 디자인하는 방법을 가르쳤다. 큰 소프트웨어 회사들이 고객을 위해 쉬운 방법을 제공하는 데 관심이 없었기 때문에 우리가 개발한 제품은 날개 돋친 듯 팔렸다. 또 하나의 고통스러운 문제 해결로 300개의 고객이 500개로 늘어났다.

4년을 더 일하고 CCI를 매각했을 때, 5백만 달러를 받을 수 있었고 이미 700개 회사를 고객으로 유치한 후였다. 이 과정은 나로 하여금 하루아침에 CEO처럼 생각하고 행동하게 만들었다. 권하건대 독자 여러분도 지금 당장 내가 했듯이 자신을 CEO라 믿고 생각과 행동을 바꾸어 보라. 큰 그림을 보는 훈련과 동시에 모든 것이 허상임을 보는 능력을 키워라. 다시 강조하지만 내게 힘을 부여할 수 있는 장면을 상상하라!

　태도를 잘 다듬는다면 사람들이 당신에게 마음을 열고 문제를 의논하고 싶어지게 할 수 있다. 경청하는 능력은 문제를 진단하고 치료하는데 매우 중요한 자질이다. 1995년에 나는 스타벅스에서 줄을 서 있다가 인터넷상에서 소비자 제품 마케팅에 어려움을 느끼고 있던 한 남자와 대화를 하게 되었다. 그는 문제 해결을 위한 아이디어를 가지고 있었지만 어떻게 해야 하는지는 몰랐다. 나는 기술적인 측면을 잘 알고 있었기에 몇 달이 지난 후 우리 두 사람은 개인 고객들에게 개인별 쿠폰과 기타 판촉물을 배달하는 플래닛U(planet U)라는 회사를 설립했다. 우리는 벤처캐피털을 모집한 후 활기에 넘치는 팀을 구성하고 웹을 이용한 서비스를 출시하였다. 4년 후에 나는 지분으로 몇 백만 달러를 받고 다른 투자 그룹에 그것을 양도하였다. 이 이야기가 말해주는 것은 언제 어디서나 사람들과 대화를 시도하라는 것이다. 그 대화가 어떻게 무엇을 가져다줄지 전혀 모르는 일이다. 때로는 회사를 세울 기회를 주기도 한다. 새로운 관계는 물론 좀 더 나은 세상을 만들 기회를 주기도 한다.

　역으로 귀를 두 손으로 막는다면 환상적인 기회를 잃을 수도 있다. 내가 함께 일했던 한 회사는 고객들이 계속해서 관리 감독이 더 쉬운 소프트웨어를 요구하고 있음을 알았다. 고객들은 일단 소프트웨어를 설치하고 사용자에게 맞게 설정을 하고 나면 그것을 유지하고자 비싼 시스템 관리자를 고용하지 않을 수 없다고 불평했다. 더 쉬운 언어로 된 간단한 사용자 인터페이스와 교본만 있으면 일반 직원도 쉽게 관

92

리할 수 있었다. 그러나 이 회사는 그런 고통에 무심했다. 얼마 지나지 않아 그들의 고객들은 경쟁사의 제품으로 갈아탔고 안정적으로 수입원이 되어 주던 자금줄이 고갈되었다.

또 다른 회사 하나는 통신 사업자들에게 직판을 하겠다는 굳건한 정책을 가진 회사였다. 그러나 통신회사는 의사결정이 무척 느리고 외부의 기술이나 제품 등에 배타적 성향을 보이는 NIH(Not-Invented-Here) 신드롬이 팽배했다. 설상가상으로 영업 부사장은 부족한 것 없이 배부른 업계 톱의 통신회사들을 목표로 한 영업을 고집했다. 살찌고 행복한 이런 고객들은 이미 다음 식사를 하고자 쓰레기통을 뒤질 필요 없이 살이 오른 엉덩이를 잘 유지하고 싶어하는 게 당연했다. 반면에 여러 중소기업들은 고통을 느끼고 제품 구입을 문의해 오기도 했지만 이 회사는 이런 고객들의 문의에는 회신을 하지도 않았다. 이사회가 견디기 어려울 정도로 저조한 영업 성과에 우려를 나타냈을 때 영업담당 부사장과 CEO 모두 한숨을 내쉬면서 "이런 큰 고객들은 시간이 많이 필요한 겁니다"라고 말하고는 영업력을 또 다른 거대 자동차 기업에 쏟아 부었다. 이 자동차 회사도 문제에 대한 해답을 이미 가지고 있었고 고통을 느끼지도 않았다. 회사는 결국 자금이 메말라 갔고 투자가들은 융통성 없는 – 그리고 성공적이지도 않은 – 영업 방식에 회의를 가지게 되었다. 상처에 소금 뿌리는 격으로 한 경쟁사가 나타나더니 비슷한 상품을 중소 통신회사들에 성공적으로 팔기 시작했다.

문제 + 고통 = 수익

머리가 잘 돌아가지 않으면 '생각의 지도'를 그려라

쿠베라와 CCI를 창업하면서 내가 한 일은 시장의 고통에 주의를 기울이고 그것을 없애려고 빨리 움직인 것이었다. 사업이 자리를 잡자 다음 단계로 끌어올리기 위해서 열심히 일했지만 그렇다고 새로운 고객을 찾아서 고군분투하지는 않았다. 어쨌거나 우리는 문제를 탐색하는 과정에 창조적 사고의 방해 요인에 부딪히기도 하고 해결책을 발견하기도 한다. 나는 제품이나 서비스 아이디어를 개발하려고 할 때 또는 어떤 목표를 계획할 때 머리가 잘 돌아가지 않으면 생각의 지도를 그린다. '생각의 지도'는 아이디어 펌프를 작동시키는 최상의 방법이다.

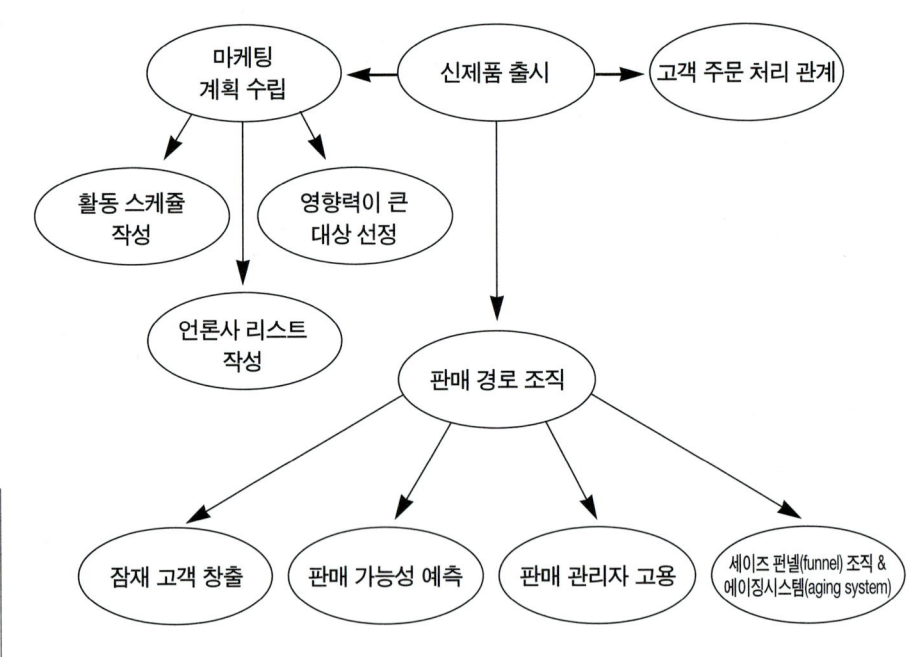

지도를 그리는 방법은 아래와 같다.

1. 포스터 크기의 종이 또는 칠판 한가운데에 적당한 크기의 동그라미를 그린다. 예를 들면 '신제품 출시'와 같은 목표를 동그라미에 써 넣는다. 이 가운데 동그라미가 주 목표이다.

2. 주 목표의 주변에 바퀴살을 그리고 각각의 바퀴살 끝에 동그라미를 그린다. 이 동그라미들 안에 주 목표를 달성하는데 필요한 활동들을 써 넣는다. 예를 들면, '마케팅 계획을 세운다', '판매 경로를 조직한다' 등.

3. 각각의 활동에서 다시 바퀴살을 그려 그 활동에 도움이 되는 부가 활동이나 아이디어를 써넣는다. 예를 들면, '판매 경로를 조직한다' 라는 활동에는 '잠재 고객을 창출한다', '판매가능성 예측을 한다', '판매 관리자를 고용한다' 등등의 부가 활동이 따라올 수 있다 '마케팅 계획을 세운다' 라는 활동에 대해서는 '신문, 방송 매체 명단을 작성한다', '활동 시간표를 만든다', '영향력이 큰 대상을 선정한다' 등등 많은 부가 활동이 있다.

4. 각각의 활동에 대한 아이디어가 모두 고갈될 때까지 계속 동그라미를 추가해 나간다. 그리고 가장 중요한 활동 하나를 골라 일을 개시하라. 시간이 가면 모든 활동을 다 진행하게 된다.

생각의 지도에 대해서 유용한 프로그램을 얻으려면 '마이드젯 닷

컴(MindJet.com)'을 방문해 보아라.

세 가지 C를 이용하여 끝내주는 사업 계획서 만드는 법

내가 육감에 의지해 일을 하는 경우가 많다는 것을 눈치챘으리라 생각한다. 본능적 판단이 맞는 경우가 많다. 쿠베라를 창립하기 전에 꼼꼼한 사업계획서를 작성하려고 시간을 들였다면 그 회사는 절대 만들어지지 않았을 것이다. CCI 경우에는 임시변통의 전략적인 상품 계획과 전반적으로 느슨한 사업 계획을 세우고 상황에 맞게 회사의 방향과 목표를 팀원들과 상의하곤 했다. 투자자들을 끌어들여야 할 필요가 없었기 때문에 멋진 사업 계획서가 필요 없었다. 나의 사업은 너무 간단한 것이어서 팀원들과 무엇을 해야 할지, 비전이 무엇인지 이야기하는 것에 아무 어려움이 없었다. 하지만, 플래닛U를 만들었을 때 동업자와 나는 외부 투자자를 모집하기로 했다. 우리는 처음부터 사업 계획서를 작성했고 그 계획서는 시대에 뒤떨어진 화려하고 예쁜 그림들이 들어간 구식 사업 계획서였지만 투자자들은 우리 시스템이 고객에게 어떻게 비춰질지 쉽게 상상할 수 있었다. 또한, 향후 5년간의 수익 비용이 나타나는 예측 재무제표도 포함했다. 사업 계획서를 이용해서 회사 지분의 3분의 1인 250만 달러의 자금을 외부에서 조달할 수 있었다. *상당한 금액의 투자를 원하면 그에 맞는 확실한 사업 계획서가 있어야 한다.* 기업 내의 부서장인 경우에도 프로젝트를 따거나, 새로운 시도를 하거나, 전략적 협조를 구하거나 할 때 역시 사업 계획서가 필요하다. 프로젝트 하나가 또 하나의 '회사'라고 보면 된다.

일단 아이디어가 생기면 포장을 잘해야 한다. 당신의 회사와 그 회사의 비전을 어떻게 보여주느냐에 따라 얼마나 좋은 투자가를 만날지 (또는 예산이 승인될지), 얼마나 유리한 금융조건을 따낼지, 얼마나 유능한 임원들을 끌어들일지, 얼마나 충성스런 고객을 창출할지 그리하여 얼마나 성공에 가깝게 다가설지가 결정 난다. 인생은 마케팅이다. 당신의 사업 계획서, 핵심 요약서, 재무관련 보고서 등은 궁극적으로 마케팅을 위한 도구들이다.

사업 계획서는 20페이지쯤 되는 것이 적합하며 사업의 모든 면을 다 조망해야 한다(아래에 서술된 '사업 계획서 만드는 법'을 참조하라). 핵심 요약서는 최소 2장 최대 5장 정도면 적당하며, 사업 계획서의 최종 결과를 한눈에 볼 수 있어야 한다. 첫 문장부터 매혹적인 기사처럼 투자자들이 계속해서 읽고 싶어지도록 유혹해야 한다. 계획서의 모든 것을 다 읽고 싶어하는 사람은 거의 없다. 그래서 자세한 사항을 설명하기 전에 요약서 부문에서 사람들을 유혹하여 당신이 멋진 아이디어를 가진 능력 있고 신뢰가 가는 사람임을 먼저 보여주어야 한다. 재무 보고서는 핵심 요약서에서 발췌하여 10장에서 15장 정도의 파워포인트 슬라이드로 만들면 좋다. 이것은 사업의 정수를 보여주는 것으로 너무 지루하지 않도록 20분 정도 할애하여 설명할 필요가 있다.

많은 사업가와 기업 내의 프로젝트 리더들이 자신들을 포장하는 것에 대한 중요성을 잘 알고 있다. 그러나 놀랍게도 현실에서는 너무나 많은 경우에 사업 계획서를 효과적으로 마케팅 할 기회를 잃고 있다. 문제의 심각성은 사람들이 사업 계획서 자체를 별로 좋아하지 않는다는 것이다.

벤처 투자자였고 현재에도 사업가이며 비즈니스 상담가인 나는 기억할 수 없을 정도로 많은 사업 계획서와 프로젝트 기안서를 읽었다. 어떤 계획서는 아무도 원하지 않는 상품이나 서비스에 대해 말하기도 하고, 어떤 기안서는 도무지 비용에 대한 합리적 설명이 없을 때도 있다. 세상은 겉은 번드르르하고 속은 텅 빈 계획서 따위는 절대 반기지 않는다. 결국, 생산 공장은 세워도 그만 안 세워도 그만인 계획서 같은 것 말이다. 계획서는 너무 훌륭한 아이디어로 차 있는데 형편없이 기안이 되는 경우도 많다. 기막히게 좋은 아이디어와 그것을 실현할 멋진 방법도 있는데 애매모호하고 지루하기 짝이 없는 사업 계획서와 재무 보고서의 희생양이 될 때는 안타까움을 금할 길이 없다. 시선을 끌려면 사업 계획서는 간결하고(be concise), 설득력이 있으며(be compelling) 완벽성을 갖추어야 한다(be complete).

간결하라

간결한 계획서는 사업이 어떤 멋진 아이디어를 갖고 있고 어떻게 아이디어를 실현해 낼 것인지 간단하게 설명하는 계획서다. 처음 몇 장 읽을 때 벌써 지겨운 소설을 끝까지 읽을 수 있는가? 아닐 것이다.

아무리 지루한 문장들을 광내고 닦아도 계획서를 전부 다 읽는 투자가들은 거의 없다. 당신의 목표는 회사를 맛깔나고 유혹적인 방법으로 선전하여 투자자금이 날아가지 않도록 하는 것이다. 반드시 확실한 전략과 실용적 전술로 당신의 비전을 실현할 방법이 있음을 자신 있게 보여주어야 한다. 이 장의 끝 부분에 이와 관련된 좀 더 많은 내용이 있다.

설득력을 갖춰라

설득력 있는 계획서란 적절한 팀이, 적절한 상품 또는 서비스를 적절한 때에 적절한 가격으로 제시할 수 있는 적절한 제안서를 말한다. 설득력 있는 제안서는 예외 없이 언제나 가장 유리한 대출 조건을 얻어낸다. 목표는 회사가 매력을 풍기는 모습이 되게 하는데 있다. 설득력을 갖추고자 다음 질문들을 해보라.

- 무엇이 시선을 끌 수 있는 항목인가? (상품인가? 또는 서비스인가? 당신의 조직, 독특한 일 처리 방식, 지적재산권 등인가?)

- 당신의 상품이나 서비스가 이해하기 쉬우며 고통스러운 문제에 대해 확실하게 대안을 제시하는가? (혹은 때에 따라, 중요한 사회적 추세를 반영하는가?)

- 당신의 조직이 이미 한 번 이상 사업을 벌여 성공한 전례가 있는가? 그래서 투자자들 자신이 검증된 팀에 배팅하고 있다고 여기는가?

문제 + 고통 = 수익 ◀

- 유능하고 유명한 자문위원회를 가지고 있는가?

- 유료 고객을 확보했는가? 또는 무료로 당신의 상품이나 서비스를 시험 삼아 사용해 볼 사람들이 있는가?

- 재무제표 예측이 공격적인 동시에 현실적인가?

- 목표시장들이 가시적이고 접근 가능한가?

- 상품이나 서비스가 계속하여 다른 상품이나 서비스로 확장해 나갈 수 있는가?

- 확고한 전략 파트너가 있는가?

- 다양하고 효율성 높은 판매 경로가 있는가?

- 가치가 큰 지적 재산이 사업을 통해 만들어질 수 있는가?

- 무엇보다 중요한 사항 – 상품이나 서비스가 목표 시장의 모든 참여자가 원할 정도로 화끈한가?

완벽성을 추구하라

반드시 믿을 수 있는 제3자에게 사업 계획서를 보여주고 투자자들이 떠올릴 수 있는 모든 문제에 대해 검토를 받아라. 우호적 비판이 있는 피드백은 냉정한 사람들 앞에서 권유를 하기 전에 꼭 겪어야 한다. 누구라도 도움이 될 만한 사람들 – 예를 들어 창업을 담당하는 변호사, 고문단, 멘토, 당신이 들어가려고 하는 시장에 이미 경험이 있

는 친구들, 또는 그냥 사업 경험이 있는 친구들에게 당신의 사업 계획서를 날카롭게 비판할 기회를 주어라. 질문서를 보내라. 예를 들어 '우리 사업에 대해 어떻게 생각하십니까?'라고 물어보아라. '흥미를 느끼십니까? 그렇다면, 어떤 면에서 흥미를 느끼십니까? 못 느끼신다면 이유가 무엇입니까? 이 사업에 투자하실 의향이 있으십니까? 그렇다면, 더 알고 싶으신 정보가 무엇입니까?' 아직 고칠 기회가 있을 때 당신의 사업 계획서의 면면을 속까지 드러내고 삐걱거리는 부분을 확실하게 고쳐야만 한다.

사업 계획서의 역할 중 하나는 당신이 모든 문제에 대해 심사숙고했으며 능력이 있는 사람이라는 것을 보여주는 것이다. 일단 초석이 놓이면 얼마만큼 성장할 수 있는지 알려주는 문장들을 넣는 것이 도움된다. 투자자들은 당신이 회사를 세우는 데에 필요한 주요 과제에 대해 충분히 알고 있고 도전을 할 준비가 되어 있다는 사실을 믿고 싶어한다. 자세한 재무 자료가 빠지거나, 마케팅 또는 영업 전략이 불충분하거나 혹은 특별한 상품 계획서가 빠졌다든지 하는 불완전한 계획서를 가지고 나아가려 하면 당신은 미숙한 사람, 또는 눈앞의 이익만 챙기려는 사기꾼으로 보일 수 있다. 계획서는 항상 높은 완성도를 유지해야 한다. 그래야만 검토하는 사람들의 마음을 살 수 있다.

혹시 '사우스 파크(South Park)'의 팬이라면 '작은 속옷 도깨비들(Underpants Gnomes)'편을 기억할지 모르겠다. 이 작은 도깨비들은 사우스 파크의 주택가에서 속옷을 훔쳐서 파는 사업을 계획한다. 아이들이 마침내 작은 도깨비들을 잡아서 왜 속옷을 훔치느냐고 묻자 그들은 사업계획서에 그렇게 되어 있기 때문이라고 대답한다. "정확히 계획이 무엇이니?" 하고 아이들이 묻는다. 작은 도깨비들 중 하나가 파워포인트를 켜더니 자신들의 3단계 사업 계획에 대하여 설명하기 시작한다. 첫 번째 슬라이드에는 '속옷을 훔친다' 라고 적혀있다. 두 번째 슬라이드는 공란이다. 세 번째 슬라이드에는 '수익!' 이라는 결론이 적혀 있다.

얼마나 많은 사업 계획서가 이와 같은지 모른다. 첫째 '상품을 개발한다', 셋째 '이익 창출!' 그리고, 치명적으로 두 번째 단계는 완전히 베일에 쌓인 계획서들 말이다. 사업 계획서 또는 프로젝트 제안서를 만드는데 필요한 세부 사항은 이 장의 끝 '세 가지 C 적용하기' 에서 찾아보기 바란다.

교훈

몇 년 전에 내가 검토했던 어떤 사업 계획서 중 핵심 요약 부분을 예로 들어 보겠다.

• • •

미국 내의 화물트럭들은 매년 3백만 마일을 아무 짐도 싣지 않고 운행합니다. 이러한 비효율적인 현상은 엄청난 비용을 지출하게 만드는데 트럭들이 편도운행을 하거나 계획 없이 화물을 운반하기 때문입니다. 우리의 특별 검색 프로그램을 사용하면 짐이 없이 비어 있는 화물차와 전국 어디에나 운송이 필요한 화물 사이에 고리를 연결할 수 있습니다. 우리 회사의 프로그램을 사용하면 운송회사와 제조회사들은 첫 해에 벌써 몇 백만 달러를 절약할 수 있습니다. 운송회사와 제조회사들은 앞으로 3년간 매년 운송비를 10%씩 절감하라는 임원진의 압력을 받고 있습니다. 우리 의 숙련된 화물, 운송, 그리고 제조 담당 임원들은 우리 회사가 앞으로 3 년에 걸쳐 전체 시장의 1%를 차지할 것이라고 보고 있습니다. 이러한 결 과는 사업 2년 차에 들어가는 6개월부터 수익으로 나타날 것이며 매년 100% 성장과 화물운송 산업의 평균 PER(price-to-earnings ratio : 주가수익비율)에 따라 사업 3년 차 말에는 2억 달러 이상의 가치를 창출할 것입니다.

· · ·

와우! '크나큰 고통, 그것을 제거하고 싶어하는 고객들, 일을 성취 할 좋은 조직, 그리고, 가능성이 충만한 영광스런 결과' 가 아닐 수 없 다. 간결한가? 그렇다! 설득력이 있는가? 그렇다! 무엇이 문제인가? 이 회사는 '완벽성을 추구하라' 는 부문에서 실수를 저지르고 있다. 이 들은 사업 계획서를 설명하는데 구체적으로 어떻게 이 환상적인 기회 를 실현할 것인지에 대해 아무런 말이 없다. 이 회사는 투자자본을 몇 년 동안 찾아 헤맸지만 결국 자금을 끌어들이는 데 실패했다.

그러는 동안에 몇몇 다른 회사들이 이 특별한 고통과 문제의 조합 에 대해 인식하게 되었다. 그 회사들은 비슷한 생각을 하였고 실체가 있는 전략을 수립하여 투자자들의 믿음을 살 수 있었다. 최초의 주자 는 결국 경주에 참여하지도 못했다. 그들은 준비 없이 출발선에 뛰어

문제 + 고통 = 수익

들었고 경주가 시작되기도 전에 뽀얗게 먼지가 쌓여 갔던 것이다.

실전

끝내주는 사업 계획서가 만들어졌고, 끝내주는 핵심 요약본과 끝내주는 재무 예측 보고서도 만들었다면 이제 어떻게 할 것인가. 시간을 좀 더 들여서 정말 완벽한 작품이 되도록 하라. 이 계획서는 영업전략, 마케팅전략, 백서, 고용전략, 웹사이트 구축 등에 쓰일 기본 바탕이 될 것이기 때문이다.

방법은 이렇다. 이 장의 부록으로 나오는 사업 계획서 예를 참고로 삼아 각각의 항목을 채워가기 시작하라. 사업 계획서 패키지를 사용하지 *마라*. 공란을 채워 넣는 일회용 사업 계획서 같은 것들은 등 뒤에 "저를 경멸하세요. 전 정말 초보예요"라고 쓰인 커다란 간판을 붙인 것과 같다.

투자자들이 관심을 보이는 항목들은 아래와 같다.

- 사람들 (적합한 사람들을 고용했는가?)

- 제품 또는 서비스 (잘 만들고 팔 수 있는가? 날개 돋친 듯 인기를 끌 수 있겠는가?)

- 시장 (충분한 시장이 있는가? 시장 접근에 어려움은 없는가?)

- 자금 (얼마나 투자해야 하는가?)

손해에 대한 우려를 완전히 제거하기는 어렵다. 그러므로 당신은 능력 있는 사람들이 정말 괜찮은 상품 또는 서비스를 가지고 가능성이 충만한 시장에 뛰어들어 기회를 잘 잡을 수 있다는 사실을 설득력 있게 전달하는 것에 승부를 걸어야 한다. *잊지 말아야* 할 것은 현재 이미 존재하는 경쟁자들과 미래에 떠오를 경쟁자들에 대해 현실적으로 분석해야 한다는 것이다. 사업 계획서는 투자자들의 불안을 잠재우고 수익에 대한 탐욕을 불러일으켜야만 한다는 것을 명심하라.

사업 계획서의 예는 당신의 계획서가 간결하고, 설득력 있으며 완벽한 것임을 똑똑히 보여 줄 수 있도록 설계되어 있다. 투자자들에게 설명회를 열 때 (또는 고객들, 신문사들 또는 그 누구라도 마찬가지다) 당신의 회사가 매력적이라는 것을 증명해 줄 가장 핵심적인 다섯 가지 장점 사항에 대해 먼저 이메일로 알려주는 것이 좋다. 이렇게 하면 보는 사람들의 관심을 끌기 쉽고 핵심 요약서를 읽어 보고 싶은 생각이 들도록 유도할 수 있다.

재무제표에 대해서도 일정 모델이 필요하다. 시간을 좀 더 들이더라도 반드시 주요 가정과 공식이 들어간 가변적 재무제표 모델을 만들어라. 장담하건대 당신은 재무 예측을 여러 번 다시 해야 할 것이다. 그러므로 처음부터 예측 모델에 유연성을 부여하는 것이 좋다. 가변적 재무 예측 모델은 '만약에 ~ 라면'이라는 여러 가지 시나리오를 대입했을 때도 결과를 빠르게 도출한다. 투자자들은 대개 당신이 제시한 첫 5개년 재무 예측에 대해 보수적으로 절반 정도만 수긍할 것이다. 그렇게 되면 어떤 결과가 올까? 계획서를 꼼꼼히 들여다 보면서 미리 생각해 두어라.

사업 계획서는 돌에 새겨진 문서가 아니고 젤리 속에 있는 흐물흐물한 즉 변할 수 있는 내용물이다. 아이디어를 실현하려는 목적을 가지고 계획서를 작성하되 기꺼이 수정을 더해가라. 필요하면 그냥 덮는 것도 바른 판단이 될 수 있다. 비밀은 이런 것이다. 모든 사람들이 사실은 사업을 해나가면서 계획서를 만든다. 다시 말해 사업 계획서 전반에서 유연성을 잃지 말라는 것이다. 디저트에 멋지게 올려진, 군침 돌게하는 초콜릿 맛이 끔찍한 것이었다고? 알고 보니 아주 맛있어 보이는 마룻바닥용 왁스였다는 것!

그렇다. 혼돈과 무질서 때문에 기회가 만들어진다. 그리고 이것들은 언제나 우리를 둘러싸고 있다. 고통이 흘러 넘치는 문제투성이 세상으로 들어갈 때 당신이 얼마나 큰 선택의 기회를 얻을 수 있는지 직시하라. 당신은 득점 없이 뜬공만 날릴 수도 있고, 열심히 듣고 신속히 행동하여 치료법을 찾을 수도 있다. 고통스러운 문제 뒤에 숨은 이익을 찾아 떠나라.

세가지 C 적용하기 : 간결함(Concise), 설득력(Compelling), 완벽성(Complete)

사업 계획서를 간결하고 설득력 있으며 완벽하게 만들려면 다음과 같은 요소들을 포함해야 한다.

- 고통스러운 문제를 정량적으로 설명하고 해결 방법을 제시

- 회사의 목표와 경쟁사 분석

- 상품 또는 서비스에 대한 상세 설명과 앞으로 어떻게 시장 점유율을 높일 것인지에 대한 계획, 그리고 어떤 부가상품의 창출이 가능한지에 대한 예측.

- 5년간 재무 예측(처음 3년간은 분기별로 보여주고, 4년차와 5년차는 연간 예측으로 보여주는 것이 좋다)과 성장 대 비용의 상관관계 설명.

- 마케팅과 영업전략 – 가격, 제품 포지셔닝, 판매 촉진 계획 등(최소한 최초 상품에 대한 전략과 대략의 상품 계획서가 필요하다).

- 조직도와 조직원의 우수성에 대한 설명

- 위험요소 관리를 포함, 예견되는 어려움에 대한 대책

- 이 모든 것이 다음의 웹사이트 www.RulesForRenegades의 '사업 계획서 예 (Sample Business Plan Outline)'와 '사업 설명 기술 표본 (Pitch Critique Template)'에 들어 있다.

- 다음의 웹사이트 www.RulesForRenegades에서 '효과적인 이사회 보고서(Effective Board Reporting)'를 찾아보기 바란다. 당신이 알고

있어야 할 일단의 통계지표들도 있다. 사업 계획서에 이런 여러 가지 지표가 들어가는 것이 좋다.

사업 계획을 돋보이게 하고 강화시켜주는 정말 필요한 정보들만 포함해야 한다. 주요 임원들의 경력, 신문이나 방송에 나왔던 자료들, 백서 그 외에 신뢰를 키우는데 도움이 되는 것들을 수록한 부록은 넣어도 되고 빼도 된다. 읽기에도 숨이 찬 장문의 계획서를 만들고 싶은 생각이 자꾸 든다면 이런 장면을 상상해 볼 필요가 있다. 지금 이 순간에도 투자가들의 책상 위에는 수없이 많은 사업 계획서가 검토를 기다리고 있고 페덱스(FedEx)가 당신의 두꺼운 사업 계획서를 그 위에 또 배달하는 광경을. 미끈하게 잘빠진 복스터(Boxter : 포르쉐 차종) 같은 계획서와 거대하고 둔탁한 소리가 나는 미니밴 같은 당신의 서류 뭉치가 같이 있을 때 투자가들이 어떤 것을 먼저 집어들 것 같은가?

무료로 제공되는 좋은 자료들

www.RulesForRenegades.com 접속 후 다운로드
(접속 시 로그인 필요)

"Mind Map Template"
"How to Position Your Product or Service"
"ROI Focused Sales"
"Lead Generation & Qualification"
"Lead Qualification Roadmap"
"Sample Business Plan Outline"
"Effective Board Reporting"
"Product Design"
"Pitch Critique Template"

110

Rule_4

권력은 빌릴 수 있는 것이 아니다

외부의 그 어떤 것도
당신 위에 군림할 수 없다.
랄프 왈도 에머슨(Ralph Waldo Emerson)

빌 게이츠의 침실에서
세계 정복을 시도하다

우리는 모두 우리 인생의 CEO이다. 더불어 당신은 어쩌면 지금 어떤 회사의 CEO일 수도 있겠다. 어쨌든, 우리 모두는 권력과 상관없이 살아갈 수 없다. 살면서 여러 사람을 만나는 과정에서 우리는 누가 권력을 가진 자들이고 누가 그렇지 않은지 알게 된다. 어찌 보면 누구나 자신에게 영향력을 행사하는 권력자들을 상대하면서 산다. 당신이 그런 권력자가 될 수 있기를 바란다. 그래야만 권력이 어떻게 시작되고 어디에서 종말을 맞게 되는지 배우게 될 것이며, 책임감과 연민을 가진 권력자가 되는 법을 알게 될 것이기 때문이다. 그런데 어떻게 권력을 가질 수 있을까? 아니 도대체 권력이 무엇인가? 돈이 권력인가? 아니면 지위? 영향력인가? 나는 권력에 대한 공부를 주로 힘있는 사람들에게 빌붙어 어떻게 좀 해보려고 하는 과정에서 하게 되었다.

• • •

권력은 빌릴 수 있는 것이 아니다

제목 : 에이즈 행동 위원회에 기부하시면 아주 멋진 금발 미녀와 저녁 식사를 할 수 있답니다.

'보내기' 버튼을 누른다. 이메일은 나의 타켓을 향해 날아간다. 내가 금발 미녀 미끼고 빌 게이츠는 대어다. 로터스(Lotus) 개발 회사의 내 사무실 동료 프랭크는 정말 나를 많이 도와준다. 나의 외모를 변신시키고 화장법도 가르쳐 주었다. 그런데 그의 친구 중에 에이즈를 앓는 사람들이 많다. 몇 사람은 죽어가고 있다. 나는 그들을 도와야 한다. 내가 보기에는 적어도 억만장자에게 이들을 위한 약간의 기부를 얻어내는 것 정도는 내가 할 수 있을 것 같다. 뭐 좋은 일 아닌가? 억만장자에게 기부를 요청한다? 게다가 저녁을 함께 할 수도 있고? 예전에 빌을 한 번 만난 적이 있지만 나를 기억하리라고는 보지 않는다. 아마 답장을 하지도 않겠지. 그래도 한번 시도는 해보는 거다.

몇 분 후에 답장에 화면에 뜬다. "얼마나요?" 우아! 나는 숨을 한 번 깊게 들이쉬고 자판을 두드린다 "천 달러를 페덱스로 에이즈 행동 위원회, 저의 이름 앞으로 보내주시기 바랍니다." 그리고 보내기 버튼을 누른다. 다음날 나의 우편함에 오렌지와 자주색이 섞인 편지봉투가 배달된다. 안에는 빌 게이츠가 보낸 천 달러짜리 개인수표가 있다. 수표에는 빌의 집 주소도 인쇄되어 있다.

"백만 달러라고 말했어야지!" 프랭크가 꽥! 소리를 지르면서 수표를 집어들고 복사기로 걸어간다. 계속해서 휘~휘~ 하는 복사기 소리가 들리는 것을 보니 자기 친구들 주려고 몇 십 장씩 복사를 하는 것이 분명하다.

저녁식사 약속에 대한 언급 없이 단순히 감사인사를 이메일로 보내고 나서 나는 별로 신경 쓰지 않는다. 어쨌거나 나는 메사추세츠에 있고 빌은 저 멀리 워싱턴에 있으니까. 그도 어차피 별 신경 안 쓰겠지. 수표를 에이즈 행동 위원회에 넘겨주고서 나는 이 모든 일을 잊어버린다.

몇 달 후에 내가 로터스와 맺은 계약이 완료된다. 나는 동료 레드먼드가 윈도우 3.0의 다음 버전이 우리 모든 엔지니어들이 꿈꾸던 바로 그것이 될 거라고 떠드는 소리를 듣는다. 나는 윈도우 부서의 새로운 부서장에게 전화를 걸어 프로그래머 일을 하겠다고 한참을 설득한다. 마이크로소프트로 돌아와서 몇 달이 지났을 때 "당신을 드디어 찾았군요"라는 제목의 이메일을 받는다. 내용은 "당신이 내게 저녁을 살 의무가 있다고 생각하는데 오늘 저녁 어떤가요?"이다.

이크. 빌 게이츠가 내 작전을 알아채고 만 것 같다. 내가 먼저 저녁 초대를 해야 했는데. 단순히 재미있는 생각이라고 여긴 것뿐이었는데 지금은 진짜로 저녁을 하게 되었다. 솔직히 말하면 바로 곁에서 억만장자가 어떤 사람인지 알아보는 것도 나쁘지 않은 거 같다. 그가 사업의 지혜에 대해 이야기할까? 혹시 내 멘토가 되어 주겠다고 하지는 않을까?

답장을 쓰고 싶은데 손가락이 얼얼한 거 같고, 위가 뒤틀리고 피부는 차가운데 동시에 식은땀을 흘리고, 모든 것이 희미하게 보이기조차 한다. 멈춰, 승려일 때 많이 하던 것, 그것을 해. 마음을 가라앉히는 주문을 외우자. 눈을 감고 마음을 가라앉힌다. 그리고 명상을 한다. 준비됐다.

"그러죠. 제가 당신 사무실로 갈까요?"

반응이 즉각 온다. "아니요. 당신의 카드키로는 이 빌딩 안으로 들어오

권력은 빌릴 수 있는 것이 아니다

지 못해요. 내가 갈게요."

"몇 시요?"

"7시 어때요?"

"좋아요."

"그때 봅시다."

마이크로소프트에서는 가장 중요한 의사소통 도구가 이메일이고 두 번째가 음성 메일이며 세 번째가 화상 메일, 다시 말해 진짜 인간하고 말하는 것이다. 우리 멍청이들은 무슨 수가 나도 서로 직접 얼굴 보는 것을 피하려고 한다.

나는 희망한다. 아니, 기도한다. 빌이 여러 직원하고 홀에서 잡담을 나누면서 천천히 오지 않고 곧장 나의 사무실로 와주기를. 직원들이 내가 빌하고 저녁 먹는 것을 알게 되면 데이트를 하는 줄 알 것이다. 마이크로소프트의 여성 기술자라면 당신의 위치는 불안한 것이다. 이곳에서 남자 직원들하고 데이트를 하면 '매춘부' 요, 하지 않으면 '나쁜 년' 이다. 지난번에 여기서 일할 때 알았다. 나는 함께 일하는 시스템 부서의 직원들과 데이트를 안 했기 때문에 '나쁜 년' 이 되었다. 좀 떨어진 빌딩에 있는 응용프로그램 부서의 직원과는 데이트를 했기 때문에 '매춘부' 이기도 했다. 이번에 이 회사에서는 절대 아무와도 사귀지 않으려고 한다.

무한 루프를 고치고 널 포인터를 찾아내는 일에 몰두하는 동안 시간이 후딱 가버린다. 7시 정각에 빌의 부스스한 금발 머리가 내 사무실로 쑥 들어온다. "안녕 크리스틴."

"안녕 빌."

"멋진 포스터네요." 그는 흰색 벽에 붙어 있는 '나의 첫 번째 백만 달러' 포스터를 고개로 가리킨다. 현금 백만 달러가 피라미드 모양으로 느슨하게 쌓여 있는 그림이다. 나는 이 포스터를 《Inc.》에서 주문했다. 언젠가는 내 회사를 차려서 월급의 노예가 된 세상을 벗어나자는 내 목표에 집중하기 위한 도구이다.

"저의 목표랍니다."

"그래요?"

"그래요. 백만 달러를 벌려고요. 아니 수백만 달러를 벌려고요. 하지만, 시작이 일단 중요하니까 백만 달러이면 괜찮지 않나 해서..."

"배고프지 않나요?" 빌이 머리로 밖을 가리키며 말한다.

"약간이요." 나는 복도로 나간다. 빌이 나보다 약간 앞에서 걷는다. 아, 제발 남자 직원들이 사무실에서 나오지 않게 해주세요. 제발.

웬걸. 그들은 모두 복도로 나온다. 마치 퍼레이드를 기다리는 사람들처럼 줄지어 서 있다. 그런데 내가 거기를 지나간다. 뚫어지게 쳐다보는 이 군중 사이를 지나가면서 빌이 너무 큰 목소리로 묻는다. "저녁 먹고 우리 집에 좀 데려다 줄 수 있나요?"

"음, 좋아요." 옆으로 살짝 보니 남자들이 서로 옆구리를 쿡쿡 찌르고, 내게 추파를 던지고 킬킬거리고 난리다. 빌은 너무 천천히 걷는다. 계단은 몇 미터나 더 가야 있고 엘리베이터는 로비를 건너가야 한다. 엘리베이터를 기다린다는 것은 이 남자들이 내 머리에 구멍을 뚫어대는 것 같은 고통을 줄 것이 뻔하다.

빌은 잡담을 시작한다. "저녁을 먹자고 생각했죠... 타이 음식 좋아해요? 내가 잘 가는 곳이 있는데, 거기서…" "계단" 그를 앞질러가면서 내가 말한다. "계단으로 가요." 나는 덤벼들듯이 문을 열고 주차장으로 재빠르게 내려간다.

나의 푸른색 마쓰다 미아타가 시애틀로 가는 다리를 붕~ 하며 건너갈 때 주위에는 황혼이 지고 있다. 빌은 자기가 가장 좋아하는 타이 레스토랑으로 나를 데려간다.

메뉴를 고르는 동안 빌은 말이 없다. 나는 온몸에 경련이 이는 것 같다. 그러나 침착하려고 노력한다. "여기 뭐가 유명하죠?"

"아, 다 괜찮아요. 닭고기도 좋고 생선요리도 좋고, 나는 고기는 안 먹어요."

"정말이요?" 아, 이건 내가 이야기하기 좋은 주제로군. 어쩌면 우리 둘이 통하는 게 있을지도 몰라.

"안 먹어요. 뭔가 내가 자발적으로 금지하는 것이 있으면 좋을 것 같아서요. 일종의 의지력 시험 같은 거죠." 이 사람은 형편없는 알테어 컴퓨터 (Altair computer:PC 대중화의 길을 연 컴퓨터)를 가지고 잘나가는 사업체를 만들어낸 사람이다. 경영진에 의하면 내년 1990년에는 마이크로소프트가 1억 달러의 판매액을 올릴 거라고 한다. 어떤 소프트웨어 회사도 달성 못한 숫자지만 나는 빌이 해내리라 생각한다. 나는 그가 의지력을 더 키워야 할 이유를 모르겠다.

저녁을 먹는 동안 나는 걱정이 되기 시작한다. 빌은 모순덩어리다. 친근감 있지만 동시에 고자세이다. 성실하며 동시에 오만하다. 성숙한 어른이면서 동시에 개구쟁이이기도 하다. 이 작은 꼬마 개구쟁이는 소프트웨어 발전소를 가지고 세상을 책임지고 있다. 이 작은 개구쟁이는 자신의 경쟁자들을 뭉개버릴 수 있는 무기공장을 가지고 있다. 로터스는 전 세계가 사용하는 스프레드시트를 가지고 위협해 왔지만 쾅! 마이크로소프트는 그들을 부수어 버렸다. 워드퍼펙트는 전 세계가 사용하는 워드프로세싱 소프트웨어를 가지고 위협해 왔지만 쾅! 마이크로소프트는 그들도 해치웠다. 이제 회사는 IBM을 목표로 하고 있다. IBM. 그들은 정말 거대한 적이다. 그들은... 세상에 IBM 이라니... 나는 진정으로 빠져들고 있다. 두렵다. 내가 이 사람을 진짜 좋아하게 되면 어떻게 하지? 그는 마이크로소프트 남자다. 그는 모든 열쇠를 쥐고 있고 결국 알고 보면 그렇게 좋은 사람이 아닐 수도 있다. 그래, 그를 좋아하는 것은 별로 바람직하지 않은 일이야.

"저기, 우리 집까지 당신 차로 가도 될까요?"

"그러세요." 나는 빌에게 차 열쇠를 넘겨준다.

"신나는군요." 그는 비가 오기 시작하는 순간 차로 뛰어든다. "드라이빙에 좋은 음악이 빠질 수 없죠. 신나는 것으로요." 나는 수납함을 열고 손으로 더듬어 마돈나의 최근 CD 'Like a Prayer'를 꺼내 CD 플레이어에 밀어 넣는다. 나는 의자에 깊숙이 앉아 빌이 운전하니까 편하다고 생각한다. 내 느낌에는 마이크로소프트의 주주들도 빌이 사업의 운전대를 잡는 것에 대해 나와 같은 심정일 거 같다. 고속도로를 무섭게 달리는 동안 빗방울이 어지럽게 앞차의 미등 불빛을 흩뜨리고 있다. "이거 무척 재미있네요. 마치 작은 장난감 자동차 같아요." 빌은 엄청난 속도로 비켜가는 빗방울 속을 달리면서 외친다. 잘 보이지도 않는 길을 너무 빨리 몰고

119

있다. 나는 차가 오른쪽으로 급격히 돌아감과 동시에 대시 보드를 꽉 잡는다.

우리는 교외에 있는 중산층 주택 앞에 차를 세운다. 정말 멋지다! 너무 평범한 것. 방이 3개쯤 될 것 같고 놀라울 정도로 아무 장식도 없는 외부 모습이다. 절대로 억만장자의 집이라고는 볼 수 없다. 백만장자 집도 아니다.

안으로 들어서자 빌은 밝은 얼굴로 내게 돌아선다. "이거 알아요? 오늘이 드디어 IBM이 마이크로소프트를 전 세계 앞에서 인정한 날이라는 거. 그리고 오늘 내가 당신이 마이크로소프트 역사상 처음으로 계약했던 여성이고 그것도 대학 학위도 없이 아니 고등학교 졸업장도 없이 계약직을 따낸 여성이란 것을 알아냈다는 거! 자, 우리 축하주를 듭시다." 그가 냉장고를 열자 가지런히 쌓여 있는 12병의 돔페리뇽이 보인다.

저녁 먹을 때 학교 이야기를 한 적이 없는 것 같은데. 지금 생각이 안 나는 건가? 아니면 빌이 내 뒷조사를? 이거 좋은 일인지 아닌지 알 수가 없네. "OS/2는 어떻게 되는 거죠?" 지난번에 마이크로소프트에서 일할 때 그 운영 시스템에 관련해서 맹렬한 작업을 했었다. 내가 한 일이 모두 헛수고가 되나?

"이제 IBM 거예요. 우리는 윈도우가 데스크탑의 표준이 되도록 만들 거에요." 그렇겠지. 빌은 확신하고 있는 것 같다.

"로터스, 어도비, 워드퍼펙트와 같은 OS/2(Operating System/2) 응용프로그램 개발회사들에게 말해줘야 해요."

"그럴거에요. 걱정하지 마세요." 퍽! 프로처럼 샴페인의 뚜껑을 딴다.

그는 축하할 것이 무척 많다. 지금은 1989년이다. 마이크로소프트는 상장하자마자 몇 년 만에 직원이 전 세계적으로 4천 명이 넘는 조직으로 성장했다. 그리고 무한한 탁월함을 자랑하는 대 IBM이 빌에게 데스크탑의 열쇠를 방금 건네준 것이다.

여기는 내 생전 처음으로 와보는 억만장자 총각의 집이다. 흔히 1980년대에는 부엌과 거실 사이에 높이가 낮은 긴 의자가 있었다. 표면에 작은 카나리아처럼 보이는 노란 끈끈이 메모지가 붙어 있다. 제안이나 할 일을 적어놓은 각각의 메모들은 주목을 받고자 짹짹 우는 것 같다. "커피 테이블 좀 바꿔라.", "밤색 양탄자를 방에 깔면 좋을 것 같다."

"이 끈끈이 메모들은 다 뭐죠?" 나는 거실에서 부엌을 향해 말한다.

"아, 그건 어머니가 붙여놓은 거에요." 그의 목소리가 부드럽게 들린다. 어머니에 대한 애정을 느낄 수 있다. 그리고 아이쿠, 저건 보면 안 되는데 하는 그의 마음이 전해진다. "어머니가 그냥 생각하시는 것들이죠."

계속 집을 구경하면서 나는 짧은 복도를 따라 걸어 들어간다 – 이것 봐! 빌의 침실이군. 와! 이건 뭐지? 칠판이잖아! 빌이 내 뒤에 서 있다. 그는 닌자처럼 소리 없이 다가온 것이다. "어머니가 여러 가지 표를 만들면 난 그냥 윈도우에서 그러는 것처럼 내가 원하는 것에 표시만 하죠. 봐요. 새 옷이 필요한가? 만약에 '그렇다'에 표시하면 어머니는 그다음 무슨 색깔을 원하는가 하고 묻죠. 크리스마스 파티를 열 것인가? 그럼 나는 '예' 아니면 '아니오'로 대답하죠."

오오 케이... "아 정말 매우 효과적인 의사소통이네요. 내 말은 그러니까 어머니가 집에 자주 오신다면..." 칭찬의 말을 한다고 했는데 어쩐지 이

권력은 빌릴 수 있는 것이 아니다

상하게 들린다.

"저기요. 나 정말 퍼즐 빨리 맞추거든요."

하느님 감사합니다. 다른 주제로 넘어간다. "그래요?"

"그래요. 부엌에 하나 있는데 7분이 가장 빠른 기록이래요. 7분. 믿어져요? 근데 나는 4분이면 맞춰요. 어떤 때는 4분도 안 걸려요. 당신이 재볼래요?" 그는 내게 부엌으로 가자고 몸으로 신호를 보낸다.

좋은 인상을 남기려는 멍청이들의 수많은 시도를 기억한다. 나 또한 남자들을 꼬시기 위한 여러 가지 멍청한 트릭들이 있다. 알파벳을 트림하듯이 말하는 것이 내 특기이다. 오늘 밤에는 하지 말자고 생각한다. "음~~ 당신을 믿어요. 빌 정말이요. 당신은 천재잖아요. 그냥 이야기나 하죠. 샴페인은 어디 있죠?"

빌은 부엌에서 돌아와서 함께 소파에 앉으며 내게 황금빛 거품이 가득한 잔을 넘겨준다. 우리는 조용히 샴페인을 마시고 서로 잔을 채워준다. 편안한 고요함이 나를 감싸고 팔다리가 풀리는 것을 느낀다. "진실게임 할까요?" 내가 제안한다.

"진실게임 좋지요."

"좋아요. 당신이 가장 두려워하는 것이 무엇인가요?"

"쉬운 문제군요." 빌은 생각할 필요도 없이 즉각 대답한다. "더는 똑똑해지지 않는 것. 30살 이후에는 사람들이 더는 똑똑해지지 않는다는 것을 알고 있나요? 나이가 들어가면서 점점 머리가 나빠지는 거죠."

"와우" 나는 한 번도 똑똑해지지 않을까봐 걱정한 적이 없다. 나는 좀 더 심각한 문제 때문에 걱정한다. 예컨대 윈도우 소프트웨어의 개발 프로

122

그램에 있는 버그를 잡는다거나 뭐 그런 것. 진짜 걱정하는 것은 한심한 남자들이 윈도우 자체의 버그를 잡는 일이다. 그건 정말 끔찍한 일이 아닐 수 없다. "그래서요. 어떻게 할 건가요?"

"내 주변을 똑똑한 사람들로 채우는 거지요. 내가 늙어가니까 계속해서 젊고 똑똑한 사람들을 뽑아 들여야 돼요. 그래야 마이크로소프트의 지적 수준이 계속 올라가죠. 중세기에 그랬던 것처럼."

와우, 이 남자는 모든 걸 다 계획하고 있네. "당신 생각대로 될까요?"

"물론이죠." 빌은 내가 물어 보는 것에 대해 오히려 놀란다.

"어떻게 알죠? 내 말은 인생의 모든 것을 다 계획할 수는 없잖아요? 기적 같은 일들도 일어나고. 그런 것들은 계획한 것이 아니죠. 어떻게 설명할까요?"

"세상에 기적은 없어요. 세상의 모든 것은 설명 가능해요. 물리학으로 다 설명되죠. 우주는 거대한 계획서 같은 거에요."

또다시 나는 그의 얼굴에서 출중한 자신감의 표현, 단호함의 표현, 확실한 인식에 대한 우월감의 표현을 읽는다. 이 남자는 모든 것에 대한 대답을 가지고 있다. 신에 대한 이야기는 꺼내지도 말자. 자칫 우울해 질 수도 있을 거 같다. "그러니까 당신은 음~ 인생에 대해 계획이 있겠군요?"

"당연하죠. 몇 년 후에 결혼하고 40을 전후해서 아이들을 낳고 마이크로소프트를 다음 단계로 끌어올리는 것."

"지금 그걸 모두 알고 있어요?" 내 생각엔 조만간 그의 엄마가 손자들을 원하게 될 것 같은데... 엄마가 끈끈이 메모를 몇 개 붙여놓으면 그가 당장 결혼식장에 들어가게 될지도 모르지.

권력은 빌릴 수 있는 것이 아니다

"아! 이쪽으로 와봐요. 보여줄 게 있어요." 빌은 내 손을 잡더니 부엌으로 간다. "이것을 보고 어떻게 생각하는지 말해줘요." 식탁에는 세 가지의 집 모형이 놓여 있다. 집이 아니다. 맨션이나 저택도 아니고 거의 단지다. "결혼하고 아이들이 생기면 이것들이 내가 지으려고 하는 집들이에요."

"와우"

"이것들이 최종 작품들이에요. 최고의 건축설계사들이 경쟁을 하고 있죠. 한 가지를 골라야 하는데... 모두가 너무 훌륭해요. 봐요. 내가 설명해 줄게요." 우리는 의자를 끌어와서 앉는다. 빌은 30분 동안 디자인에 상관없이 집에 대한 상세한 것들을 설명하고 각각의 모델이 어떤 차이점이 있는지 이야기한다. "오케이, 설명 다 끝났어요. 어떤 게 가장 맘에 드나요?"

"이거요." 나는 두 번째 모델을 가리킨다. "이것이 좀 덜 극단적인 거 같아요. 마치 평범한 집이 크기만 아주 키워 놓은 것 같아요."

"평범한 것이 좋지요. 나는 아이들이 평범하게 자라길 원해요. 큰 집에서 많은 하인 두고 사는 것 같은 삶 말고요"

"빌, 당신의 이 모든 집들은 아주, 아주 커요. 그리고 당신 아이들은 평범한 삶을 살기 어려울 거예요." 그는 얼굴을 찡그리며 의자 앞으로 몸을 수그린다. 아니, 정말 아이들이 평범하게 살 거라 생각했을까? "내 말은요, 당신은 부자잖아요, 유명하고. 그걸 즐겨야죠. 그리고 당신의 아이들은 그 혜택을 누려야 하죠. 지금 이 집, 우리가 있는 이 집은 평범해요. 이런 집이야말로 평범한 집이죠. 이 모델 집들은 평범하곤 거리가 멀어요."

"그래요. 알죠. 그저 나는 아이들이 아주 약간만 보통 이상이 되면 좋겠다 – 그래도 여전히 평범한 축에 끼는 거 말이죠 – 고 생각했죠." 그는 오른손 검지로 모델 넘버2를 건드리면서 테이블을 가만히 내려다 보고 있다. 그의 얼굴은 부와 명예를 가지고 평범한 중산층 삶을 살 수 없음에 대해 실망하고 있음을 보여준다. 아무도 그처럼 황당하게 둔감하진 않을 것 같다.

"그럴 수 없을 거예요." 내가 말한다. "안됐지만." 나는 정말 안됐다고 생각한다. 왜냐면 나는 이해하니까. 그는 생애를 살면서 평범하게 받아들여지고, 조화를 이루기 원했지만 그런 그의 갈망은 그로 하여금 목표를 초과하게 하고 비범한 사람으로 만들었으며 엄청난 성취를 하게 이끌었다. 이제는 절대로 평범해질 수 없다.

빌은 허리를 펴며 웃는다. "샴페인 한 병 더 할까요?"

"아뇨. 가봐야 돼요." 나는 돌아선다. 빌과는 다르지만 나의 욕망도 비슷하다. 나 또한 튀는 아이로서 주변과 조화를 이루기를 원했고, 나만의 장소를 원했다. 그러나 나는 성공하지 못했다. 슬프지만 단호하게 나 자신을 받아들일 수 있다. 나는 나고 그런대로 좋은 점도 있으니까. 적어도 그렇다고 생각한다.

"아직 가지 말아요." 그는 혼자 있고 싶지 않은 것 같다. 개구쟁이 얼굴로 돌아와서 빌은 인사치레 하는 듯한 웃음을 띠고 애원하는 듯한 눈으로 나를 본다.

"몇 분만 더 있다가 가요." 있잖아요. 몇 가닥 금발 하이라이트를 넣으면 훨씬 보기 좋을 것 같네요. 눈썹도 좀 다듬고 안경을 바꾸고 말이죠. 옷도 좀 더 세련되게 입으면 확실히 미남이 될 가능성이 커요. 이제 계획은 내가 가지고 있다. 빌과 나를 위한 원대한 계획. 원대한...

한 달 후에 '메리 크리스마스' 라고 적힌 이메일을 받는다. 빌이 보낸 것이다. "인생이 정말 골치 아프군요. 다시 보고 싶어요. 새해에 만나요, OK?" 우리는 우정 어린 이메일을 주고받았고 적어도 내가 일을 망치지는 않았다. 두 번째 데이트를 위해 좀 오래 기다린다고 뭐 잘못될 것은 없다. 오 마이 갓. 우리가 데이트를 한 것인가? 그런가?

우리가 두 번째 만난 것은 사실 너무 오랜 시간이 지난 후였다. 지난번 데이트 때는 깨끗한 피부였었는데 지금은 스트레스 때문에 생긴 성인성 여드름들이 끔찍한 전쟁을 벌이고 있다. 미안하지만 선약이 있어 다음으로 미루자고 할 수도 있지만 그러면 빌은 나에 대해 잊어버릴 것이고 다시 만나자고 하지도 않을 것이다. 좀 더 흥미로운 사람이 나타날 테고 나는 '누구라고? 크리스틴?' 으로 전락하겠지. 만날 약속을 할 수 밖에 없다. 거울을 들여다보며 프랭크가 가르쳐준 화장의 주요 법칙을 떠올린다. '가능하면 얇게 하라. 두꺼운 화장은 창녀같이 보인다.' 하지만 얇게 화장을 하면 이 여드름을 가릴 수가 없다. 그래서 계속 덧발랐다. 두껍게.

유명한 부자하고 데이트하는 거, 난 할 수 있어. 누워서 떡 먹기지. 자아발전을 위한 강좌 테이프를 계속 튼다. 그래요, 브라이언 트레이시. 저 정말 크게 생각하고 있어요. 그래요, 지그 지글러... 지금 나는 정상에서 보는 중이에요. 정말 끄으으읕내줘요. 오. 예.

시애틀의 고층 건물 중 하나인 컬럼비아 타워의 꼭대기 층에 있는 식당에 도착할 때까지 모든 것이 순조롭다. 식당의 단골손님들, 식기를 치우는 보조웨이터들, 모든 사람들이 우리를 뚫어지게 보고 있다. 당황스럽다.

그래도 나는 저녁을 먹고, 디스코텍도 가고 코메디 클럽에도 가서 잘 지낸다.

다음날 아침, 침대를 빠져 나온 나는 화장을 고치고 보풀이 일어난 얇은 카펫 위를 발끝으로 걸어서 빌의 침대로 돌아온다.

"잘 잤어요?" 빌은 눈을 감은 채 웃으며 속삭이듯 말한다.

"깼군요. 잘 잤어요?" 나는 한시라도 빨리 도망가고 싶은 마음을 억누르며 서둘러 옷을 입는다. 그가 내 얼굴을 보면 안돼. 여드름이 어젯밤에 정말 성이 났단 말이야. "고마웠어요. 그럼 안녕."

빌은 두꺼운 면으로 된 가운을 황급히 걸치고 문 앞까지 나를 따라온다. 내가 인사도 제대로 안 하고 급히 차를 몰고 떠나는 동안 빌은 계속 문 앞에 서 있다. 룸미러에서 그의 얼굴이 더는 보이지 않게 되자 나는 두꺼운 화장을 문질러 지우기 시작한다.

2주가 지나간다. 빌에게서 아무 연락이 없다...

몇 달이 지나자 모든 것이 확실해졌다. 나는 차인 것이다. 나는 차를 쫓아서 뛰는 강아지처럼 굴었다. 절대 잡을 수 없는데 바보처럼 달려들어서 상처만 입은 것이다. 프랭크는 다르게 생각한다. 그가 말하길 "참 내, 네가 다음날 아침에 휙 나와 버렸잖아. 네가 그를 차버린 거지." 나는 그렇게 생각하지 않지만 프랭크는 강변한다. "그가 어떻게 하길 바라는데? 너한테 전화해서 돌아와 달라고 애걸해? 그는 빌 게이츠야. 아이고 참..."

• • •

127

권력은 빌릴 수 있는 것이 아니다

나는 에이즈 환자들을 위한 기금을 모집하기 위해 일을 시작했다가 저녁을 먹게 되고, 데이트로 발전했지만 결국 맨 처음 빌과 만나서 얻으려는 것이 무엇이었는지 잊어버리는 상황에 직면했다. 많은 사람들이 이와 비슷한 덫에 걸린다. 자신의 것을 만들지 못하고 권력, 돈, 타인에게 종속되는 것을 선택하는 것이다. 권력을 가진 자에게 가까이 가려는 노력을 통해서 자신이 '높이 올라갔' 고 생각한다. 그러다가 관계가 싸늘해지거나, 연대가 느슨해지거나, 아니면 은행잔고가 바닥을 보이면 갑자기 무기력해진다. 어떤 종류의 권력을 가지고 싶은가? 사람이나 조직의 연대를 통한 권력을 원하는가? 아니면 스스로 권력을 만들어 내길 원하는가? 관계를 넘어서 자신만의 권력을 선언하고 거기에서 창조를 하지 않는 한 절대로 인생과 사업을 진정한 성공으로 이끌 수 없다. 당장 이 자리에서 당신 자신만의 권력과 돈, 자존심을 가지겠다고 결심하라. 결심만 하면 누구도 당신에게서 그것을 빼앗을 수 없다.

128

그러나 한가지는 배웠다. 빌이 가진 엄청난 자신감. 그는 확실히 자신이 벌여놓은 일을 모두 성취할 것이라고 믿고 있었다. 자신의 세상을 창조하는 능력, 결과에 대한 그의 영향력, 바로 그것이 권력임을 가르쳐준 것이다. *그리고 멀리서, 그러나 더 자세히 관찰한 결과, 나는 권력이 부나 지위 때문에 주어지는 것이 아니라 내적 자신감에서 오는 것이라는 확신을 갖게 되었다.* 자신감이 있으면 남들이 반응을 하지 않을 수 없는 특별한 위치에 서 있는 자신을 발견할 수 있게 된다. 나는 내가 원하는 것을 가지고 있다는 믿음을 만들어서 자신감에 관한 허상을 시험해 보기로 했다. 나의 교본은 《*Fortune*》이었다. 거기서 힘을 가진 임원들에 대한 이야기를 읽었고 어떻게 그런 사람들이 되었는지 정보를 이삭 줍듯 모아보기로 한 것이다. 나는 권력의 겉모습을 흉내냈다. 옷 입는 법, 몸가짐. 나는 빌처럼 행동하려고 노력했다.

그런데 효과가 있었다. 나는 특별히 매력이 풍기는 한 남자에게 편지를 썼고, 같이 시간을 보내게 되었다. 이 두 번째 억만장자하고는 잠자리를 하지 않았다. 준비가 되어 있지 않았기에. 서둘 이유가 없지 않은가? 사업상 회의가 있는 날에 그가 데이트를 신청하면 거절했다. 그는 자가용 비행기를 보내주겠다고 하면서 계속 졸랐다. 나는 최대한 우아한 방법으로 거절을 했다. 절대로 그가 시키는 대로 하는 여자가 될 수는 없었다. 나는 교훈을 얻었다. 그러나 그는 빌과 같은 대단한 자신감을 가진 사람이었다. 거의 중독에 가까웠다.

엔칠라다(Enchiladas : 멕시코 요리 중 하나)와 인터넷

인생은 도전의 연속이었다. 5년이 흐르자 나의 자신감은 다시 흐물흐물해졌다. 나는 흉포한 대중의 공격 대상으로 전락하였다. 이 이야기는 5장에서 자세히 할 것이다. 권력을 가진 것처럼 행동하는 법과 실제로 권력을 획득하고 사용하는 법에 대해 그렇게 많이 공부를 했음에도 나는 아직도 내면의 힘이 아닌 외부의 어떤 큰 힘을 가진 것에 의지하려는 성향을 버리지 못했고 빌에게서 배운 교훈을 잊어버리곤 했다. 내가 가진 권력의식은 나의 회사와 관련된 것이었으므로 회사를 팔아버리자 갑자기 사라졌다. 한 친구가 기분전환을 위해 흥미로운 일을 꾸몄다. 나를 오라클의 래리 엘리슨에게 소개한 것이다. 나는 그가 어쩌면 잃어버린 자신감과 자존심을 다시 살려 주지 않을까 하고 생각했다.

• • •

래리는 오후 6시에 산타 클라라 마리오뜨 호텔의 로비에서 나에게 전화를 하기로 되어 있었다. 일단 만나서 그다음 행선지를 정할 예정이었다. 6시 15분이다. 전화가 없다. 6시 30분. 없다. 7시가 되자 생애 유일하게 바람맞았던 일이 기억난다. 고등학교 때 파티에서 지미가 그랬었지. 못돼 먹은 지미와 사업가 래리가 겹쳐진다. 그리고 이놈이 싫다. 감히 나에게 이렇게 못나고, 형편없고, 하찮은 느낌이 들게 하다니... 도대체 이러고도 괜찮을 거라고 믿는 거야 뭐야? 그의 사무실에 전화를 걸어 음성 메일을 남긴다.

"여보세요, 크리스틴 코마포드예요. 오늘 밤에 저녁 같이 하기로 했죠? 여기 호텔에서 기다리고 있는데 당신이... 어디 있는지 모르겠네요. 이봐요. 당신이 억만장자건 뭐건 상관없어요. 전에도 많이 만나 본 사람들이니까. 그러니까 당신이 부자라서 흥미가 있었던 것이 아니고 괜찮은 사람처럼 보여서 만나 보려고 한 건데... 괜찮은 사람이 이렇게 매너가 꽝일리가 없죠. 전혀 관심이 없어졌네요." 전화를 끊고 옷을 벗어 던진 후 샤워를 하러 들어간다.

130

30분 후에 샤워를 끝내자 피부가 벌겋게 달아올라 있다. 호텔방의 전화가 메시지가 와 있음을 알리며 빨간 불빛을 반짝거리고 있다.

"크리스틴, 래리예요. 착오가 있었어요. 내 달력에는 우리가 내일 만나는 것으로 적혀 있어요. 비서하고 나 사이에 뭔가 잘못 이야기가 된 거 같아요. 정말 미안해요. 난 절대로 여자를 바람맞히는 사람이 아니에요. 제발 오늘 전화해 주세요. 언제라도 괜찮아요." 그는 집 전화 번호를 남긴다.

나의 개인 디지털 비서에는 과거에 실패한 두 명의 억만장자 집 전화 번호가 저장되어 있다. 이걸 또 한 번 시도해도 되나? 30분이 더 지나자 그에게 전화를 걸기로 한다. 짧게 하자. 완전히 없던 일로 하기 전에 정리하는 느낌으로.

"여보세요, 래리? 크리스틴 코모포드예요."

"오, 하이. 전화 걸어줘서 정말 고마워요. 너무너무 미안해요. 이해해 주세요. 이건 단순히 스케줄 에러라니까요."

"예, 그렇지만…"

"기회를 한 번만 더 줘요. 내일 밤에도 여기 있을 건가요?"

"그래요, 하지만…"

"섭섭함을 보상할게요." 그가 웃는다. "심지어 당신의 노예가 되어 드리죠. 저녁 시간 동안. 괜찮은 제의 아닌가요?"

"글쎄요. 흥미롭긴 하네요."

"좋아요. 내일 저녁 6시 30분에 마리오뜨 호텔 로비에서 기다릴게요."

"그래요. 근데 이번에는 부담 없이 만나요. 정장 말고요. 진 같은 것으로 입고."

권력은 빌릴 수 있는 것이 아니다

"청바지 좋죠. 내일 봐요."

그는 5천 달러짜리 브리오니 정장을 입고 나를 만나러 나왔다. 청바지라고? 아이고. 나도 비즈니스 정장을 입었어야 하는데. 정장 갑옷 속에 있으면 훨씬 자신감을 가질 수 있을 것이었다. 우리는 차에 올라타자마자 빠른 속도로 내달린다. – 그는 주차장에 차를 세우지도 않았다 – 그의 차는 은색 아큐라 NSX다. 그는 최고의 차들은 다 몰아 봤으며 이 차는 핸들링이 페라리보다 훨씬 좋다고 말한다. 그래? 알아들었음. 언제가 될지 모르지만 다음번에 차를 고를 때는 고려해 보도록 하지.

캘리포니아 아데르톤에 있는 일본식 저택에 도착하자 래리는 기특하게도 급히 카키색 바지와 티셔츠로 갈아입었다. 그는 부엌에 있다. 저녁을 만든다는데 내가 도와주는 것을 한사코 말린다. 호일 구기는 소리 아닌가? 아줌마가 저녁을 만들어 놓고 갔나? 그냥 데우기만 하게? 뭐 문제될 건 없지.

닭고기 엔칠라다를 먹고 나서 래리가 말한다 "보여줄 것이 있어요. 우리의 미래랍니다." 그는 테이블에서 튕기듯이 일어나 나를 위층에 있는 아담한 서재로 데려간다. 계단이 무척 가파르다. 그리고 그는 내 앞에서 올라간다. 그의 카키색 바지가 완벽하게 조각된 듯한 엉덩이에 붙어 있다. "아시죠, 인터넷. 이것이 바로 앞으로 대박을 터뜨릴 거라고요."

"아-하." 몸매 끝내주는 멍청이라... 처음이다.

"이게 모든 것을 바꿀 거에요. 모든 것을."

"멋진 이야기네요." 다 올라왔다. 짠! 끝내주는 전경이다.

"이건 모든 사람이 쉽게 접속해서 쓸 수 있는 거대한 데이터베이스라고 볼 수 있죠." 래리는 TV 쪽으로 걸어가더니 그 앞에 섰다.

"모두라고요?" 와우, 나는 여태 그가 어깨, 팔, 가슴에 저렇게 확실한 근육이 있는지 몰랐네. 이 사람 정말 열심히 운동하나 봐. 아주 열심히.

"사람들은 온라인에서 쇼핑을 하고 의학정보도 찾아볼 수 있죠. 다른 사람들과 교류도 하고. 직원들은 건강보험 혜택에 대해 알아볼 수 있고 영업사원들은 분기별 판매상황을 추적할 수 있고요. 이 모든 정보들이 사람들에게 엄청난 힘을 가져다줄 거에요. 그리고 이거..." 그는 TV 위에 놓인 VCR처럼 생긴 물건을 톡톡 치며 말한다. "이 물건이 이 모든 것을 가능하게 해주는 거지요."

또 하나의 억만장자, 또 하나의 멍청이 트릭, 또 하나의 깊은 인상 남기기 시도. 빌은 그의 직소 퍼즐(jigsaw puzzle) 맞추기에 시간을 재어 보라고 했었지. 래리는 소프트웨어의 선전용 데모를 보라고 하고 있다. 으악, 나는 소리치고 싶어진다. "이봐요. 정말 감동이네요. 정말이라고요. 당신은 이 산업계의 거물이잖아요. 게다가 당신은 섹시하고 몸은 진짜 끝내주네요. 진짜 감동 받았다니까요! 맹세해요!"

래리는 TV를 켜고 그 작은 박스의 버튼을 누른다. "이 셋톱 박스는 평범한 텔레비전을 인터넷으로 연결해 주죠. 이걸 보면 정말 놀랄 거에요."

우리는 검은 화면을 뚫어지게 쳐다보고 서 있다.

그는 스위치, 케이블, 전력선들을 이리저리 만져본다. "이제 됐어요. 진짜 놀랍다니까요."

우리는 검은 화면을 숨죽여 쳐다본다.

"흐음~~ 뭐가 좀 이상한데. 어제는 잘 됐었는데..."

"정말 멋질 거에요. 래리."

우리는 일주일에 몇 번씩 이메일을 주고받는다. 그는 유머가 있고 매력적이다. 그는 심지어 시를 지어 보내 주기도 한다. 내가 그에게 영감을 줬나? 나는 그가 제일 좋아하는 칼슨스 립을 시카고에서 캘리포니아의 그의 사무실까지 페덱스로 보내준다. 그는 유쾌하고 똑똑하며 내면적으론 상처받기 쉬운 사람처럼 보인다.

그가 홍콩에서 돌아온 날 전화로 이야기를 나눈다. "여행 중 가장 멋진 일이 무엇이었어요?"

"시계요. 파텍 필립스 시계를 몇 개 더 샀어요. 그리고 보석들도. 아주 크고 완벽한 다이아몬드하고 에메랄드. 외에도 여러 가지로요."

"아, 전 돌들에는 관심이 별로 없어요"하고 내가 말한다.

"관심이 생길걸요." 그는 실리콘 밸리의 요다처럼 말한다. 그래. 언젠가는... '맹세합니다' 하고 말하게 되겠지. 돌들이라. 돌들이 나의 미래가 되겠지... 청혼할 거라는 뜻인가? 나한테? 와우! 이렇게 빨리?

며칠이 지나자 나는 그에게 감동을 주기로 결심한다. 나파 밸리의 유명한 메도우드 리조트에서 로맨틱한 하루를 보내기로 계획한다. 리무진이 마중 나오고, 세계적으로 유명한 크로켓 선생과 함께 크로켓을 하고, 샴페인 목욕과 마지막엔 촛불이 가득한 저녁을 하는 것이다. 로맨틱하고 재미있는 둘만의 시간.

그런데 아니었다. 래리는 그의 아데르톤 저택에서 12명의 변호사에게 갇혀 있다. 처음에는 비서였다가 나중에 래리의 연인이 되었던 여자가 그를 성희롱 죄로 고소한 것이다. "스티브(잡스)가 나보고 오라클의 음성 메

134

일 시스템을 바꾸라는군요. '여보세요 오라클을 찾아주셔서 감사합니다. 래리를 직접 고소하시려면 1번을 눌러주세요. 만약 친구나 가족을 통해서 래리를 고소하시려면 2번을 눌러주세요. 만약 당신의 애완동물이 래리를 고소하려 하면 3번을 눌러주세요' 라고 말이에요."

"힘들텐데 정말 잘 견뎌내는군요." 내가 말한다.

"자기." 래리가 달콤하게 속삭인다. "정말 미안해요. 이번에는 안 되겠어요. 이 변호사들이 가고 나면 오늘 밤 전화할게요."

• • •

그날 밤 일을 돌이켜 생각해 보면서 놀라운 것은 좀 실망하긴 했지만 전혀 마음이 상하지는 않았다는 것이다. 로맨틱한 저녁이 날아간다 해도 전혀 아쉬움이 없었다. 왜냐하면, 래리가 날 보고 '자기' 라고 불렀기 때문이다.

래리는 너무 바빠서 우리는 겨우 1년에 2번 정도 만날 수 있었다. 그러나 나는 기분이 좋았다. 내게 관심을 가진 힘있는 남자를 가진 것, 그것이 내 인생 최고의 자산이었다. 나를 괴롭힌 작은 문제가 있긴 했다. 우리가 데이트하기로 약속할 때마다 그는 마지막 순간에 약속을 깼다. 왜 그걸 참고 넘겼을까? 권력이 달콤해서? 그는 지배자였고, 영향력을 행사했다. 나는 그에게 선택적이었다. 가만있어보자. *그가* 권력을 가졌다... 마치 *모든* 권력이 그만의 것인듯.

나는 내가 하려던 것, 가지고자 했던 것이 빛나는 남자의 권력에 나 자신을 비추려 했다는 사실을 인식하기 시작했다. 그의 그림자가 되

권력은 빌릴 수 있는 것이 아니다

는 것 말이다. 시간이 가면서 나는 그 그림자를 점점 더 명확히 보게 되었다. 그것은 불확실에 둘러싸여서 일을 그르칠까봐, 패션이 촌스러울까봐, 왕따당할까봐, 버림받을까봐 조바심 내는 겁에 질린 젊은 여자의 모습이었다. 잘못된 우상에 목을 매는 이런 어리석은 행태로는 절대 자기만의 진정한 가치를 키워갈 수 없다.

부자인데다가 유명한 사람하고 어떻게 데이트를 해야 할까? 언제나 머리가 잘 정돈되고, 옷은 멋있고, 손톱 발톱은 깨끗하고, 얼굴은 화사하고, 화장도 잘하고, 어울리는 구두에, 어울리는 백을 들고, 긴장하지도 않고, 메뉴도 잘 고르고, 어떤 주제가 튀어나와도 언제나 막힘 없이 술술 이야기하고? 정말 지치는 일이었다. 나는 끝냈다. 그렇지만, 래리가 인터넷에 관해 이야기한 것은 내 기억에 저장해 두었고, 나는 1년 후, 인터넷으로 판촉 상품을 공급하는 회사를 시작해 몇 백만 달러를 벌어들였다.

래리는 뜻하지 않게 내 인생에 들어왔지만 나는 그에게서 정말 도움이 되는 교훈을 얻었다. 연인 사이였고 신뢰가 깊었던 전 비서와 뜨거운 법정 다툼의 한가운데 있으면서도(어떤 기분일지 상상이 안 된다), 그는 스티브 잡스가 농담으로 제안한 음성 메일 메시지에 대해 웃으며 이야기했다. 속으로는 잔뜩 겁이 나서 움츠리고 있을지 몰라도 겉으로는 우아한 중국 북방의 군사령관 같은 모습을 보여준 것이다. 그를 건드리면 확실히 되갚아 줄 것이지만 그는 노하거나 무서워서 곤두세우는 모습을 보이지 않을 것이다. 마찬가지로 사람들이 그에게 마구 칭찬을 늘어 놓아도 그는 대단하게 받아들이지 않았다.

세 명의 억만장자에게서 발견한, 매혹되지 않을 수 없는 그 엄청난 자신감은 값진 것이었다. 결국 나는 남에게서 그런 자신감을 얻어낼 수 없다는 것을 인정했다. 나 스스로 개발할 수밖에는 없다는 것을.

만들 수 있는데 왜 빌리려고 하지?

종종 사람들은 회사나 지위를 통해 권력을 누린다. 그리고 이러한 외적 요소들이 가진 명성과 힘에 의지해서 자신들에게 가치가 부여되기를 기대한다. 하지만, 그들은 힘을 기르는 것이 아니라 잠시 빌린 것이다.

지위 때문에 권력이 있다고 믿는 순간 당신은 내면의 가치가 아닌 어떤 일을 가지고 자신을 정의하게 된다. 일이 없어지면 당신의 가치도 없어진다. 나도 그랬다. 전혀 보기 좋은 모습이 아니다. 내가 빌이 되고자 했던 것처럼, 이상적인 모델을 모방하는 것은 최악의 선택은 아니지만 여전히 힘을 빌리려는 행동이다. 내 안에서 나만의 힘을 불러 일으키는 것이 아니기 때문이다.

당신은 힘을 빌려오는가, 아니면 만들어내는가? 쉽게 알아볼 방법이 있다. 당신이 도전 의식이 있고 성장하고 있다고 느끼며 매일 조금씩 배우고 뻗어나간다면, 당신이 새로운 기술을 익히고 할 수 있는 온 힘을 기울인다고 느낀다면 당신은 힘을 만들어낼 수 있다. 내일 당장 직업을 잃는다 해도 더 좋은 일은 찾아낼 수 있을 것이다. 당신은 아부하고 정치적으로 구는데 시간을 낭비하지 않고 기술을 습득하는데 시간을 투자할 것이다.

남자들이나 지위 또는 나의 회사에 권한을 위임하는 것을 그만 하자고 결심했을 때 나는 비로소 진정으로 성공할 수 있었다. *권력이란 오래전에 빌에게서 발견했던 바로 그 자신감을 의미하는 것이었다. 권력이란 나도 나만의 가치를 가지고 있기 때문에 남들 앞에서 초라해지지 않아도 된다는 것을 의미하는 것이었다.* 너무 많은 사람이 힘을 창조하지 않고 빌리려고 한다. 어쩌면 어떻게 해야 하는지 몰라서 그럴 수도 있다. 할 수 없다고 그저 믿고 있거나 아니면 사회나 직장이 그저 조용히 살라고 요구하는지도 모른다. *그러나* 이것은 원정이다. 자신만의 권력을 찾아서 키우는 대모험의 원정이다. 나는 커리어를 통해서 그 모험을 했다. 어떤 사람들은 가족을 돌보면서, 혹은 지역사회에서의 역할을 통해 그런 원정을 떠난다. 어떤 경우에라도 쉬워 보이는 일에서 시작해서 당신의 힘을 인생의 다른 영토로 확장시켜 가도록 하라.

내 안의 평화와 힘을 찾는데 몇 십 년이 걸렸다. 주관이 흔들릴 때마다 나는 내부가 아닌 바깥에서 힘을 찾아 헤매느라 문제에 봉착하곤 했다. 홀로 내면을 들여다 보아야 한다. 그래야, 자신의 참모습을 볼 수 있다. 참모습이 가진 힘은 그 누구도 빼앗아 가지 못한다. 지금부터는 곤란에 처했을 때 어려움을 견디고 비틀거리지 않도록 힘을 키우는 몇 가지 방법을 설명하겠다.

힘 기르기

다른 사람들이 당신의 문제를 해결해 주기를 원하는 순간이 있을 것이다. 하지만 독자들이여, 세상에는 절대로 남이 해주지 못하는 것들이 있다. 미리미리 힘을 키워 놓아라. 그러면 어려운 시기에도 생존이 아니라 번영을 구가할 가능성이 커지게 된다.

1. 빌 게이츠가 마이크로소프트의 미래와 자신의 미래를 디자인하면서 보여준 엄청난 자신감을 생각해 보아라. 그런 자신감이 당신에게도 있는가? 있다면 인생의 어떤 영역에서 그렇게 자신감을 느끼는가? 없다면, 자신감을 키우는 시작점으로 가장 쉬운 분야는 무엇인가? 그것을 찾아라.

2. 래리 엘리슨이 공격에 대처했던 모습을 생각해 보아라. 그는 자신이 이길 것이라고 믿고 흥분하지 않았다. 그는 전쟁을 선포하고 차분하게 전략을 실천했다. 당신은 공격받거나 모욕당할 때 어떻게 반응하는가? 발끈하는가? 아니면 냉정함을 유지하는가? 만약 전자라면 어떤 자아 이미지, 어떤 허상을 불러내야 하겠는가? 몽골 기병들의 사령관? 제나 (Xena:미국 인기 TV 시리즈물 'Xena'의 주인공)? 간디?

3. 예가 더 필요하다면 6장의 이야기 – 유명인사들과 악수하기 – 를 읽어 보라. 바바라 월터스, 힐러리 클린턴, 스티븐 호킹 그리고 많은 사람으로부터 배울 것이 있을 것이다.

4. 당신이 가진 내적 자산이 무엇인가? 당신이 가진 강점을 적어보아라. 어떤 기술 또는 능력을 자신이 지니고 있는지, 또는 다른 사람들이 인정하는지(인내심, 문제해결 능력, 생산성 같은 것)를 기록해 보아라. 이 능력들을 더 키우고자 지금 하는 일이 있는가? 또 다른 능력을 키우려면 어떻게 해야 할까?

5. 당신의 브랜드는 무엇인가? 당신을 설명하는 세 가지 형용사를 말해보아라. 당신이 원하는 브랜드인가? 그렇다면, 그 브랜드는 어떤 힘을 나타내는가? 그렇지 않다면 당신을 나타내는 새로운 브랜드를 찾아라.

6. 당신의 신조는 무엇인가? 어떤 믿음과 가치를 가지고 살아가는가? 당신이 원하는 신조는 옳은가? 아니라면 새로운 신조를 채택하라.

7. 당신은 자신이 맘에 드는가? 자신의 모습에 행복함을 느끼는가? 아니라면 어떤 사람이 되고 싶은지 설명해 보라. 자신에 대해 공부하라. 명상하고, 기도하고, 운동하라. 자신을 더 잘 알도록 혼자 지내는 시간을 매일 가져라.

8. 자신을 더 잘 알게 될수록 당신은 자신의 브랜드를 강화시키고 신념에 따라 일관성 있게 살아갈 수 있게 된다. 그렇다. 투자가 필요한 일이다. 이것보다 더 중요한 투자가 있겠는가?

140

무료로 제공되는 좋은 자료들

www.RulesForRenegades.com 접속 후 다운로드
(접속 시 로그인 필요)

"Mind Map Template"
"How to Position Your Product or Service"
"ROI Focused Sales"
"Lead Generation & Qualification"
"Lead Qualification Roadmap"
"Tample Business Plan Outline"
"Effective Board Reporting"
"Product Design"
"Pitch Critique Template"

142

Rule_5

거절을 두려워하지 말고
실패를 통해 배워라

세상이 끝났다니 무슨 소리인가.
호주에서는 벌써 내일의 아침이 밝아오는데.
찰스 엠 슐츠(Charles M. Schulz)

게이샤 훈련소에서 녹차 엄청 끓여대기 그리고… 엄청 비싼 실수

우리는 무엇 때문에 꿈을 포기할까? 실패에 대한 두려움 때문이 아닐까. 이 문제에 대해 한번 생각해 보자. 조만간 당신은 실패를 경험하게 될 것이다. 아니 계속해서 실패를 할지도 모른다. 잘못된 길로 들어섰다가 직장을 잃게 될까봐 두려운가? 그러면, 관료주의가 지배하는 조직에 들어가서 매뉴얼대로 하면 된다. 사업가로서 또는 기업의 대표로서 성공하고 싶다면 크게 실패할 각오를 하고 모험을 통해 기회를 잡아야 한다.

자신에게 물어보아라. 엄청난 성공이 보장된다면 어떻게 하겠는가? 당연히 그쪽으로 가지 않겠는가? 무엇인가 시도해 보았는데 잘되지 않았다 해도 잃을 것이 뭐가 있겠는가? 예전에 가지고 있지 않았던 것을 지금도 가지고 있지 않은 것뿐이다. 지나치게 긍정적이고 명랑해서 보는 사람이 화가 날 정도가 되라는 것은 아니다. 당신이 어떤 일을 시도하는 과정에서 무엇인가 잃어버릴 수 있다. 예컨대 시간, 노

거절을 두려워하지 말고 실패를 통해 배워라

력 또는 돈 같은 것들 말이다. 짧게 보면 그렇지만 길게 보면 이것들
은 절대 잃는 것이 아니다. 결국에는 경험, 지식, 새로운 관계와 아이
디어를 얻는 것이다. 처음엔 그렇게 느끼지 못했지만, 위험을 감수했
던 일은 길게 봤을 때 늘 이득으로 돌아왔다. 모든 것을 항상 정확히
자로 재듯 알 수는 없지만 적어도 나는 그랬다. 그렇다고 해서 그것이
당신이 게임에서 손을 떼야 할 이유가 될 수는 없다. *이기려고 게임을
하지, 잃지 않으려고 게임을 하는 것이 아니기 때문이다.* 언제나 실패
로부터 다시 일어설 수 있다. 핵심은 어떻게 *'전진을 위한 실패를 하
는가?'* 이다. 앞으로 겪을 실패의 고통은 실패의 교훈에서 얻는 이득
으로 줄어들 것이다.

146

실패에 놀아나기

나는 실패에 관한 한 서사시적인 수준의 경지에 올랐다. 당신이 엉
망진창이 되어버린 일 때문에 힘이 든다고 한다면 나의 '엉망진창' 이
야기를 일단 한번 들어보라.

•   •   •

버림을 당했는데 이유를 몰랐던 적이 있는가? 하기 싫은 일을 해야 했
던 경험은? 하기 싫은 일도 하고 있고, 버림도 당했으며, 이유까지도 몰랐
던 경우는? 빌 게이츠에게 차인 후, 나는 이 경험을 '여자로서' 받아들였
다. 나는 여자로서 실패작이었다. 나의 여성스러움에 대해 어떻게 해야 자

신감이 생길지 전혀 감이 잡히질 않았다. 권력과 명예를 가진 남자에게 빌붙어서 어떻게 좀 해보려고 하다가 다 날려 버렸으니까. 마이크로소프트 안에 차고 넘치는 수많은 남자도 전혀 도움이 안 됐다.

마이크로소프트의 내 사무실 안에서 보그 잡지를 뒤적이고 있는데 게이샤의 사진이 내 눈을 사로잡는다. 그래... 맞아... 바로 이거야... 여성성+힘. 한 줄기 빛이 내 머리를 지나간다. 겹겹의 실크와 새틴으로 만든 기모노, 자기로 만든 고운 색의 마스크, 세상의 어떤 것도 게이샤라는 말이 갖는 여성스러움을 능가할 수 없다. 사업적 본능이 작동하기 시작한다. 그래. 나는 일본 게이샤가 된 첫 번째 미국인이 될 거야. 시장을 휩쓸어 버리자. 미국에 게이샤 회사를 차려서 전국에 대리점을 운영하고, 나중에 상장을 하면 무지막지한 돈을 벌 수 있다. 그러면 이 황금색 수갑을 찢어버리고 마이크로소프트를 나가서 다시는 돌아보지도 않을 거야.

정말 믿을 수 없을 정도로 끝내주는 사업 아이디어 아닌가. 다른 사람들이 아직 이 사업을 생각해 내지 못한 것이 이상할 따름이다. 나는 선생을 수배해서 게이샤 훈련을 받기 시작한다. 낮에는 마이크로소프트에서 일하고 밤에는 훈련을 받기로 계획한다.

시애틀의 일본 가든 근처에 있는 작은 찻집에서 나카모라 여사가 집게와 알 수 없는 뭔가를 들고 나를 유심히 쳐다본다. 그녀는 내 몸 크기를 재려는 듯이 진바지와 티셔츠를 잡아당긴다. 뒤로 물러서면서 고개를 갸웃하더니 가늘게 뜬 눈을 하고 내게 말한다. "게이샤의 길, 꽃과 버드나무의 세계는 소수의 사람에게만 열리는 것이랍니다." "몇 년간, 적어도 5년

이상 노래와 춤, 사미센(3줄짜리 일본 전통 현악기)과 대화 기술을 훈련해야 하지요." 위아래로 내 모습을 훑어 보며 주위를 빙빙 돌면서 말한다. "당신은 매우 무겁고 불편한 기모노를 입고, 매우 무겁고 불편한 가발을 쓰고, 매우 짙고 불편한 화장을 해야 한답니다. 그리고 구두까지도...."

"불편하다고요?"

"그래요. 일본말도 해야 해요. 매일 밤, 말도 못하게 취한 손님들을 접대해야 합니다. 어떤 때는 새벽까지요."

별거 아니네. 맨정신으로도 말이 안 되는 사람들하고 종일 상대하는데 뭐. 적어도 술이나 취하면 핑계나 있지. "좋아요. 언제 시작하죠?"

"다음 주 화요일 저녁 6시부터요."

훈련은 자세와 에티켓부터 시작한다. 나카모라 여사는 내게 우아함과 침착함을 마스터하라고 한다. 성공적인 게이샤의 필수 조건이다. 게이샤는 일본어로 '예술가'라는 뜻이다. 나는 이국적인 꽃과 버드나무의 세계로 들어가길 갈망한다.

"똑바로 펴세요. 어깨를 뒤로 하고, 할머니처럼 구부정하게 하지말고."

"턱을 잡아당겨요. 껍데기에서 삐져나온 거북이 머리처럼 하지말고."

"무게의 균형을 잡아요. 물고기처럼 양쪽으로 펄떡거리지 말고."

2개월을 무중력 상태로 – 엄청난 노력이 필요했음을 밝힌다. – 찻집을 두리둥실 떠다니듯 걸어다니고 난 후, 나카모라 여사가 말한다. "이제 된 것 같아요." 내가 정말 잘하고 있기를 바란다. 나는 또한 사미센이라는 일본식 밴조(일본식 현악기)같은 것은 좀 나중에 배웠으면 하고 바란다. 난 정말 줄로 된 악기엔 젬병이다.

　운이 좋다. 다음 훈련은 차도(chado)이다. 차도란 정교한 일본식 차 예법을 말한다. 레슨을 받고 또 받는다. 어떤 때는 너무 열심히 하느라 물에 너무 많은 차 가루를 넣는다. 어떤 때는 집중력을 잃고 물을 너무 오래 끓인다. 어떤 때는 물이 너무 뜨겁고 또 어떤 때는 너무 차다. 가끔 너무 급하게 움직여서 끓는 녹차가 라커칠을 한 키 낮은 준비용 테이블 사방에 튀기도 한다. 나카모라 여사는 꿇어앉아 있는 내 위로 서성거리며 고통스러운 낙담에 눈을 감는다.

　"다시. 조심스럽게 재어야 해요. 첫 번째 작은 거품이 생길 때까지만 물을 데우세요. 끓기 전에 불을 꺼야 해요. 인내심을 가져요."

　"다시, 손목의 힘을 너 빼고 차를 털어 넣으세요. 조심스럽게."

　"다시, 천천히, 천~천히. 흘리지 마세요. 여유를 가지고 하세요."

　"다시, 주빈의 찻잔을 먼저 채우세요. 항상 유념하세요."

　"다시, 여성스럽게 무릎을 꿇어야 해요. 카우보이처럼 보이면 안 돼요. 침착한 자세를 가지세요."

　"다시, 균형을 잃으면 안 돼요. 차를 따를 때 엉덩이가 뒤로 빠지지 않도록 하세요. 여성스럽게 하세요."

　"다시."

　"다시."

　"다시."

　어느정도 차도에 익숙하게 되자, 위로 퍼져 나오는 한줄기 스팀 속에서 건초더미와 방금 잘라낸 풋풋한 풀 냄새가 뒤엉켜 있는 것을 느끼고

149

거절을 두려워하지 말고 실패를 통해 배워라

냄새 맡을 수 있게 되었다. 나카모라 여사는 내가 그녀의 차처럼 지독한 구석이 있다는 것을 조금 알게 된다.

일주일 중 하루 밖에 훈련을 못 받지만 나는 레슨 때마다 엔지니어로서의 집중력을 발휘한다. 나카모라 여사에게 미국 게이샤 회사의 지분을 주겠다고 말한다. 그녀는 왼손으로 입을 가리며 새침하게 웃는다. 그러더니 오른손으로 내가 레슨비로 지불한 현금을 집어든다.

한 달 후, 나카모라 여사는 내가 게이샤 이름을 받을 거라고 말한다. "당신을 이치사쿠라고 부르겠어요. 첫 번째 핀 꽃이라는 뜻이에요. 체리 블러섬의 첫 번째 꽃처럼. 먼저 꽃을 피우고 나면 진정한 게이샤가 되는 거죠."

낮에는 코딩하느라 꼼짝 못하고 밤에는 게이샤가 되어 우아함에 구속된다. 어느 날 밤, 나카모라 여사의 옛 친구가 방문을 한다. 니시라는 이 남자는 일본인 사업가이다. 나카모라 여사는 나에게 이 사람과 미국 게이샤 회사의 사업계획을 한번 의논해보라고 한다.

"하지메마시테(만나서 반갑습니다) 이치사쿠상." 미스터 니시가 웃으며 말한다.

"도우 이타시마시테(감사합니다) 니시상." 나는 고개를 깊이 숙이며 말한다. 나는 이국적인 먹이사슬의 밑바닥을 기는, 화려한 나비를 꿈꾸는 애벌레이다. 이제 차를 대접할 시간이다. 적당한 온도로 물을 데운 후, 우아하게 차의 가루를 털어 넣고 니시의 컵에 따르고자 무릎을 꿇는다. 나는 일어서서 발을 끌며 나카모라 쪽으로 가서 다시 차를 따르고자 무릎을 꿇는다. 흘리지도 않고 넘어지지도 않는다. 꿈에서보다 더 잘하고 있다.

"당신 정말 독특합니다, 이치사쿠." 니시가 고개를 끄덕인다. "당신이 훈련을 완전히 끝내고 때가 되면 내가 당신에게 후원자를 소개하겠소. 나는 이미 다른 사람의 후원자니." 그는 자신의 눈을 톡톡 건드린다. "내가 될 수는 없고."

"감사합니다, 니시상. 제게 관심을 가져 주셔서 정말 영광입니다." 지금 내가 이 말을 진짜 한 거야? 정말? '황송하게도 제게 흥미를 느끼신다니 진정으로 영광입니다' 류의 말은 진짜 하기 어렵다. 기모노 소매 자락 속으로 삼키듯 말하지 않고 겉으로 크게 말하는 것은 물론이고. 오, 나는 진짜 게이샤가 되고자 굳이 하지 않아도 될 때 이 알랑거리는 말을 하고 있다.

니시가 떠나자 나카모라가 나에게 돌아선다. 자랑스럽다는 듯 눈이 빛난다. "하이." 그녀가 과장되게 말을 시작한다. "언젠가는 후원자가 생길 거에요, 이치사쿠. 하이."

"하이." 나는 중독성이 있는 차를 홀짝거리며 작게 말한다. 그녀는 꽃과 버드나무 세상의 영광스런 모습을 살짝 보여주었고, 나는 좀 더, 좀 더, 좀 더 원하고 있다. 그래, 나는 게이샤가 될 거다. 그래, 나는 세상의 권력 있는 남자들을 상대할 것이다. 그래. 나는 부자가 되어 독립적이고 범접할 수 없는 삶을 살 것이다. 내 인생은 미와 예술로 넘쳐날 것이다. 나는 이 파티에서 저 파티로 날아다니는 나비가 될 것이다. 날갯짓으로 숭배자들의 애간장을 태우고 언제나 나를 향한 갈망에 지쳐가게 만들 것이다.

그 다음주에 나카모라 여사는 말한다. "더 열심히 해야죠, 이치사쿠. 게

거절을 두려워하지 말고 실패를 통해 배워라

이샤가 되어서 후원자를 얻고 사업을 하려면 훨씬 더 열심히 해야 돼요."

"스미마셍(죄송하지만), 나카모라상. 아직 몇 년이나 더 걸리는 일이란 것은 알지만 혹시 후원자의 역할이 무엇인지 설명해 주실 수 있나요?"

"하이, 이치사쿠. 몇 달이 지나면 게이샤를 맘에 들어 하는 손님이 나타나죠. 그러면 그 손님이 후원자가 되겠다고 자청을 해요. 축하 예식을 치르고 게이샤는 그 남자의 짝이 되는 거죠."

"짝이 되요? 묶이는 것처럼요?"

"아니요. 짝이 된다는 말은, 남자가 게이샤를 특별한 방법으로 소유한다는 거에요. 그녀는 다른 손님들을 접대할 수는 있지만 후원자를 접대하는 방법과는 다르죠."

"특별한 방법으로 접대를 한다고요? 어떻게요?"

"게이샤는 다른 남자들하고는 잠자리를 할 수 없어요. 오직 그녀의 후원자하고만 하죠."

"잠자리? 섹스 말인가요?"

"하이. 모든 게이샤들은 후원자를 원해요. 게이샤의 생활은 정~말 비싸답니다. 후원자가 있으면 게이샤는 많은 돈을 받을 수 있어요. 자기 집도 가질 수 있고, 은퇴할 때를 대비해서 주식이나 채권을 사두기도 하지요. 후원자가 없으면 게이샤는 스폰서를 해주는 집에 묶일 수밖에 없어요."

"제대로 이해했는지 모르지만 그러니까 후원자가 게이샤에게 돈을 주고 게이샤는 그 사람하고 섹스를 하는 거네요?"

"그런 관계하고는 저~어어언혀 달라요. 이치사쿠. 훠~어어얼씬 깊은 관계죠."

"오케이. 하지만..."

"하지만, 당신이 미국식으로 말해 요점을 찾는다면, 그렇다면 하이, 맞아요. 그런 거죠."

맞다. 하이. 매주 화요일 밤마다 4개월 동안 훈련을 받고 나서야 겨우 알아낸 사실이 미국 게이샤 회사를 세우면 나는 결국 포주가 된다는 것이라니. 게다가 나 스스로 게이샤가 되면 나는 결국 누군가의 창녀잖아.

왜 이런 것을 그 차 끓이는 수많은 시간 동안 전혀 말을 안 해준거야? 난 또 과제를 해내지 못한 거야? 독립은 물 건너갔고, 권력도 없고 날갯짓하는 나비도 없다. 오직 한 숭배자가, 그것도 나는 선택권도 없이, 나를 맘대로 가지고 소유한다니. 아이고...

"나카모라상, 정말 지난 4개월 동안 친절하게 대해 주셨어요. 제가 바보였네요. 정말 몰랐어요. 꽃과 버드나무 세상에 대해 충분한 조사를 하지 않은 게 잘못이에요."

"무엇 때문에 그러나요 이치사쿠? 후원자의 역할 때문인가요?"

"그래요. 나는 도저히... 이 후원자 같은 거... 할 수가 없어요. 전 그냥..."

"게이샤들은 일본에서 매우 존경받는 사람들이에요 이치사쿠. 여기 미국은 일본 풍습, 전통들을 잘 이해하지 못하죠."

"미안...해요." 나는 그녀의 기모노 안에 숨은 작고 부드러운 손을 찾아 나의 크고 딱딱한 손으로 감싸 쥐며 말한다. 그녀의 눈이 휘둥그레진다. 나의 친근감, 나의 부적절한 접촉이 그녀를 흠칫 놀라게 한다. "도모(감사합니다), 나카모라상. 도모 아리가토 고자이마스(정말 진심으로 감사합니다)."

나카모라상은 그냥 쳐다보고 있다. 나는 그녀의 손을 잡고 꽉 쥐었다가

153

놓아준다. 그리고 고개 숙여 인사하고 돌아서서 천천히 나온다. 나는 돌아보지 않는다.

애벌레는 떠난다. 꽃과 버드나무의 세계로부터, 수백만 달러의 제국으로부터, 여성적인 힘이라는 이 판타지로부터 멀어져 간다. 나는 나의 사각형 사무실 공간으로, 핵심 안건으로 다시 돌아온다.

• • •

실패를 통해 전진하기

이 모험 때문에 기분이 많이 상하긴 했지만 나는 다시 핵심으로 귀환했다. 이미 잘못한 것에 대해 고민하는 대신 앞으로 잘 할 것에 집중하기로 했다.

내가 배운 첫 번째 교훈은 실패 후엔 무엇인가를 하되 중요한 일은 하지 말라는 것이다. 거절과 실패로부터 회복하려면 중간 휴식이 필요하다. 비참한 거절과 실패 후 당신이 힘을 다시 얻고 명석함을 되찾으려면 한 발 후퇴를 하는 것이 좋다. 빌에게 차였을 때 그렇게 했었다면 미국 게이샤 모험은 하지 않아도 되었을 것이었다. 하지만, 나는 빌에게 거절당한 일을 너무 크게 여기는 바람에 그 상황을 연장하는 우를 범했다. '잠깐 중지' 버튼을 눌렀더라면 분명히 상처가 가라앉을 때까지 조금 차분한 시간을 보내는 것이 새로운 일을 시작하는 것보다 자신을 위해 훨씬 바람직하다는 것을 알게 되었을 것이다. 새로운 시도를 하는 것은 마치 연인과 헤어지자마자 다른 사람을 사귀는 것과 같다. 고통을 줄이는데 도움이 안 된다. 단순히 현재의 고통을 지

154

연되게 하거나 오히려 증폭시키게 된다.

만약 신경쇠약에 시달리고 실패를 곱씹으면서 올가미에 걸린듯한 느낌이 들 땐 어떻게 해야 할까? 그럴 때는 두 가지 길이 있다. 첫째, 무엇인가 긍정적인 일을 하라. 새로운 취미를 개발하라. 신나고 웃기는 주제를 가진 취미교실에 등록하라. 아니면, 자원봉사를 해라. 이런 일들은 터무니없는 감정적 위험을 배제하고 자신감을 회복할 수 있는 가장 좋은 방법들이다. 일주일에 한 두 시간만 새로운 활동에 몰두해도 생활에 활기가 생기며 당신이 가진 많은 재주를 다시 보게 될 것이다. 지역 대학이나 자선단체 등을 찾아가 보아라. 특별히 시간에 매이지 않아도 무엇인가 새로운 일을 시도할 수 있다.

또 다른 유용한 방법은 당신이 얼마나 괜찮은 사람인지 알아보는 것이다. 뭔가 속임수를 쓰는 것처럼 찜찜한가? 절대 그렇지 않다. 커피 한 잔을 사든지, 아니면 이메일로 부탁해서 다른 사람들에게 당신의 좋은 점을 솔직히 말해달라고 부탁해 보아라. 몇 사람에게 부탁을 하고 나면 돌아오는 대답이 얼마나 많은 부분에서 중복되는지 발견하게 될 것이다. 당신의 긍정적 자질을 적은 종이를 목욕탕 거울에 붙이고 지갑 속에도 넣고 다녀라. 그것을 하루에 두 번 이상 읽어보아라. 당신이 가진 좋은 자질을 깊이 이해하는 것은 다음에 원하는 일을 알아내는데 큰 도움이 된다.

두 번째로 내가 배운 교훈은 내가 어떤 *일에 실패했을지는 몰라도 나 자신이 실패작은 결코 아니라는* 사실이다. 실제로, 어떤 일에는 좀 더 성공적으로 변신한 면도 있다. 잘못된 사업 구상을 하고 고생을 하긴 했지만, 적어도 나는 힘을 모아 뭔가를 굴러가게는 했다(자기 연민에 빠져 뒹굴지 않고 말이다). 게이샤 경험은 내가 가진 영업 능력을 크게 신장시켰다. 나카모라와 니시에게 게이샤로서의 자질을 인정받을 정도였는데 세상에 못할 것이 있겠는가? 무엇을 더 잘 팔 수 있을까? 나를 어떤 다른 방법으로 더 잘 보여줄 수 있겠는가? 어쩌면 빌 게이츠가 가진 그 대단한 자신감을 나도 가지게 된 것일지도 모른다.

가장 중요한 건, 아마도 나의 개인적 욕구와 사업적 열망을 분리하는 방법을 배운 것이 아닌가 싶다. 나는 미국 게이샤 회사를 내 개인적 문제를 해결하는 방안으로 구상했었다. 나의 여성스러움을 극대화하고 아무도 나를 깨뜨리지 못하는 법을 알아내고 싶었고 내가 처한 비참한 상황에서 도망가고 싶었던 것이다. 그러나 회사는 당신의 인생을 고쳐주지 못한다. 물론, 새로운 회사를 세운다거나 새로운 회사에서 일을 시작한다거나 하는 일은 개인적 발전에 큰 기회를 줄 수 있다. 하지만, 회사를 설립하는 일에 개인적 목표를 덧붙이는 것은 결코 좋은 생각이 아니다. 생각해 보면 상처를 극복하고픈 내 특별한 개인적 목표는 상업적 활동을 통해 성급히 달성될 수 있는 종류가 아니었고 시간을 두고 많은 인생 경험을 쌓으면서 성취해 가야 하는 것이었다.

뭐, 그래도 기막히게 차를 끓일 수 있는 능력을 키우기는 했다.

실패가 발전적인 일로 바뀌어 가는 과정에 속도가 붙자 동력이 생기기 시작했다. 나는 사업을 객관적으로 바라보는 능력을 갖추게 되었고, 나의 잠재력을 남에게 더 잘 드러낼 수 있게 되었으며 자신감을 얻었다. 마침내 나는 빌 게이츠와의 데이트를 잊을 수 있었다. 나 자신이 빌 게이츠가 되었다. 애초에 계획한 것은 아니었지만 무엇인가 중요한 일을 내 인생에 만들어 냈던 것이다. 미국 게이샤의 경험이 디딤돌이 되어 나는 비즈니스 세계의 심연으로 뛰어들 수 있었다. 내가 세운 회사 CCI(Corporate Computing International)를 통해 '포천 1000'에 등재된 회사들에게 최고의 서비스를 팔았다. CCI를 경영하면서 6개의 거대한 회계법인을 상대로 싸웠지만 나는 전혀 위축되지 않았다. 게이샤 경험이 있었기에 가능했다. 게이샤 경험 때문에 좋은 회사를 만들었고, 경쟁력 있는 상품을 전에는 알지 못했던 최고의 고객들에게 팔 수 있었다. 나는 *전진을 위한 후퇴*를 한 것이다.

　CCI는 2년 동안 대단한 성공을 이루었다. 그러면서 1994년 12월이 되었다.

●　　●　　●

　《*Wired*》매거진에 실린 기사의 첫 번째 페이지가 팩스로 들어온다. 읽다가 무릎이 풀리면서 나는 바닥에 주저앉는다. 내용은 내 명상 수련 선생인 라마에 관한 폭로성 기사로(라마에 대해서는 7장에서 더 자세히 이야기할 것이다) 그가 이끄는 악마적인 종단이 사기를 치고 있다는 것이다. 도대체 무슨 말을 하는 거야? 계속 읽어간다. 오 마이 갓! 몇 단락 아래 라마의 주요 추종자로서 내 이름이 언급된다. 마치 그와 함께 공부한 모든 사람들이 세뇌를 당해 기업 파괴꾼으로 활동하고 있으며 나는 그의 오른팔이라고 말하는 것 같다. 이것 봐! 나는 '포천 1000' 중에 700개 기

거절을 두려워하지 말고 실패를 통해 배워라

업을 고객으로 가지고 있단 말이다. 그 고객들을 만드는데 얼마나 죽을 고생을 했는지 알기나 해? 주당 80에서 90시간을 일하고 비행기와 호텔을 전전했다고. 기사를 다 읽었을 때, 나는 말 그대로 사시나무 떨듯 떨고 있다. 요즘에는 라마를 1년에 몇 번 보지도 않는다. 그에 관해 무엇이 진실인지 나는 잘 모른다. 하지만 확실한 것은, 나의 명성과 회사가 죽음에 직면했다는 것이다.

이 남자는 내가 방황하는 청춘 시절, 내게 아버지 역할을 해 주었고 명상하는 방법을 가르쳐 주었다. 영적인 삶으로 이끌어 주고 그의 사원에서 안식처를 마련해 주었다. 나는 언제나 그가 신을 위해 일하는 사람이라고 여겼다. 그래서 CCI 지분의 반을 그의 이름으로 돌리는 계약서에 기쁘게 사인을 했다. 더군다나 그가 자신의 학생들을 월급 없이 나의 영업 사원으로 활동하도록 허락했기 때문에 더욱더 기뻤다. 수익은 새로 짓는 명상 센터로 보내졌다.

라마와 나는 한때 서로 부딪힌 적도 있었다. 나는 계속해서 라마에게 십일조를 내는 수도승들로부터 강의료를 너무 많이 받는 거 아니냐고 따졌다. 하지만, 그는 수도승들이 늙었을 때를 대비해 뭔가 재산이 필요하다고 주장했다. 그러자 라마는 불복종을 이유로 나를 사원에서 쫓아냈다. 하지만, 나는 오랫동안 떠나 있을 수 없었다. 이상하게 들릴지 몰라도 그는 나에게 집과도 같았다.

나는 라마에게 도움을 받고자 전화를 건다. 그러자 그는 CCI 지분의 10%를 더 요구한다. 나는 이미 회사의 반을 소유하고 있는데 그거면 충분하지 않느냐고 말한다. 그러자 그의 변호사의 공격과 협박이 시작된다.

언제 이렇게 일이 꼬이기 시작했지? 영적인 스승이 제자한테 돈을 더 내라고 협박을 해? 나는 산소 없이 히말라야를 등반하는 것처럼 힘이 들면서 회사가 파산을 하더라도 그의 요구에 굴복할 수밖에 없을 것 같은 심정이 든다. 모든 것이 너무 확실해진다. *라마는 예전의 그가 아니다. 나는 이 모든 일을 청산해야 해.* 다음날 그에게서 전화가 온다. "회사의 반을 가져가고 회사를 둘로 나누어요." 내가 말한다. 그는 다시 협박을 한다. 그러자 내가 덧붙인다. "내 말대로 하지 않으면 당신에게서 벗어나기 위해 회사를 갈아엎겠어요!"

　나를 무고한 희생자라고 오해할 소지가 있어 몇 가지 확실하게 해두고자 한다. 첫 번째는 내가 본능적으로는 라마의 세상이 뭔가 이상해지고 있다는 것을 느끼면서도 의식적으로 그것을 무시했다는 것이다. 셀 수 없이 그런 일이 많았다. 17살 때 그를 처음 만났는데 그는 나의 후견인과도 같았다. 어떻게 그를 싫어할 수 있겠는가? 두 번째는 라마가 감정을 교묘히 다루는 데 대가라는 사실을 받아들이기 싫어서 많은 문제가 발생했지만 이를 애써 무시 – 아니 부정했다는 말이 더 정확하다 – 했다는 것이다. 주로 다음과 같이 상황이 전개되었다. 뭔가 예민한 문제에 대해 내가 질문을 한다. 주로 돈에 관련된 문제들이다. 그는 언제나 내가 영적으로 충분히 진화하지 못해서 이해하지 못한다고 말한다. 그러면 나는 마음속에서 고통스러운 비명을 듣는다. "봐, 절대 그런 질문하면 안 된다고 그랬지!" 그리고 나서 뒤로 물러나 며칠 동안이나 자신을 책망한다. 나이가 들고 더 확신이 생기자, 나는 콜롬보 탐정처럼 문제를 더 깊이 파고들기 시작했고 정말이지 이해할 수가 없어서 머리를 긁적였다. 그러자 라마는 나

159

를 더 세게 야단쳤다. 지금 생각해 보면, 나의 첫 번째 실수는 권위에 굴복하여 수동적인 자세를 가진 것이고, 두 번째 실수는 "세상에나, 여기는 영적인 사원이 아니군"하고 곧장 사원을 떠나지 않은 것이다.

4명의 핵심 직원이 갑자기 '이유 없이' CCI를 그만둔다. 사업은 수직 낙하를 한다. 나는 매일 여기저기서 터지는 문제들을 해결하느라 정신이 없다. 1995년에는 급속도로 나빠지는 회사를 팔아 보려고 동분서주하는 일이 주 업무가 된다. 출판물에 의한 명예훼손죄로 《Wired》매거진을 고소하기로 결심한다. 소송은 그 후 2년 동안 극단의 피로와 고통을 불러오고 만다.

결국, 총 가치 3분의 1의 가격으로 CCI를 판다. 나는 8백만 달러를 손해 보고 사업과 나의 명예를 처음부터 다시 쌓아 올려야 하는 처지에 놓인다. 이 모든 것은 스스로 내면의 힘을 키우지 않고 사원이라고 하는 단체에 의지했기 때문이며, 라마의 추종자가 되고자 리더로서의 나의 직관을 스스로 버렸기 때문이다. 마지막을 장식한 것은 내가 자신의 모든 가치를 오로지 회사라는 존재에만 의존하고 있었기 때문에 이제 정말 아무것도 남은 것이 없다는 사실이다. 다시 새 회사를 차릴 때까지 말이다. 아니지! 하나 더 나쁜 일이 있다! 《Wired》매거진과 나는 법정의 조정을 받아들이기로 한다. 그러나 나는 작은 승리를 자축하지도 못한다. 샌프란시스코 신문이 와이어드가 자신들이 승소했다고 주장하는 엉터리 보도자료를 그대로 실어 주었기 때문이다! (적어도 그 재앙 후에 《Wired》매거진은 사실 검증 부서라는 것을 만들긴 했다) 《Wired》의 기사는 한 가지에 대해서는 사실을 말하고 있었다. 라마는 내가 아는 것보다 훨씬 많은 맨

160

션과 호화로운 차를 소유하고 있었다는 것이다. 다시는 그와 말도 하지 않는다.

몇 년 후 그는 자살한다.

· · ·

인생의 가장 소중한 교훈을 – 물론 그 교훈이 8백만 달러와 내 인생의 몇 년 동안의 가치를 가진다고 보지는 않지만 – 굳이 이렇게 힘든 과정을 통하지 않고 얻었다면 얼마나 좋았을까 하는 생각을 할 때도 있다. 하지만, 나는 정말 중요한 깨달음을 얻었다. 직관에 귀를 기울이라는 것. 그리고 그에 따라 행동해야 한다는 것. 내 인생에서 성공의 큰 부분이 바로 직관과 관련이 있었다.

다음은 발전적으로 실패하는 교훈을 알아내라는 것이다. 《Wired》 사건을 통해서 나는 마침내 나 자신이 인생의 주인이 되지 않고 남을 추종하면 모든 것을 망치게 됨을 뼛속까지 확실히 배웠다. 또한, 자신을 사랑하는 방법을 개발해야만 했다. 나는 내가 프로이며 절대로 남에게 속아 넘어가지는 않는다고 생각했다. 도대체 어떻게 라마의 덫에 그렇게 완벽하게 걸려 갈갈이 찢겨질 수 있다는 말인가? 줄이은 이런 자책은 나를 끊임없이 괴롭혔지만 그것은 전혀 도움이 안 되는 일이었다. 여유를 갖고 참아내야 했다. 일과 직원들을 추스르고 고객을 안심시키며 흩어진 것들을 다시 모아야 했다. 그러면서 투지를 불살랐다. 나는 마침내 존재의 깊은 곳에서 들려오는 목소리를 들었고 그 목소리는 어떠한 어려움을 겪더라도 결국은 '승리하리라' 고 말하고 있었다. 멍이 들고 옷은 다 해질지 모르지만 다 이겨낼 것이다. 그러한 사실을 알게 되자 두려움이 현저히 줄어들었다. 나는 인생을 살아가며 기꺼이 인내심을 가지고 견디는 시험을 당해낼 자신이 생겼다. '내게 일어날 수 있는 일 중에 가장 끔찍한 일이 무엇일까?' 하고 생각해 보면, 이미 일어났다고 대답할 수 있게 되었다. 《Wired》가 피날레를 장식해 준 라마와의 경험은 내적인 힘을 기르는 데 기적과 같은 역할을 했다. 그것은 바로 실패도 발전일 수 있다는 사실을 배운 것이었다.

이 우스꽝스러운 경험을 통해 하나 더 배운 것은, 내가 도움을 청하는 법을 터득했다는 것이다. 이 공격은 너무 크고 너무 강렬하고 너무 파괴적이어서 혼자서는 도저히 당해 낼 수 없었다. 나는 드디어 외로운 방랑자의 가면을 벗고 누군가 기댈 어깨가 필요하다는 것을 받아들였다. 서른 두 살이 되고 나서야 다른 이들에게 진정으로 손을 내민 것이다.

거절당하는 것과 실패하는 것은 개인적인 일이지만 그것들을 개인적으로 받아들여야 하는지에 대해서는 선택권이 있음을 잊지 말아라. 감정적 대응은 바람직하지 않은 사업상의 결정을 불러오기 쉽다(소송이 그런 예다). 이런 결정은 언제나 시간, 에너지, 돈의 엄청난 낭비를 가져온다. 한편, 당신은 분명히 확실한데 공개적으로 나쁜 평판에 시달린다면, 아마도 당신이 매우 유명한 사람이거나 또는 당신의 말이나 행동이 누군가에게 위협적이었기 때문일 것이다. 우리는 모두 유명세를 타지 않는 인생을 선택할 자유가 있다. 그러나 당신이 세상에 영향력을 행사하길 원한다면 타인에게 불쾌함을 주는 일을 하게 될지도 모른다. 그러니 미리 준비를 해야한다.

현재를 바꾸지 않으면 과거가 미래를 지배하게 될 것이다. 마음 상태를 바꿀 때까지 과거의 실수는 반복될 것이다. 오도 가도 못하고 갇힌 느낌이라면 질문을 해야한다. 어떻게 해야 더 높이 더 세게 다시 튀어 오를 수 있느냐고? 《Wired》의 기사를 읽고 난 후 나는 온종일 자기 연민에 빠져들었다. 물론 그다음에 이 끔찍한 쇼가 언제 끝날지 걱정하면서 힘든 날들을 보냈다. 하지만, 나는 비열한 공격을 딛고 일어나서 먼지를 툭툭 털고 총구가 불을 뿜는 바깥으로 나가야 함을 알고 있었다. 이런 일은 혼자서, 고요함 속에서 내려야 하는 혼자만의 결정이다. 번뇌의 밝은 면을 찾도록 노력해야 한다.

163

인내하라, 결국 승리할 것이다

모든 것이 허상이라고 했던 말을 기억하는가? 사람들이 당신에 대해 또는 당신에게 불친절한 말을 할 때, 혹은 당신을 칭송할 때 다음의 이야기를 생각하라.

마을이 내려다보이는 언덕에 작은 오두막을 짓고 사는 수도승이 있었다. 수도승은 음식을 구하러 마을에 내려올 때를 빼고는 늘 혼자 있었다. 그 마을에 사는 한 처녀가 날이 갈수록 배가 불러왔다. 처녀의 아버지가 누가 아이의 아버지인지 추궁하면서 고함을 지르자 처녀는 언덕 위에 사는 수도승이라고 했다. 성난 마을 사람들이 언덕으로 몰

거절을 두려워하지 말고 실패를 통해 배워라

려가 수도승의 작은 오두막에 들이닥쳤다.

"당신은 불교의 수치다!" 그들은 소리쳤다. "몇 년간이나 우리가 당신에게 시주를 해주었는데 우리 마을 처녀를 임신시키다니! 부끄러운 줄 알라! 어찌 감히 자신을 수도자라고 하는가!"

"그렇습니까?" 수도승이 말했다. 그리고는 다시 명상을 계속했다.

시간이 흐르고 아이가 태어났다. 젊은 처자의 아버지가 아이를 데리고 언덕을 올라와서 수도승에게 주며 말했다. "받아라. 네 후레자식은 네가 키워라! 네가 뿌린 씨니까 결과도 받아들여라!"

"그렇습니까?" 수도승이 말했다. 그는 아이를 받아들였고 다시 명상을 계속했다.

몇 주가 흐르자 젊은 엄마는 수도승을 가리킨 자신의 손가락을 원망하며 후회 속에서 진실을 말하기로 결심했다. 그녀는 아버지에게 수도승은 결코 아이의 아버지가 아니며, 그녀가 사랑했던 남자는 마을을 떠났고 자기가 원하는 것은 혼자 아이를 키우는 것이라고 말했다. 여자의 아버지가 다시 언덕으로 올라갔다. 마을 사람들도 조용히 뒤를 따랐다.

"제발 저희의 잘못을 용서해 주십시오. 진심으로 죄송합니다. 당신은 진정 성스러운 분이십니다. 우리의 못된 욕을 참아 주시고 아이를 키워 주셨으니까요. 이제 저희가 이 아이를 데려가겠습니다. 부처님께서도 높은 세상에서 당신을 칭송하실 것이며 모든 성스러운 분들께서도 당신을 보며 미소 짓고 계실 것입니다. 당신께서는 진정으로 지금까지 살았던 모든 수도승 중에 가장 위대하십니다."

164

"그렇습니까?" 수도승은 말했다. 그리고 다시 명상을 계속했다.

이 이야기의 교훈은 '아무것도 하지 말아라. 그러면 자연히 모든 것이 잘될 것이다'가 아니다. '사람들이 당신을 비난할 때 이성을 잃고 분노하지 말 것이며, 사람들이 당신을 칭찬할 때도 자만으로 부풀어 오르지 말라'는 것이다. 비난과 칭찬, 둘 다 당신이 가진 본래의 가치를 변화시키지 못한다.

기사가 실리고 4년이 지난 후에 《Wired》의 경영진이 바뀌어 숙련된 프로들로 물갈이가 되었을 때, 나는 그 중 몇 사람에게 라마에 대한 기사가 의도한 것이 무엇이었느냐고 물어보았다. 그들은 나를 보고 웃으면서 말했다. "그 기사 때문에 잡지가 매우 많이 나갔죠, 크리스틴." 오오오, 이 모든 것이 잡지를 더 많이 팔기 위해서였다니. 세상에! 나도 참... 멍청해라. 으이고 우우~ 나는 숨을 잠시 멈추고 친구 배리가 제일 좋아하는 이름 모를 러시아인이 한 말을 떠올렸다. "감정은 없어. 다 사업 때문이야." 때로는 그냥 당신 위로 일이 굴러 지나가게 놔두어야 할 때도 있다. 사람들이 진흙을 던지면 어깨를 으쓱해서 털어내어라. 가만히 앉아 있으면 진흙이 굳어서 들러붙게 된다.

1990년대 말, 내가 첫 벤처캐피탈 회사 아르테미스 벤처(Artemis Ventures)를 설립했을 때 《Wired》의 새로운 직원이 나를 열렬히 칭찬하는 글을 썼다. 2005년에는 그들이 나를 CNN에 IT 전문가로 추천했다. '고마워요, 《Wired》. 우리는 그 실패를 아주 좋은 솜씨로 극복한 것 같군요.'

일곱 번 넘어지면 여덟 번째 일어서라

실패에는 두 가지 종류가 있는 것 같다. 첫 번째는 안에서 만들어지는 것이다. 예컨대 충분히 조사를 못했다거나, 잘못된 결정을 내렸다거나(나의 게이샤 경험처럼), 자신을 파괴하는 짓을 하거나 또는 남이 당신을 쥐고 흔들게 하거나(나의 라마 경험처럼) 할 때 만들어지는 것들이다. 두 번째 종류는 외부적인 이유로 만들어진다. 당신은 해야 할 일을 다했다. 예컨대 끌어당김의 법칙을 실천하고 긍정적인 결과에 집중하며 열심히 일하고, 세금도 다 냈지만 세상이 좀처럼 협조를 하지 않는 경우 같은 것이다. 어쩌면 그냥 역경을 겪어내야 하는 인생의 특별한 시간일지도 모른다. 이런 두 번째 종류의 실패에 대해서는 당신이 정말 최선을 다했는지 물어보라. 만약 그렇다면 실패가 그냥 지나가게 놔둬라. 그렇지 않다면, 다음번에는 제대로 최선을 다하겠다고 결심하라. 이런 태도는 패배의 고통을 치유하는 진통제라고 할 수 있다.

몇 년 전에 가능성이 충만한 미래를 가진 전도유망한 신설 회사의 직원들을 만난 적이 있다. 그들은 수백만 달러의 벤처 자금을 모아서 확실한 팀을 꾸리고 질주하듯 영업을 했다. 6개월쯤 지나자 회사는 수익이 나기 시작했다. 그러나 성공의 절정에 달한 순간에 인터넷 거품이 터졌다. 투자자들은 공황 상태가 되어서 더는 자금을 대지 않았다. 회사는 급격히 재무상태가 악화되었다. 7명의 이사회 임원들 중 2명이 자금을 내려고 했지만 너무 부담이 커서 결국 포기하고 말았다. 대

166

다수의 투자자가 흰 수건을 던졌고 미친 듯이 새로운 투자자를 구해 보다가 실패하자 결국 회사는 문을 닫았다. CEO는 자산을 매각했고 직원들은 뿔뿔이 흩어졌다.

임원들이 이 경험에서 무엇을 배웠는지 검토하고자 한자리에 모였다. 그들은 모두 자신들이 어떤 분야를 가장 좋아했는지 알게 되었고, 자금을 조달하는 구조가 얼마나 복잡한지를 이해하게 되었으며, 대리점을 통한 영업 방식과 무엇보다도 사업가가 된다는 것이 무엇을 말하는지를 배웠다. 오늘날, 이 팀의 멤버들은 모두 몇 가지 흥미로운 작업에 참여하고 있다. 어떤 이들은 새로운 회사를 차렸고, 다른 어떤 이들은 큰 회사에 입사했으며, 일부는 배움의 전당으로 돌아갔다. 각각의 자리에서 그들 모두는 자금의 외부조달이 가능하지 않다는 가정 하에서 프로젝트를 진행하고 있다. 그들은 좀 더 확실한 현실을 바탕으로 회사가 유기적으로 천천히 성장하도록 이끌게 하였다. 벤처 자금을 기반으로 사업을 급격히 확장하는 것이 위험한 일이라는 것을 배운 것이다.

가끔은 실패와 거절의 고통이 너무 심해 당신이 긍정적인 태도를 회복하는데 시간이 오래 걸리는 경우도 있다. 당신은 고통을 줄이고 싶을 것이다. 그래서 내가 찾은 가장 좋은 방법이 '거절파티' 라는 것이다(이 장의 끝에서 어떻게 거절 파티를 하는지에 대한 방법이 있다).

거절을 당할 때도 냉정하라

실패와 다르게 거절은 한 가지 종류밖에 없다. 거절은 전적으로 밖에서 만들어져서 내게 오는 것이다. 그것은 다른 사람들이 당신과 함께하고 싶지 않을 때 온다. 나는 여러 회사로부터 거절당했다('나는 이따위 고약한 일을 하지 않을 거야'). 일을 그만두고 나가는 직원들과 그들의 역할에 맞지 않았던 직원들에게 거절당했다(7장에서 자세히 이야기 하겠다). 내가 팔려는 물건에 관심이 없는 고객들에게서도 거절당했다(셀 수도 없다). 나와 데이트를 원치 않는 남자에게 거절당했다. 내가 쿨하지 못하다고 비난하는 친구들로부터도 거절당했다. 끝도 없이 많다. 그들이 "싫어"라고 말하면 나는 "다음!"하고 외친다. '거절 깨부수기' 주문을 잊지 않도록 하라.

어떤 이는 "예." (Some will.)
어떤 이는 "아니오." (Some won't.)
어쩌라고? (So what?)
어딘가에는 있겠지!
　　(Someone's waiting.)

누군가는 당신이 가진 것을 원한다. 계속 찾고, 계속 물어보라. 신념을 가지고 이 누군가를 찾고자 노력하라. 내 첫 번째 책을 출판하고자 대행사에 설명을 하고 다닐 때, 22개의 출판사가 만장일치로 다 거절하는 걸 보면서 '거절 깨부수기' 주문을 계속 외웠다. 그래서 책을 좀 다르게 다시 썼는데 그것이 바로 당신이 지금 읽고 있는 이 책이다. 17개의 출판사에서 더 거절을 당한 후에 드디어 책을 출판할 수 있었다. 일부 흥미를 보이는 출판사가 있었다. 39개 회사에서 거절을 당하면서 나는 스스로 찍어 내는 한이 있어도 반드시 출판을 하리라 결심했다. 재미있게도 그런 결심을 하자 판권을 사겠다는 출판사가 나타났다. 나는 거절의 두려움을 떨쳐 버리고 내가 이야기하고자 하는 바를 이해해 줄 감각 있고 공격적인 에디터를 끌어들이는데 집중했다.

얼마 전 나는 약간 정신적 충격을 받은 사람들이 모여있는 수련회에서 이야기를 해달라는 부탁을 받았다. 그들은 일반 소비재 회사에서 성과를 크게 올리던 영업 사원들이었는데 최근 몇 분기 동안 계속해서 경쟁사에 밀리고 있었다. 사장은 이 팀원들이 좀 더 사업 마인드를 가질 것을 요구했고 나의 역할은 그들에게 위험을 감수하고 더 신뢰받는 직원이 되도록, 더 심도 있는 혁신을 해 나갈 수 있도록 용기를 불어 넣는 것이었다. 나는 회사 임원들과의 수차례에 걸친 전화 통화를 통해 상황을 충분히 파악했지만, 더 확실히 하고자 행사 전에 나의 발표물을 행사 주관사에 보냈다.

발표를 하는 동안 청중들을 유심히 살폈는데 두 가지 눈에 띄는 반응들이 있었다. 첫째는 웃으며 고개를 끄덕이는 임원들이다. 두 번째는 음울한 표정으로 찡그리며 방어적인 자세를 보이는 팀원들이다. 청중들은 내가 이야기를 하는 동안 매우 예의 바르게 앉아 있었지만, 나중에 내 강연에 대한 간단한 평가 시간에는 가차없이 통렬한 야수의 모습을 드러냈다. 이 사람들은 결코 위험을 감수하고, 신뢰를 높이는 혁신을 하고픈 욕구가 있는 사람들이 아니었다. 임원진은 나를 호전적이고 기강이 땅에 떨어진 사람들의 소굴로 밀어 넣고 기적을 가져오길 바란 것이었다.

평가지를 읽어 본 후에 나는 터무니 없어 보일 정도로 원기 왕성한 연설을 혼자서 나 자신에게 했다. 그 연설은 이렇게 시작한다.

개인적인 문제로 받아들이지 마라
(Q-TIP : Quit Taking It Personally)

이 경험을 통해 중요한 것을 배웠다. 이제는 당황스러운 상황에 처하기 전에 팀원 중 몇 사람에게 먼저 이야기를 하자고 청한다. 여러 계층의 사람들이 하는 이야기를 미리 들어 놓는 것이 필요하다. 그렇게 해야 적대적이고 위협적인 군중을 열정적인(적어도 수긍하는 자세의) 사람들로 바꿀 수 있는 여지가 커지기 때문이다.

우리는 살면서 역경을 경험하게 된다. 위험을 감수하는 인생을 살고 있다면 더욱 많은 역경을 만나게 될 것이다. 역경을 만나더라도 목표를 향한 길에서 벗어나지 않고자 나는 이렇게 한다.

- 모든 것이 허상임을 잊지 마라. 실패 속에는 보답이 있고 성공 속에는 위험이 도사리고 있다. 양쪽에서 모두 교훈을 얻고 앞으로 나가라.

- 당신이 계속 나아가도록 이끌어 주는 비전을 되새겨라. 드림보드 작업에 하루를 온전히 투자하라. 아무것도 하지 마라. 오로지 당신의 꿈이 다시 견고해지도록 시간을 보내라.

- 끌어당김의 법칙을 실천하라. 당신을 다시 서게 할 일에 대해 생각하라. 당신에게 힘을 주고 같이 뛰어줄 사람들에 대해, 당신이 도달하길 원하는 곳에 대해 생각하라. 영화 "시크릿"을 다시 보라.

- 사람들이 "너는 할 수 없을 거야." 또는 "형편없는 생각인데."라고 말하면 축하할 일이다. 십중팔구 당신이 무엇인가 시도하고 있다는 뜻이니까.

- 때로는 부분을 봐야 한다. 불평하지 말고 그렇게 하라. 필요하다면 외모를 바꾸어 사람들에게 대우를 받도록 하라. 내가 '포천 1000'의 고객들을 끌어들이고자 그랬던 것처럼.

- 정말 힘들 때는 아직 살아있음에 감사하라. 당신의 인생과 사회, 크게는 이 세상에 무엇인가 변화를 만들 기회가 아직 살아 있다. 이번 라운드는 끝이 났지만 게임이 아직 끝난 것이 아니다. 내일 어떤 멋진 일이 일어날지 모르는 것이다.

- 텔레마케터 같은 영업 일을 할 때 모든 사람들이 짜증을 내면서 거절

을 한다면 모든 '싫어요'를 사실은 '글쎄요'라고 생각하라. 좀 더 설득력 있는 방법으로 상품 설명을 하지 못해서(투자수익률, 성공을 말해주는 여러 가지 통계, 경쟁사를 쓰러뜨릴 길 등등을 설명하지 않아서 그럴 수도 있다) 거절을 당한 것은 아닐까? 또는 고객이 당신의 상품을 싫어하는 것이 아니라 단순히 원하는 것이 아닐 수도 있다.

- 인생에 완전한 책임을 져라. 당신은 그 누구의 희생양도 아니다. 아무도 비난하지 말고 불평하지도 말라. 남을 변화시키려는 노력도 접어라.

- 실패 후 정신이 나가서 아무 일도 할 수 없는 지경이 된다면 남을 돕는 일을 해보라. 자원봉사가 그렇다. 그러면 당신은 부정적인 기운에서 벗어나 다시 희망이 솟아나는 것을 느낄 것이다.

- 자신의 멋진 면에 대해 리스트를 만들고, 잘 보이는 곳에 붙여 놓아라. 난 아직도 그렇게 하고 있다. 자신감을 키우고 자부심을 드높이는 일은 매우 중요한 일이다.

원하는 것을 그려보라. 나는 내 인생의 모든 목표가 비물질계에서는 이미 완전히 이루어졌다고 상상하는 것을 좋아한다. 내가 할 일은 그 성공을 물질계로 데려오는 것뿐이다. 많은 '거절 파티'를 주최하고, 비난에 대해 무감각해지도록 열심히 훈련을 해도 실패를 완벽하게 피해 갈 수는 없을 것이다. 그래서 우리는 지도자 그룹, 책임 있는 동료, 그리고 진정한 친구들이 필요하다. 실패 후에는 감정을 발산하고 여러 사람과 함께 이야기를 하는 것이 좋다. 실패를 분석하고 거절당한 상처를 치료하는데 도움을 주는 그룹이 있다면 뜻밖의 결과를 만들어 내기도 한다. 연습을 통해서 당신은 발전적으로 실패하는 길을 배우게 될 것이다. 거절을 이겨내고 실패를 능수능란하게 발전의 밑거름으로 만드는 힘을 가지게 될 것이다.

174

거절파티

거절당하는 것을 개인적인 문제로 받아들이지 말라는 것이 내가 당신에게 꼭 강조하고 싶은 첫 번째라면, 두 번째는 우리가 거절당하는 상황을 유연하게 관리할 수 있다는 것이다. 핵심은 예민함을 좀 덜어내는 것이다. 《*Please Don't Eat the Daisies*》의 저자인 극작가 진 커어(Jean Kerr)는 그녀의 작품에 대해 가장 신랄하게 비판을 한 신문 비평을 잘라내서 자신의 목욕탕 유리에 붙여 놓곤 했다. 하루하루 이를 닦을 때마다 그 비평을 읽고 또 읽다 보면 그 기사가 주는 아픈 공격에 대해 무뎌지는 것이었다. 당신도 이렇게 해보아라. 잘만 되면 괜찮은 방법이다. 내가 좋아하는 둔감해지는 방법은 '거절 파티'를 여는 것이다.

거절 파티 : A형

열 명 이상의 사람들을 모은다(많을수록 좋다). 직장동료, 친구, 그냥 아는 사람, 선생님들, 또는 함께 둔감해지는 법을 배우고자 하는 누구라도 좋다.

규칙은 이렇다.

1. 각자 자신이 원하는 요구사항 질문을 만든다. 예를 들어 "우리 회사

에 10만 달러를 투자해 주시지 않겠습니까?"라든가 "우리 상품을 사시겠습니까?" 같은 요청들이다.

2. 방을 돌아다니면서 각자 일대일로 만나서 요청을 한다. 상대방은 '예' 아니면 '아니오'로 대답한 후 자신이 가진 요청 사항을 상대방에게도 물어본다. 그러면 이쪽도 '예' 또는 '아니오'로만 대답한다. 대답에 관한 규칙은 3번과 같다.

3. 받은 요청의 숫자를 속으로 계속 세어 가다가 열 번째 요청에 대해서만 '예'라고 대답한다. 다른 모든 요청들에는 모두 '아니오'를 한다. 한 번 '예'를 하고 나면 다시 숫자를 세다가 다시 열 번째 요청이 되었을 때 '예'를 한다. 어떤 방식으로 '아니오'를 말할지는 당신 마음대로다. 친절하게, 잔인하게, 미안해하듯이. 어떻게 거절해도 좋다. 목표는 실제 세상에서 일어나는 거절을 재연해서 거절당하는 일에 면역이 되도록 하는 것이다.

계속해서 거절을 당하고 나면 그것이 별일 아니라는 것을 발견하게 될 것이다. 거절이 계속될수록 수락이 가까이 오고 있다는 것을 알 수 있을 것이다. '거절 깨부수기' 주문을 기억하라.

어떤 이는 "예" (Some will.)
어떤 이는 "아니오" (Some won't.)
어쩌라고? (So what?)

어딘가에는 있겠지 (Someone's waiting.)

계속 물어보고 다녀라. 그러다 보면 결국 '예' 라고 말하는 사람을 찾게 된다.

이 기술을 가르쳐준 잭 캔필드에게 감사한다.

거절 파티 : B형

A형 파티를 하다가 좀 더 진짜 세상을 잘 반영하는 새로운 형태의 파티를 개발했다. 요청을 하는 사람은 같은 요청을 다른 방법으로 여러 번 할 수 있다. 예를 들어, 당신은 "우리 회사에 십만 달러를 투자하시지 않겠습니까?"라고 요청을 하고 다음에는 "10년 거치로 6%의 이자 수익을 보장하는 새로운 마케팅 회사에서 십만 달러를 대출받으시지 않겠습니까?"라고 바꾸어서 물어본다. 요청을 받는 쪽에서는 설득력이 충분하다고 생각하면 '예'를 할 수 있다. 꼭 십만 달러를 내놓을 생각이 없더라도 솔직하게, 제안에 대해 흥미를 느끼기만 하면 된다.

무료로 제공되는 좋은 자료들

www.RulesForRenegades.com 접속 후 다운로드
(접속 시 로그인 필요)

"Mind Map Template"
"Overcoming Adversity"
"Goal Setting Worksheet"
"New Illusion Design Worksheet"
"Future Planning Worksheet"

Rule_6

네트워킹을 사랑하라

문중, 네트워크, 종족, 가족...
무엇이라 칭하든, 당신이 누구이든,
그 중의 무언가는 필요하다.

제인 하워드(Jane Howard)

백악관에서 사람 사귀기

사람 사귀길 좋아하는가? 지금은 그렇다고 말할 수 있지만 예전에는 전혀 아니었다. 처음 네트워킹의 가치를 배운 것은 코미디 시트콤 '래프-인(Laugh-In)'의 세트장을 방문했을 때였다. 1970년대 초등학생 시절 우리 반은 버뱅크 스튜디오를 방문해서 래프-인을 찍는 광경을 볼 기회가 있었다.

• • •

골디 혼이 분홍색과 노란색이 섞인 데이지 색의 비키니를 입고 세트장 안을 춤추며 돌아다닌다. 그녀는 거대한 네 개의 검은색 카메라 사이를 누비며 지나간다. 그녀는 군복을 입은 아테 존슨을 지나고 옛날 전화 교환수 복장을 한 릴리 톰린과 옷깃을 세운 12명의 남자 곁을 스쳐가며 춤을 춘다. 불빛 아래서, 어둠 속에서 그녀는 춤을 춘다. 모든 사람들이 큰 소리로 이야기하거나 소리치고 있다. 클립보드를 든 한 여자는 한 남자

네트워킹을 사랑하라

뒤로 정말 빠르게 걸어간다. 모두가 웃고, 떠들고, 신나게 일을 한다.

"너 지~이인짜 정말 좋겠다." 나는 스티브 신더에게 속삭인다. 그 아이의 아버지가 이 방문을 주선해 주었다.

"그래. 나 여기 자주 와." 스티브가 이야기한다.

"너의 아버지는 어떻게 이 일을 하시게 된 거야?"

"글쎄, 좋은 사람들을 안다고 하시던데..."

그 때는 그 말이 무슨 뜻이지 잘 모르면서도 나중에 나도 좋은 사람들을 사귀어서 멋진 직업을 얻을 거라고 생각했다. 어떻게 좋은 사람들을 만나지? "아빠, 스티브 신더 아빠는 래프-인 세트장에서 일하는데 정말 끝내줘요. 스티브 말로는 자기 아빠가 좋은 사람들을 많이 알아서 그렇게 된 거래요." 나는 저녁때 아빠에게 말했다.

"그랬을 거 같구나, 얘야."

"어떻게 하면 좋은 사람들을 만나요, 아빠?"

"잡담을 나눌 줄 알아야 한단다. 사람들하고 이야기하는 것을 좋아해야 해. 사람들에게 좋은 인상을 남기고 도움을 청할 줄도 알아야 하지."

• • •

정서적 자산이 더 소중하다

나는 19살에 처음으로 한 사람의 이름을 일촌 명단에 올렸다. 내가 일하던 은행의 CEO 조엘 코브너였다. 지금은 그 명단이 오천 명 이상으로 불어났고 그 사람들을 통해 간접적으로 알게 되는 사람까지 헤아리면 아마도 백만 명은 족히 될 것이다. 이 오천 명의 사람은 친구이자 동료이다. 충고, 소개, 냉정한 평가가 필요할 때 나는 그들을 찾는다. 내가 사업상 어처구니없는 실수를 했을 때 따끔하게 야단을 쳐주는 사람들도 그들이다. 5천 명 중에 5백 명 정도는 내가 어떤 도움을 청해도 괜찮을 사람들이다. 시간이 좀 걸리긴 했지만 나는 이제 명확히 이해한다.

많은 사람이 원하는 것을 부탁하기 어려워한다. 사람들은 남에게 폐가 될까 봐, 또는 자신들이 뭔가를 요구할 자격이 없다고 생각해서 말하기를 꺼린다. 뒤집어서 생각해보라. *내게 도움이 되기 때문에 사귀는 것이 아니라 내가 도움되고 싶어서 사귀는 것이다.*

사람들은 금전적 자산의 중요성을 늘 강조하지만 *정서적* 자산이 훨씬 더 가치있고 소중하다. 다른 사람들이 원하는 것을 도와줄수록 그들도 당신을 더 많이 돕게 된다. 네트워킹을 한다는 것은 무작정 당신에게 도움이 되는 사람들을 찾는다는 뜻이 아니다. 또 하나의 가족을 만드는 것이다. 당신이 염려하고 또 당신을 염려하는 그런 사람들. 당신의 직관을 따르라. 직관적으로 당신은 누구에게, 어떻게 다가가야 할지 알 수 있다. 관계를 맺고 발전시킬 사람들을 찾아라. 결국은 그런 관계들이 중요하고 모든 여정을 가치 있는 것으로 만든다.

손을 벌리고 다가가지 마라. 그런 비굴하고 배고픈 모양새에서는 천박함이 묻어 나온다. 뭔가를 달라고 조르는 사람들에게서 나타나는 특징이 있다는 사실을 아는가? 그들은 뭔가를 원할 때 갈망하며, 조바심을 내고, 기대를 갖고 당신을 바라본다. 어떤 때는 잡을 준비를 하면서 앞으로 기대오기도 한다. 그들은 기회를 노리며 기다린다. 그러다 기회를 놓치면 실망한 모습이 역력하다. 그럴 땐 놀라지 말고 차분히 마음을 추슬러 당신이 상대하고 있는 사람을 좀 더 잘 알아보려고 노력하라. 그들의 사업, 고객, 목표 등에 대해 물어보라. 그들의 취미와 관심에 대해 물어보라. 사람들은 자신만의 근사한 인생, 일, 도전 그리고 승리를 경험한다. 누구에게서나 이런 사연들을 찾도록 노력하라. 당신은 귀중한 통찰력과 교훈을 얻을 것이다.

30대에 나는 늘 불평했다. "그렇게 도움을 주었건만 그들은 나를 위해 아무것도 해주질 않는군." 씁쓸하고 화가 났다. 열린 마음 대신 주먹을 불끈 쥐곤 했다. 지금은 우주의 법칙이 내가 생각하던 것보다 훨씬 심오한 것임을 이해한다. 사람들이 도움을 청할 때 당신이 할 수 있으면 도와주어라. 시간이 있고, 재산과 능력이 있으면 도움을 마다하지 마라. 당신도 도움을 받게 될 것을 믿어 의심치 마라. 다만, 당신이 받게 될 도움이 도움을 준 바로 그 당사자가 아닌 다른 사람들에게서 올 수도 있다는 것만 잊지 마라. 무작정 이용만 당하는 멍청이가 되라고 주장하는 것은 아니다. 당신은 자신의 현명한 한계를 설정해야 한다. 당신이 먼저 노력하라. 그리고 좋은 일로 당신에게 되돌아올 것임을 믿어라. 돈이 없어 쪼들리는가? 그때야말로 당신이 돈을 빌려주든지 선물을 주어 누군가를 도와야 하는 바로 그런 순간이기도 하다. *우주는 완벽한 회계 시스템을 운영한다*는 것을 믿어라.

업(Karma)의 계좌에 저축하라

선한 일을 행하는 것은 당신 업의 계좌에 저축하는 것이다. 당신은 그것이 즐겁고 뜻깊은 일이라 여기기에 사람들을 돕고 선행을 한다. 받으려고 주는 것이 아니라 그냥 주는 것이다. 그 결과 당신 앞에 당신을 돕고자 하는 사람이 뜻하지 않게 자주 나타난다. 사람들과 관계를 형성해야 하는 이유는 그래야 당신이 도움을 주고 또 받을 사람들을 만날 기회가 생기기 때문이다.

당신은 이미 높은 위치에 있는 사람들을 친구로 가지고 있다. 단지 그것을 모를 뿐이다. 당신을 알리고 당신이 하는 일을 사람들에게 얘기하고 싶다면, 먼저 상대방이 하는 일을 묻고 그들을 도와 좋은 느낌이 전달되도록 하라. 커리어의 어느 단계에서나 네트워킹은 중요한 열쇠가 된다. 나는 유명 인사들에게 편지를 쓰고 인구에 회자되는 사람들을 찾아다닌다. 그렇게 해서 스티브 잡스, 패치 아담스, 제인 폰다, 에리카 종, 에이미 탄, 앤디 그로브, 그 외에도 많은 유명한 사람들과 만나고 그들로부터 조언을 들었다. 그들의 이야기를 듣고, 지혜를 얻었으며 나처럼 아무것도 아닌 사람도 그들처럼 무엇을 할 수 있는지 알아보고 싶었다. 그 과정에서 정말 소중한 몇 명의 멘토를 만났다. 만나고 싶은 사람을 찾아라. 가서 그들의 이야기를 들어라. 질문을 던져라. 당신에 관한 이야기를 하기 전에 그들의 이야기를 먼저 들어라.

남을 돕는 사람들의 인생은 정말 흥미롭다. 내 친구 하나는 정치자

185

금 모으는 일에 매우 열정적이다. 그는 교육과 의료분야의 자선단체
에 많은 돈을 기부하기도 한다. 그는 자신이 지지하는 정치인들을 후
원함으로써 자선단체를 돕는 법안이 통과될 수 있다고 믿는다. 낮에
는 회사에서 일하고 저녁에는 거의 매일 자금 모으는 일에 뛰어든다.
내가 아는 한 그는 무보수로 일하는 가장 열성적인 정치자금 모금책
이다. 그런데 놀라운 사실은 그런 사람들이 이곳저곳에서 끊임없이
나타나 그의 사업을 돕는다는 것이다. 에이즈 환자를 위한 행사에 유
명한 배우가 참석해야 한다고 가정해보자. 전화 한 두 통 걸면 모든
것이 가능해진다.

90년대 말, 정부와 실리콘 밸리의 좀 더 긴밀한 관계를 만들고자 조
직된 초당적 IT 경영자 단체인 테크넷에서 자원봉사를 했다. 압력단
체로서 활동하기보다는 행정부에 효율을 높이는 정보 기술을 도입하
는 것이 목적이었다. 관료주의의 비능률에서 벗어나 실제로 유용한
곳에 나의 세금이 쓰인다는 생각에 나는 매료되었다.

나는 백악관에 몇 번 초대되었는데, 사교적 모임도 있었지만 부통
령 앨 고어가 이끄는 '국가 능률도 검사' 라는 작업에도 참가하였다.
고어의 목표는 저비용으로 더 일 잘하는 정부를 만드는데 있었다. 나
는 클린턴 행정부의 인트라넷 정책을 개발하고 모든 정부 부처가 3개
월 내에 인트라넷 사이트를 구축하도록 돕는 일을 맡았다. 흥미진진
한 일이었다. 무보수로 일했지만, 고어가 발탁한 한 사기업 경영자였
던, 지금은 고인이 된 그렉 우드와 같이 용기 있고 헌신적인 사람들과
일한 것은 행운이었다.

같은 시기에 지금은 '발룬티어 매치(VolunteerMatch, www. volunteermatch.org)'로 이름이 바뀐 '임팩트 온라인(Impact Online)'의 설립자 신디와 그렉 쇼브 부부를 만나기도 했다. 그들의 비전은 미국인들이 자선활동의 필요성에 대해 공부하고 자원봉사할 기회를 얻도록 돕는 것이었다. 이 사업은 썬 마이크로시스템즈(Sun Microsystems)의 임원이었던 제이 백스트랜드가 발룬티어 매치의 이사 자리를 수락하면서 한 단계 높이 도약했다. 때맞춰 나는 제이를 그렉 우드에게 소개했다. 눈 깜짝할 사이에 발룬티어 매치는 백악관에 초대되어 클린턴 대통령이 지지했고 오늘날 3백만 명 이상의 미국 시민들이 자원봉사 기회에 연결되었다. 2001년 9월 11일, 적십자의 웹 사이트가 자원봉사 신청자들로 다운될 지경에 이르자, 발룬티어 매치는 재빨리 뛰어들어 또 하나의 웹 사이트를 제공하였다.

물론 좌충우돌했던 나와 빌 게이츠의 인연은 에이즈 환자를 도우려는 동기에서 시작되었다. 시간이 흐르면서 우리는 친근한 관계로 발전했고 이메일을 계속 주고받았다. 요즘 빌의 에이즈 퇴치 운동에 대한 강력한 지원을 보면 기쁘기 그지없다.

마지막으로 한가지 예를 더 들어보자. 회사를 만드는데 어려움을 겪는 친구를 돕겠다고 나서자 결과적으로 엔젤 투자자를 만나게 되었고, 그 결과 엔젤 그룹에 들어가게 되었으며 또, 그 결과로 구글의 초기 시절에 투자할 기회를 얻어 막대한 수익을 얻을 수 있었다.

네트워킹을 하면서 얻은 이 모든 경험은 내 생각을 완전히 바꿔 놓았다. *각각의 경험을 통해서 나는 세상이 어떻게 작동하는지 더 잘 이*

해할 수 있게 되었으며 변화를 일으키는 나만의 능력을 발견할 수 있었다. 나는 진정으로 나도 무엇인가 할 수 있다는 확신을 하게 되었다. 어떤 특정 목표를 달성하려면 그것을 도와줄 누군가를 찾기만 하면 되었다. 많은 경우에 나를 도와줄 사람은 내가 도움을 줄 수 있는 사람이었으며 우리는 서로에게 격려와 기회를 제공했다. 남을 돕는 일은 관계 형성이라는 의의도 있지만 그 자체로도 커리어의 성장이라고 볼 수 있다. 게다가 재미도 있는 일이다.

네트워킹은 도움이나 돈을 얻기 위해서만 하는 것이 아니다. 당신의 동아리를 형성하려는 것이기도 하다. 서른 살이 될 때까지도 나는 혼자 외로이 떠있는 섬이었다. 일곱 살 때 가장 친한 친구 두 명이 잇따라 죽는 일이 발생했는데 그때 나는 사람들과 너무 친하게 지내면 안 되겠다는 생각을 했다. 그래서 언제나 적당한 거리를 유지하며 사람들을 만났다. 친구가 있긴 했지만 깊이 사귄 사람은 없었다. 사람들이 지나가지 못할 큰 벽이 내 안에 존재했다. 내가 의지한 유일한 '사람'은 신이었다. 나는 신을 사람처럼 생각하고 가장 친한 친구로 여기며 두려움에 떨거나 외로움에 지칠 때 그 친구에게 말을 걸었다.

주간 칼럼을 쓰고 정기적으로 사람들에게 강연을 하기 전에는 소프트웨어 업계에서 나 자신이 겉돌고 있다고 느꼈다. 이 두 가지 활동을 통해 사람들의 질문에 대답을 하고, 문제를 알아내고자 노력하고, 도움을 주려고 애쓰면서 진정으로 사람들과 교류를 하게 되었다. 교류를 통해 내가 일하는 세상에서 뭔가 더 큰 역할을 하고 있음을 느꼈다.

경청하고 도움을 주고, 그리고 내 인생 속으로 사람들을 과감히 끌어들이자 그들도 자신의 인생으로 나를 초대했다. 네트워킹은 마케팅이다. 당신을 마케팅하고, 당신의 고유한 점과 당신의 존재 이유를 마케팅 한다. 자신을 잘 선전할수록 사람들이 더 많이 당신을 찾고, 기회가 왔을 때 사람들의 마음속에 당신이 남들보다 먼저 떠오르게 된다. 결국, 당신은 잠재적으로 유리한 위치에 서게 된다.

재미와 수익을 위한 잡담

사업 세계는 실력이 지배한다. 재능과 야망이 있다면 원하는 것을 이뤄낼 방법을 찾아낼 수 있다. 마찬가지로 당신이 조직의 장이라도 사업가 기질을 꾸준히 보여 준다면 회사 안에서 당신은 빛이 날 것이다. 나는 1995년 첨단기술 업계의 CEO, 창업자, 사내 기업가, 중역 등 30여 명의 여성 네트워크인 '디지털 여성들'을 조직했다. 모임의 목적은 실리콘 밸리 안의 여성 책임자들이 서로에게 용기를 주는 것이었다.

4개월에 한 번씩 만나서 서로 조언하고 격려했다(물론 구두 같은 것에 대해 이야기를 한 적도 많다). 어떻게 마케팅 캠페인을 잘할 수 있는지, 자금을 더 끌어올 수 있는지 등에 관해 의견을 주고받았다. 회원이 자금 모집에 성공했을 때, 중요한 거래처를 뚫었을 때 축하를 해주었고 주식 하락으로 겪는 괴로움도 함께 나누었다. 그런 모임의 긍정적 효과는 명백했다. 언제나 우리는 사기가 오르고 든든한 심정으로 헤어졌다.

'디지털 여성들'의 성공에 힘입어서 내 친구 마크 테베와 나는 1996년 '잡담 축제'라는 모임을 만들었다. 여기에는 첨단기술, 벤처 캐피털, 방송/신문, 회계, 법조계 등 많은 분야에 속한 다양한 사람들이 참가했다. 최근에 샌프란시스코 베이로 돌아와서 보니 이 모임은 옛 친구들을 만나고 또 새로운 친구들을 사귀는데 최적의 모임이라는 것을 다시 한번 느끼게 된다. '잡담 축제'는 내 집에서 열렸는데 규칙은 무척 간단했다. 초대장이 있어야 참가할 수 있다(4백 명 정도 초대하면 1백2십 명에서 2백 명 정도가 매번 참석했다). 신발을 벗어야 한다. 모든 사람들이 마실 것, 먹을 것, 디저트 중에 적어도 하나는 가져온다. 독특한 의상을 하고 오면 환영을 받았다. 이름표에는 이름만 적는다. 회사 이름이나 직위 등은 생략한다. 우리는 모두 직위에 상관없이 일대 일로 편하게 만나길 원했다. 4년 동안 15번의 파티를 열었는데 매번 주제가 있었다. 마요네즈에 빠진 밤, 열대의 파라다이스(이 파티 후에 무려 한 달 동안 나는 엄청나게 뿌려대었던 모래를 다시 쓸어내느라 혼이 났다), 음력설(각각의 참가자에게 맞게 특별히 마련된 명예, 재산, 자금 등의 메시지가 들어있는 행운의 과자를 준비했었다), *대부*, 마디그라(Mardi Gras: '재의 수요일' 바로 전날 열리는 축제. '재의 수요일'부터 부활절 일요일까지는 많은 기독교인에게 금식과 참회의 기간인 사순절로, 사순절이 시작되기 전 사람들은 기름진 고기를 많이 먹어 둠. 미국 뉴올리언즈 마디그라 축제가 유명), 석기시대(털 쪼가리 옷과 배꼽이 드러나는 짧고 더러운 셔츠들을 많이 입었다) 등등.

어떤 주제가 제일 인기 있었는지 잘 모르겠다. 클레오파트라의 처

190

소에 도착한 남자 노예들이 열광적 환호를 지르던 순간이었을까? 낡은 컴퓨터와 전자제품을 쌓아서 만든 석기시대 동굴의 타르 함정이었을까? 어쩌면 나파밸리의 포도주 경매에서 언제나 높은 가격을 부르던 참가자가 가져온 몇 천 달러짜리의 와인이 가장 맘에 들었을 수도 있겠다. 확실한 건, 귀여운 참새 모양의 슬리퍼를 부풀려서 꿰맨 옷을 입은 참가자와 파란색 아이 쉐도우를 무지무지하게 바른 한 엔젤 투자가를 보면서 모두 즐거워했다는 것이다. 모든 사람들이 주제에 어울리는 의상들을 하고 마음껏 자유를 누렸다. 파티에서 매번 약 오천만 달러에 달하는 계약들이 성사되었다.

내가 가장 좋아했던 점은 참가자 자신들이 기부한 것들에 갖는 자부심이었다. 한 유명 방송사의 앵커가 초콜릿을 씌운 딸기를 가져왔다. 그는 그 초콜릿 입힌 딸기 옆에 밤새도록 서서 사람들에게 어떻게 하면 고른 두께로 딸기의 주변을 초콜릿으로 코팅할 수 있는지에 대해 침이 마르도록 설명했다. 여자들보다 남자들이 부엌에 들어가서 출장 요리사를 밀쳐내고 자신들의 솜씨를 뽐내고 싶어했다.

'잡담 축제'는 미디어에 많이 보도되었지만 그것은 빙산의 일각에 지나지 않았다. '잡담 축제'에서 나는 거물 댄 린치를 만났고 그는 즉각 나를 조안 지글러에게 소개했다. 조안은 크리스 린치에게 나에 관해 전했고 내게는 크리스에 대해 이야기했다. 조안은 우리가 완벽한 커플이라고 생각했다. 크리스와 나는 너무 바빠서 조안의 노력에도 서로 만나지 못했다. 6개월 후 한 네트워킹 행사에서 어떤 출판인을 만났는데 그녀가 나를 《Fortune》에 소개했다. 《Fortune》은 나를 다

룬 기사를 냈고 그 기사에 실린 내 사진이 크리스의 눈길을 사로잡아 그가 나에게 전화를 하게 되었다. (마침내!) 우리는 데이트를 시작했고 2년 후 결혼했다. 온라인 데이트 서비스도 아니고, 애인 구함 광고도 없이 그저 네트워킹만으로 친구를 만나서 서로 도운 결과로 말이다. 나는 이제 다음 공식을 확실히 믿는다.

인생 = 당신이 만나는 사람들 + 함께 만드는 것

　잡지에 멋지게 실려서 우쭐거리는 심정이 되기도 하고 회사가 잘 소개되어서 기분이 좋고, 코 아래 고정된 마이크 때문에 흥분되기도 하는 것이 사실이다. 그러나 잊지 마라. 미디어가 당신에게 일방적으로 서비스를 하는 것이 아니다. 당신이 그들을 위해 서비스를 하기도 한다. 어떻게 미디어와 사람들 사이에 연결고리가 될 수 있을까? 당신은 기자들과 친분 관계를 유지하는가? 사람들이 상품과 서비스를 알릴 수 있도록 주선할 수 있는가? 모자라는 정보를 채워 줄 수 있는가? 내 경우는 훌륭한 멘토인 제시 버스트가 나를 《*PC week*》의 책임자에게 소개해 칼럼을 쓰기 시작했다. 우리는 대기업들을 위해 새로운 기술을 친근하게 소개하는 방법에 대해 이야기를 나누었다. 나는 아무런 요구사항 없이 나의 아이디어를 가감 없이 털어놓았다. 나는 독자들에게 어떻게 서비스할지 보여주고자 무보수로 칼럼 5개를 써서 보냈다. 일을 시작한 후엔 독자들에게서 받는 모든 편지를 다 읽어보고 그들의 질문과 관심사에 대답하려고 온 힘을 다했다(어떤 달에는 몇

192

백 개나 되는 편지와 이메일을 받기도 했다).

유명 인사와 악수하기

우리는 사람들의 행동을 보기만 해도 많은 것을 이해할 수 있다. 악수는 말하지 않고도 많은 정보를 알아내는 방법이다. 혹시 악수가 상대방의 비밀스런 언어임을 눈치 챈 적이 있는가? 조금만 주의를 기울이면 악수가 속삭이고, 고함치고, 초조해하고, 알랑거리는 것을 들을 수 있다. 돈 많고 유명한 사람들과의 악수는 울부짖는 사이렌 소리부터 '네 손을 잡고 싶어(I Wanna Hold Your Hand)'를 부르는 비틀즈에 이르기까지 다양한 언어를 가지고 있다. 나는 최고의 사교파티에서 이것을 배웠다.

• • •

나는 뉴욕의 한 야외 파티에 있다. 내가 상상할 수 있는 가장 최악의 악수를 경험한다. 정크 본드의 왕자인 마이클 밀켄이 의례적인 인사를 전해 왔을 때 밴드는 '당신을 알아가는 것'이라는 음악을 연주한다. 눈길을 피하면서 마이클은 내 어깨를 넘어 어디 더 중요한 사람이 없는가 살피고 있다. "좀 더 흥미로운 사람 없나?" 그의 악수는 궁시렁댄다.

내가 좋아하는 악수는 '당신을 만나서 정말 기쁩니다' 악수이다. 적당히 힘을 주고 손을 잡아 위아래로 3번 흔들고 눈을 쳐다보며 개인적인 언급을 조금 덧붙이는 악수 말이다. 짧은 순간이지만 악수를 받는 사람은 무도회에서 주목받는 주인공이 된 느낌을 갖는다. 내가 VIP로서 악수를 하는 위치에 있다면 절대적으로 이런 악수를 마스터할 것이다. 내가 처음 진지한 악수를 한 것은 백악관에서 힐러리 클린턴을 만났을 때다. 그녀는 다정함과 찬사를 섞어서 내가 초기 마이크로소프트에서 여성 기술자로 일한 경험에 대해 묻는다. 사람들이 많지 않은 파티였기 때문에 나는 그녀가 모든 손님들에 대해 사전에 정보를 들었으리라고 생각한다. 깊이 있는 정보 탐색이 필요했으리라. 영부인이 나에 대한 정보를 기억할 정도이니. 나는 완전히 매료되었다. 그녀는 이제 현대시에 대해 내 의견을 물어온다.

카네기 홀에서 내 친구 조엘의 딸이 데뷔를 하던 날 멋진 맨해턴 파티에서 나는 다시 진지한 악수를 하게 된다. 엄청난 사람들과 뒤섞인 채 나는 내가 입은 옷이 최상급 브랜드가 아니고 보석도 비싼 것이 아니라는 자격지심에 약간 위축되고 있다. 바바라 월터스가 한쪽 구석에 보인다. 그녀는 생각했던 것보다 작은 키다. 조그맣고 원기 왕성한 액션 배우 같은 느낌이다. 내가 자신을 소개하자 그녀는 웃으며 올려다본다. 그녀는 만나서 정말 기쁘다고 말한다. 진심인 것이 느껴진다.

"'더 뷰(The View)'를 열심히 보고 있어요. 진짜 훌륭한 프로라고 생각해요." 악수를 하면서 술술 나도 모르게 그런 말을 한다.

"말해줘서 정말 고마워요. 최근에는 점점 더 많은 사람이 '20-20'보다 '더 뷰'에 대해 많은 이야기를 한답니다. 왜 그런 거 같나요?"

"왜냐면 우리는 커피 마시면서 여자 친구들하고 수다 떠는 것을 좋아하잖아요. 당신이 쇼에서 하는 것처럼요."

"그리고 우리는 사실 진짜 인생에서는 그럴 짬이 없고요..."

"맞아요."

"바꿔야 해요." 그녀는 확신에 찬 모습으로 고개를 끄덕이면서 말한다.

나도 친구와의 시간을 가지고 싶다. 하지만 일 때문에 시간을 전혀 내지 못한다. 나는 바바라를 친구로 만들고 싶다. 그래서 그녀를 '밥스'라고 부르고 싶다. 그녀와 둘이서 여자만의 수다를 여기 바로 이 자리에서 나누고 싶다. 바바라를 빼고는 아무도 내게 관심을 보이지 않는 오늘 밤, 여기 아름다운 파티장에서 말이다. 하지만 나는 바바라에게 너무 친한 척하지 않기로 한다. 그러면 안 될 것 같다. 조금 비굴한 느낌이 들어서 말이다.

한 여인이 내게 친한 척 다가온다. 그녀도 약간 불안해하고 있음을 직감적으로 느낀다. 그녀의 남편은 세무조사를 피해서 스위스로 도망간 상태다. 모든 이가 이 사실을 안다. 뉴스에 온통 도배가 되었으니까. 게다가 그녀는 클린턴 대통령에게 가장 중요한 정치 자금줄이기도 하다. 그녀는 내게 '아, 난 상관 안 해요' 악수를 청한다. 기력이 없고 아무런 활기도 느껴지지 않는 힘없이 쥐는 악수, 전혀 위아래로 흔들지도 않는다. 나는 곧바로 손을 뺀다. 어차피 그녀는 악수에 관심이 없으니까. 그녀는 맨해턴의 싱글남을 원하는 것이다. 내가 아는 사람이 있겠나? 그렇다. 그녀는 악수 따위는 원치 않는다. 노획물을 원한다.

두 번째로 힐러리와 악수를 한 것은 로스알토스 사택에서 가든파티를 할 때였다. 다시 한번 진지한 악수를 청한 후에 그녀는 놀랍게도 8개월

전에 하던 우리의 대화를 이어가는 것이다. "다시 만나서 정말 반가워요."
힐러리가 웃는다. "지난번에 백악관에서 우리가 하던 현대시에 관한 주제
에 대해 생각해 봤는데..."

그녀는 내가 마야 엥겔로에 대해 이야기했던 것을 기억한다. 그리고
에, 또... 이... 이... 커밍스에 대해서도 이야기했던가? 어딘가에서 몰래 여
러 가지 정보를 읽어주는 비밀 요원과 연결된 줄과 이어폰이 있는 게 분
명하다. 나는 왼쪽으로 약간 기울여 앞으로 숙이면서 그녀의 귓속을 보려
한다. 힐러리가 무슨 일인가 싶어 약간 눈썹을 움직이면서 '내 머리에 새
가 똥을 쌌나?' 하는 식으로 쳐다본다.

"귀걸이가 멋지네요!" 내가 말한다.

여러 가지 악수 중에 가장 무난한 것은 진심 어린 사업상의 악수이다.
가볍게 두 번 정도 위아래로 흔드는 악수를 통해 두 사람은 사업에 동의
를 하거나 결별을 한다. 한 번도 도널드 트럼프와 악수를 해본 적이 없지
만 그의 악수도 아마 그럴 것 같다. 그가 악수를 싫어한다는 것을
《Playboy》에서 읽은 적이 있지만 말이다. "악수는 불쾌한 관습입니다.
세균을 온통 퍼트리는 나쁜 일이죠"라고 그는 말했다. '말 없는 메시지를
온통 퍼트리는 일'이라는 뜻 아니었을까? 악수는 중세기에 남자들이 숨
겨 놓은 무기가 없음을 증명하고자 손을 내밀어 기꺼이 자신이 무방비 상
태에 있음을 보여주려는 행동에서 유래했다고 한다. 혹시 도널드는 소매
밑에 단검을 가지고 다니는 것이 아닐까?

나는 모든 종류의 악수를 해 봤다고 착각하고 있었다. 그러다가 '한참 동안 이렇게 있어요' 악수를 하게 되었다. 이 악수는 몇십 번씩 계속 위아래로 흔들면서 – 15분 이상 긴 시간 동안 – 손을 계속 잡고 여러 가지 솔직한 대화를 하는 악수이다. 백악관 무도장의 크림색 벽에 기대서서 나는 클린턴 대통령이 군중 사이를 돌아다니는 것을 보고 있다.

"그가 예쁜 여자는 잘 보내주지 않는다는 것을 알죠?" 한 남자가 내게 다가오더니 부스스한 회색 눈썹 밑으로 음흉한 미소를 지으며 말한다.

"아, 음, 아니요, 몰랐는데요." 나는 거짓말을 한다.

"백악관 파티에 수도 없이 오는데 언제나 같은 광경을 목격하죠. 놀랍지 않나요?" 그는 자기가 노벨 문학상 수상자라고 소개한다.

"한 번 시도해봐요." 그는 앞으로 나가라는 시늉을 한다. "여기 그냥 서서 알아볼게요." 그는 나를 가볍게 치더니 팔꿈치로 살짝 밀어낸다.

나는 홀을 가로질러 빌이 오랜 시간 계속하던 악수를 끝낸 순간 그에게 다가갔다. 우리는 서로 미소를 나누고 손을 잡고 그리고 그 '악수'를 시작했다. 우리가 악수를 하는 것인지조차 잘 모르겠다. 10분이 지나고 나는 팔이 저리기 시작한다. 여자들이 나를 노려본다. 내가 대통령을 꼬시기라도 하는 것처럼. 아니올시다. 나는 간단한 악수와 인사를 원했을 뿐인데 이렇게 꼼짝달싹 못하게 된 것이다. 대통령이 풀어줄 때까지 그냥 기다려야 하는 건가? 매너 있게 벗어날 방법이 무엇인가?

나는 웃으며, 농담을 곁들이면서 부드럽게 그러나 힘차게 손을 빼려고 잡아당긴다. 빌은 위아래로 손을 흔들기 시작한다. 다시 악수를 시작하는 거야? 설상가상으로 오줌이 마렵다. 너무나 심하게. 나는 "쉿, 잠깐만요.

그 문제에 대해서는 나중에 다시 말씀드리죠, 대통령님"하고 말할 뭔가가 절실히 필요하다. 인정한다. "쉿"이라니, 대통령한테. 하지만, 내 팔은 지끈거리고 차갑게 굳고 있다. 내 오른팔이란 말이다. 정말 중요한, 먹고사는데 필요한 팔. 나는 방광이 더 이상은 못 참겠다고 소리를 치는 듯하여 다리를 모으고 힘을 준다. 4명의 비밀요원이 굳은 얼굴로 대통령 뒤에서 나를 쳐다보고 있다. 풀어줘요. 제발. 나는 맘 속으로 간절하게 미국의 CEO에게 청원하고 있다.

그는 눈치 채지 못한다. 아니면 눈치를 챘어도 모르는 척하던가. 어쨌든 놓아줄 것 같지 않다. 그런데 그는 대통령이지 않은가. 이게 말이 되는 건가? 대통령 권력으로 이렇게 나를 잡고 있는 것 말이다. 그는 나보다 키가 크고 자연히 나보다 높은 위치에서 손을 잡고 있다. 이제 손이 약간 푸른색을 띠어 간다. 피가 돌지 않아서 간질간질하고 차가워진다. 나는 똑바로 서서 빌의 반짝이는 눈을 보며 애원한다. "대통령님, 미국의 기업들에 좀 더 용기를 주셔야 해요."

"어떻게 말이오? 크리스틴?"

"방법은... 많지요."

"예를 들어?"

"어... 제안. 그래요 제가 자세한 제안서를 올리도록 하지요."

"좋아요. 기대하고 있겠어요."

"만나 뵈서 정말 반가웠습니다. 곧바로 일을 시작하도록 하지요." 나는 거의 마비가 된 내 손을 획 잡아챈다. 그리고 웃으며 약간 고개를 숙인다. 나는 구두 뒤축을 이용해 빠르게 뒤로 돌아서서 벗어나려고 한다. 그러나 그는 다시 말을 건다.

"제안서를 기대하지요." 그는 고개를 끄덕인다.

오케이. 정말, 진짜 가야 해. 어쩔 수 없이 약간 무례한 행동을 한다. 마이클 밀켄이라면 어떻게 했을까? "아! 저기 스티븐 호킹이 있네요. 저녁 내내 찾아다니고 있었는데." 나는 몸을 뒤틀어 좀 떨어지면서 화장실로 급히 걸어간다.

뜨거운 물이 황금빛 수도꼭지에서 쏟아져 나오자 나는 쑤시는 팔을 물로 적신다. 거울을 들여다본다. 오늘 밤의 악수들은 나로 하여금 귀찮은 벼룩, 위엄이 넘치는 독수리, 꽉 잡힌 창녀처럼 느끼게 하였다. 내 악수들도 불쾌감, 진실함, 호색한 같은 메시지를 전달했을까? 곰곰이 이런 생각에 잠겨 있는데 작은 수건이 눈에 띈다. 흐음... 금색의 대통령 문장이 새겨진 부드러운 종이 수건이라... 멋진 기념품이 되겠지. 나는 세 개를 지갑 속에 집어넣고 미소를 살짝 지어본다. 그리고 파티장으로 씩씩하게 다시 돌아간다.

"크리스틴이시죠? 저는 조 범스비라고 합니다. 만나서 반갑습니다!" 황소같이 생긴 사내가 살이 많고 땀으로 젖은 손으로 방금 씻고 온 내 손을 잡는 다. "국방성에서 당신의 강의를 정말 재미있게 들었어요."

"감사합니다." 나는 약간 움츠러들면서 대답한다. 그의 어깨 너머 흘깃 파티장을 둘러보며 생각한다. 좀 더 흥미로운 사람 없나?

나중에 나는 붉은 방으로 숨어들었다. 엄청난 후회가 밀려온다. 한 남자가 진심으로 자신의 감사를 표현했는데 나는 그것을 거절해 버린 것이다. 아무것도 배우지 못했구나. 나는 마음속으로 눈물을 글썽이는 남자에

네트워킹을 사랑하라

게 깊이 사과한다. 그리고 상대방의 기분을 좋게 만드는 악수를 배우겠다던 다짐을 다시 떠올린다.

"안녕하세요." 나는 앉아있는 남자에게 인사를 하고자 자세를 낮춘다. 그는 휠체어에 붙은 작은 책상 뒤에 홀로, 어깨가 구부정한 자세로 앉아 있다. "연설 정말 훌륭했어요." 나는 그에게 말한다. "물리학이 그렇게 쉽게 들릴 줄은 몰랐어요." "감사합니다." 그는 미소 지으며 음성 감식기에 대답을 입력하려고 몸을 약간 비튼다. 그의 의도를 알아챈 나는 "대답 안하셔도 괜찮아요."라고 말한다.

그는 나를 올려다본다. 깊고 그윽한 눈이다. 그 안에서는 블랙홀을 찾아볼 수 없다. 그 눈을 보자 나도 모르게 오리털을 누빈 옷 위로 그를 껴안았다. 소통의 순간이란 이런 것이다. 나는 그의 작고 휘어진 몸 속에 비통하고 거대하며 정력이 넘치는 마음이 갇혀있음을 느낀다. 내가 입은 드레스가 보잘것없고, 보석은 가짜라는 것에 더는 신경을 쓰지 않는다. 앞으로도 주요인사가 될 수 없을지 모른다는 사실도 더이상 나를 괴롭히지 않는다. 성공을 그토록 열망했던 이유가 나를 세상에 알리고, 번번이 시달리는 초라함과 부조화의 감정을 몰아내고 내가 하는 일이 중요한 것임을 확인하는 것 아니었던가. 지금 이 순간 나는 성공하고 있다. 나를 보여준 것이다.

나는 이 순간을 영원히 기억할 것이다. 백악관 파티에 참석한 사실, 돈 많고 유명한 사람들과 악수한 경험, 빌 클린턴에게서 해방된 에피소드는 다 잊는다 해도 바로 이 순간의 만남은 다른 어떤 악수보다 훨씬 멋진 일

200

이라는 것을 말이다. 이것은 영혼으로 하는 악수, 만지지 않는 악수, 스티브 호킹 박사와의 악수이다.

백악관을 나와서 그날 저녁의 경험을 다시 되새기며 호텔까지 걸어갔다. 내 악수는 무슨 말을 했을까? 내 악수에서 사람들이 느낀 것은 진심이었을까? 아니면, 기계적인 무관심이었을까? 사람들과 만나면서 나는 얼마나 집중을 했나? 그저 돌아다니면서 상대방이 하는 말에 형식적으로 반응하고 즉흥적으로 판단하면서 진심을 버린 것이 아닐까? 생각에 잠긴 채 코트가 휘날리는 바람을 맞으며 펜실베니아 거리를 걷던 그날밤 나는 확실하게 변하기로 결심했다. 나는 위험을 감수하고라도 나의 사회적 가면을 찢고 속에 있는 본 모습을 사람들에게 보여주는 도약을 해내리라 결심했다. 그러면 사람들도 자신들의 본래 모습을 내게 보여줄지 모른다.

결국 우리가 원하는 것은 거래처 명단이 아니고 서로 소통할 수 있는 사람들이다. 누구든지 전화를 해서 마음이 전혀 담기지 않은 목소리로 "아, 크리스틴... 그래... 음... 남편... 음... 아, 크리스는 좀 어때요?"하고 물어 오면 화가 난다. 그들은 나를 모른다. 그저 자신들이 가진 명단에 적힌 약간의 관련 정보를 읽고 있다. 모르는 사람이 부탁 전화를 하는 것과 다르지 않다. 나는 명단을 뒤적일 때마다 이름을 발견하면 미소가 떠오르는 그런 관계를 맺고 싶다.

먼저 네트워킹을 사랑해야 한다. 사람들을 만나야 관계가 생긴다.

201

네트워킹을 사랑하라

나는 관계 만들기를 멈추지 않을 것이다. 너무 재미있고 충족감을 주기 때문에... 나는 백만 명이 넘는 사람들이 참여하는 '링크드인(www.linkedin.com)'을 통해서 직원을 뽑을 때 좋은 사람들을 찾고, 친구들을 도와 주기 위해 소개하거나, 내가 알고 싶은 사람을 친구의 친구를 통해 소개받기도 한다. 또 '플락소(www.plaxo.com)'를 통해 지인들의 최신 정보를 계속 갱신한다.

사람들이 서로 연결되는 과정은 마치 화학 교실과 같다. 나는 이것저것을 섞어 넣고 무슨 일이 일어나는지 관찰한다. 가끔은 폭발하기도 하지만 대개는 좋은 결과가 나온다. 뭔가 나은 것이 발명되는 것이다. 그래서 나는 말한다. *'인생은 우리가 만나는 사람들과 함께 만들어낸 결과물의 합이다'* 라고. 친구, 일, 회사, 상품, 가족, 투자자, 파티 참가자... 그 누구라도 좋다. 인생은 누군가와 내가 함께 겪는 일들의 총합이다.

202

네트워킹을 잘하기 위해 반드시 유념할 사항들

1. 자신을 타인과 대등하게 보라.

모두가 같은 크기의 가치를 가지고 태어난다는 이야기를 기억하는가? 다시 말해 우리는 모두 평등하다. 권력, 재물, 명예가 있는 사람들이 반드시 당신보다 나은 사람들은 아니다. 좀 더 편안한 마음으로 교류하려면 자신을 다른 사람들과 동일 선상에 놓아야 한다.

2. 네트워킹이 시작될 수 있도록 일단 만남을 시도하라.

사람들과 이야기를 나눠라. 언제 어디에서나. 가게에서, 미장원에서, 비행기에서... 스타벅스에서 만난 사람과 회사를 세웠던 나의 이야기를 기억하기 바란다. 고마운 멘토를 만나고, 사업을 시작하고 새 친구를 만난 일들 모두 단순한 대화 한 토막에서 시작되었다. 어떻게 해야 할지 모른다고? 칭찬을 해라. 모르는 사람이라도 눈길을 끌고 칭찬할 만한 부분이 있기 마련이다. 진지하게 하라.

3. 명함첩 뒤지기.

이것은 당신이 누군가와 이야기를 하고 싶은데 적당한 사람이 누군지 모를 때 하면 재미있다. 명단을 계속 보며 넘기다가 왠지 모르게 미소가 지어지는 이름을 찾는다. 그 또는 그녀에게 그냥 전화를 걸어 안부를 묻는다. 상대방은 정말 기뻐하며 전화를 받을 것이다.

4. 매일 누군가에게 감사하라.

적어도 하루 한 사람에게는 감사를 표하라. 나는 가끔 이메일을 쓴다. 그래서 내 마음을 자세히 전한다. 가끔은 놀랍게도 편지를 받은 사람이 정신 차려야 할 때 보려고 내 편지를 잘 보관해 놓았다는 말을 한다. 당신 또한 전화로 혹은 만나서 감사를 표할 수 있다. 그라는 사람에 대해, 그가 한 일에 대해, 당신을 움직인 어떤 것에 대해서라도, 당신이 얼마나 고마워하는지 간단히 말하면 된다. 그들은 우쭐한 느낌이 들 것이고 당신은 기분 좋아질 것이다.

5. '오늘의 스승'에 대해 들어본 적 있는가?

매일 나는 스승을 정한다. 스승은 내게 가르침을 주었거나 인생의 중요한 것을 일깨워 주는 대상이다. 스승은 사람일 수도 있고, 애완동물, 화초... 그 무엇이라도 될 수 있다. 중요한 것은, 배울 것이 아직 많고 당신은 계속해서 소중한 교훈을 받아들이고 있다는 사실이다.

6. 네트워킹 그룹에 가입하라.

봉사 단체('로터리 클럽'이나 '키와니 클럽' 같은), 협회, 전문가 그룹 등은 모두 네트워킹의 기본을 배우고, 새 친구를 만들고 서로 커리어를 키우도록 돕는 아주 훌륭한 단체들이다. 워싱턴, 제퍼슨, 록펠러, 카네기도 모두 전문가 친목 단체에 속해 있었다. 당신도 그래야 한다. 이런 단체는 서로 같은 생각을 하는 사람들이 정기적으로 모여서 각자의 목표를 달성하도록 서로 돕는 단체이다. 나는 두 가지 단체에 들었는데, 한 단체에서는 편집, 이야기 구성, 관점 유지 등 글을 쓰는데 필요한 사항들을 배울 수 있었고, 사업에 관련된 단체에서는 온라인 서비스 사업과 인터넷 마케팅, 전화 세미나하는 법, 책 마케팅 기법 등을 배웠다.

7. 목표를 공유할 친구, 조언자, 멘토를 찾아라.

멘토를 구하고, 당신 분야에서 관계를 쌓고, 파티에 초대받는 방법을 알아내고, 회사의 홍보부서 직원들에게 당신을 홍보하도록 요청하는 것 등은 모두 네트워킹을 하는데 유용한 아이디어들이다. 당신이 무슨 일을 어느 위치에서 하고 있든지 자신을 홍보하는 방법을 고안해 보라. 매달 당신 분야의 타 회사 동료와 점심을 한 끼 한다든지 배울 것이 있는 사람과 만날 기회를 만들어라(또는 서로 서비스를 교환하는 것도 좋다. — 한 여성은 내가 그녀에게 컨설팅을 해주는 대가로 내 프로젝트를 돕는다).

8. 잠깐 들르기만 하는 것도 좋다.

파티, 집회 등 모든 종류의 모임들은 많은 기회를 주지만 가끔은 너무 피곤하기도 하고 기분이 안 내킬 수도 있다. 또는 하룻밤에 너무 많은 행사가 있는 날도 있다. 이러면 잠깐 행사에 들러서 짧은 시간만 머무르는 것도 좋다.

a. 네트워킹 시간을 계획하라.

30분쯤 지나서 계속 있을지 행사를 떠날지 결정하라.

b. 본능적으로 행동하라.

어떻게 보면 좀 유별난 행동 같다는 생각이 들 수도 있다. 한번 시도해 보라. 문 가까이, 구석에, 또는 바깥에 서 있어라. 생각을 멈춰라. 만나야 할 사람에게 인도되도록 마음속으로 요청하라. 그리고 움직여라. 뜻밖의 조우를 하게 될 것이다.

c. 연결고리를 만들어라.

사람들에게 다가가서 당신을 소개하고 무슨 일을 하는지 물어보라. 진심으로 흥미를 가져보라.

d. 당신과 공감하는 사람을 주시하라.

언제든 누군가와 서로 통할 수 있다. 두 가지 주요한 네트워킹 질문을 해라. 어떻게 일을 시작하게 되었는가? 이상적인 고객은 어떤 고객인가? 우리는 모두 자신의 이야기를 하기 좋아한다. 이런 질문으로 당신은 그와 관계를 만들 수 있고 또한 그를 도울 방법을 찾을 수도 있다.

e. 도움을 준다고 했을 때는 반드시 약속을 지켜라.

상대방의 명함 뒤에 메모를 하고 잊지 말고 실행하라. 대화가 좋았고 더 이야기하고 싶다면 점심이나 차 대접을 하겠다고 청하라. 다시 강조하지만 약속은 반드시 이행하라.

무료로 제공되는 좋은 자료들

www.RulesforRenegades 접속 후 다운로드
(접속 시 로그인 필요)

"Accountability Partner Worksheet"
"Mastermind Group Worksheet"
"How to Create an Advisory Board"

Rule_7

당신의 인생을 이끌 사람은
당신뿐이다

리더십은
타인의 삶을 향상시키는 특권이다.
개인적 탐욕을 만족시키는
기회가 아니다.

므와이 키바키(Mwai Kibaki:케냐 대통령)

구루(Guru)의 주문 배우기
명상하는 구루와 진군하는 구루

이 책을 읽는 당신은 앞으로 리더가 되려고 하거나 이미 리더일 것이다. 어떤 경우라도 리더십은 두둑한 급여, 임원으로서의 거드름, 아양 떠는 직원들을 맘대로 부리는 것들하고는 거리가 멀다. 리더십은 사실 힘들고, 영광은 별로 없고, 때로는 아주 지저분한 일도 해야 한다. 깊이 들어가 보자.

리더는 사람들이 추종하고자 선택한 사람이다. 모든 사람이 리더가 될 자질을 타고나지만 대부분의 사람은 훈련을 통해 효과적인 리더십을 발휘하는 법을 배워야 한다. 책임 있는 자리에 있다고 해서 모두 리더라고 볼 수는 없다. 기업가는 리더일 수도 있고 아닐 수도 있다. 매니저는 리더라고 하기에는 관리자의 성격이 더 많다. 우리는 경영 기술을 배울 수 있다. 매우 필요한 기술이다. 그런데 리더는 때로 훌륭한 경영인이 아닐 수도 있다.

리더십이 갖는 그 고유한 긴장은 자기 방식대로 일을 행하거나 또

당신의 인생을 이끌 사람은 당신뿐이다

는 부하의 제안을 끌어내서 구체화하는 과정에서 오는 힘든 과제이다. 리더십의 대가는 작지 않다. 큰 결정을 내려야 하고 큰 위험을 감수해야 한다. 목을 단두대에 내놓아야 하고 까다롭고 비협조적인 사람들을 이끌어야 한다. 리더들은 또한 리드하고픈 선천적 욕구와 가끔은 통솔권을 놓아버리고 싶은 공상 사이에서 불안과 싸우기도 한다. 그래, 솔직히 말하자. 단순히 따라가는 것이 나을 때도 있다. 추종자들도 겉으로 잘 보이지는 않지만 마찬가지로 큰 대가를 지불한다. 추종자들은 큰 그림을 볼 기회를 얻지 못한다. 리더가 얻으려고 애쓰는 전방위적 시각으로 비즈니스를 보지 못한다. 그 시각은 사업이 가진 가장 멋진 광경임에 틀림없다.

조직의 어느 곳에서 일하고 있든지 사장처럼 생각하라. 엄밀히 말해서 당신은 당신 삶의 리더이기 때문이다. 당신 인생의 고삐를 쥔 사람이 누구인가? 바로 당신이다. 용기를 잃고 의기소침해질 때면 좀 더 긍정적으로 생각하자고 자신에게 말하지 않는가? 뭔가 불안해질 때 당신이 가진 확실한 것들을 떠올리며 스스로 감정을 추스르지 않는가. 물론 리더는 추종자들이 필요하다. 당신이 당당한 모습으로 자신의 부정적 감정들과 생각들을 좀 더 긍정적으로 변화시키는 모습은 추종자를 이끄는 리더의 모습과 다르지 않다. 이것이 바로 자신의 인생에 완전한 책임을 지는 사람의 모습이다.

자기 인생을 리드하는 모습은 일터에서 분명히 드러난다. 직장에서 당신은 승진을 위해 보스에게 확신을 주고, 맡은 프로젝트를 잘 해나가며 적절한 일을 찾고 어려운 상황을 전문가답게 잘 다루어 내야 한

210

다. 무엇보다도 당신은 자신이 진정으로 어떤 사람인지 알아내야 하고 커리어와 인생에 활기를 불어 넣어야 한다.

하지만, 커리어와 인생에 활기를 불어 넣으려면 타인과의 관계에서 정서적 자산을 획득해야 한다. 이런 인생의 등식을 표현하면 다음과 같다.

$$에너지 = 자\ \ 산$$
$$자\ \ 산 = 접근성$$
$$접근성 = 영향력$$

사람들과의 관계에 에너지를 쏟으면 정서적 자산을 키우게 된다. 유대감 같은 정서적 자산은 서로에게 관심과 보살핌을 유도하고 결국 모두 행복과 번영을 누리게 된다. 정서적 자산으로 말미암아 사람들은 서로의 시간, 정보 등에 쉽게 접근하게 된다. 접근할 수 있는 것이 많을수록 당신은 더 많은 영향력을 갖게 된다. 영향력을 많이 발휘할수록 어떤 일을 성취하기가 쉽다. 일을 성공적으로 잘 해내는 모든 사람들은 *에너지, 자산, 접근성, 영향력* 사이의 연결 관계를 잘 이해한다.

얼마나 많은 사람이 까다롭고 불편한 직장동료를 피해 다니느라 애를 쓰는지 아는가. 그러면서 사람들은 그 직장동료가 협조를 안 해서 일이 어렵다고 불평을 한다. 당연히 협조를 안 하지! 그들은 서로 정서적 자산이 없는 것이다.

아무도 당신의 삶을 이끌어 줄 수 없다
: 당신 안의 '정글 가이드' 를 찾아라

아카데미상 수상자인 한 여배우가 최근에 내게 말하길, 자신은 평생 다른 사람이 하라는 대로 연기하고 심지어 자신의 인생도 그렇게 살았다고 했다. 그녀에겐 해야 할 역할의 '대본' 이 늘 있었다. 60세가 되자 그녀는 깨달았다. "아! 이제 내가 누구이고, 무엇을 원하며 내게 중요한 것이 무엇인지 알아야 할 때야." 남에게 자신의 운명, 인격, 삶의 방식 등을 결정하도록 방관하는 것은 값비싼 대가를 요구한다. 그러나 우리가 인생의 어떤 시점에서는 이런 실수들을 한다. 자긍심이 부족해 힘있는 사람들을 맹목적으로 숭배하려는 성향 때문에 이런 실수를 한다. 지금부터는 남이 나의 인생을 좌지우지하도록 했던 나의 불행한 이야기를 시작하겠다.

• • •

불교 승려들이 속세에서 살면서 일도 하는 것처럼 나도 은행에 취직을 하면서 세상 물정을 배워가게 된다. 나는 점차 침묵을 깨고 명상 수련 선생인 라마에게 말하기 시작한다. 승려들이 돈을 모을 수 있도록 지나친 십일조를 줄여 주는 것이 어떠냐는 의견을 말하자 라마는 나를 LA로의 고난 여행 즉 신원불명의 시체들이 안치된 공시소를 방문하는 여행을 보냈다. 라마의 의도는 먹혔다. 나는 왜 승려가 되려고 했는지 상기한다. 인간의 고통에서 벗어나고 인간사 고통을 줄여주고 싶어서였다. 마음 속으로 내 입을 테이프로 막아버린다. 나는 다시 라마 곁으로 기어들어와서 그의 자비를 구하고자 열심히 복종한다. 희로애락의 고통을 줄이는 일과 세상을 좀 더 나아지게 만드는 일을 라마 없이 나 혼자도 할 수 있을 거라는 생각은 추호도 하지 못한다. 은행에서 잘나가던 일을 그만둔다. 나는 되도록 작아지려고 한다. 공격성을 완전히 씻어내고 홀로서기는 꿈도 꾸지 않으려 한다. 리더는 오직 한 사람이다. 그리고 그 한 사람은 내가 아니다.

대학교에 다시 들어가서 프로그래밍을 배운다. 그런데 자아를 억누르려는 노력이 자꾸 실패로 돌아간다. 조용히 살아가려고 노력하지만 자꾸 커지고 싶다. 내 생각을 말하고 싶고 나만의 길을 그리고 싶다. 라마가 사람들을 조종하는 방법은 매우 교묘하다. 그는 가장 자기 맘에 드는 제자를 하나 골라 나머지 학생들이 그 자리를 뺏도록 경쟁을 부추긴다. 일주일 동안 내가 최고의 제자이다. 그는 나를 빛이 환하게 날 정도로 치켜세운다. 모두가 나에게 알랑거린다. 그러다가 다음주에는 밑으로 떨어진다. 나는 요주의 인물이 되어 사람들의 기피대상이 된다. 그리고 라마는 언제나 돈을 더 내라고 한다. 나는 다시 그에게 질문을 하기 시작한다. 왜 그렇게 돈을 많이 받는지, 왜 승려들끼리 서로 시기와 질투를 하게 만드는지, 왜 사원이 이렇게 경쟁이 심한 곳이어야 하는지 자꾸 의문을 제기한다. 내게 돌아오는 대답은 확실하다. 너는 순종하고 있지 않다! 너는 실패자다! 한심한 승려다! 라마는 결국 나를 사원에서 쫓아낸다.

끔찍한 일이다. 나는 벌어놓은 것 하나 없는 가난뱅이다. 밑바닥부터 다시 쌓기 시작해야만 한다. 선생에게 돈을 가져다 바치지 않아도 되니까 그럴 수 있겠지. 굳이 긍정적으로 보면 먹고살기 위해 네 가지 일을 하면서 너무 정신이 없다 보니 앞으로의 삶에 대해 조금도 생각할 시간이 없다는 것이다. 가족, 아버지, 친구들을 대리하던 자들도 모두 사라졌다. 그렇게 억눌려왔던 여러 가지 감정과 공포를 겪지 않아도 되는 것이다.

· · ·

나는 존경심에 가득 차서 구루(힌두교, 불교, 시크교와 기타 종교에서 일컫는 스승으로 자아를 터득한 신성한 교육자를 지칭)를 따라갔으나 시간이 지나면서 존경은 공포로 변해갔다. *내면*을 들여다보지 못하고 바깥에서 갈구하는 내 모습을 다시 한번 발견했다. 나는 내 인생의 리더가 아니었다. 나는 한 비참한 추종자에 불과하다는 사실을 알았을 때, 내가 인도된 곳에 실망했고 내 인생의 리더가 되지 못한 사실에 실망했다. 분명히 말하지만 리더라고 해서 추종자들보다 나은 것은 없다. 만약 다른 사람을 따르고 그의 비전을 수행하는 것이 옳다고 느껴지면 그렇게 하라. 세상은 팀 매니저도 필요하지만 팀원들도 필요하다. 능력을 제대로 올바른 곳에 쓸 수 있느냐 하는 것이 중요하다. 조직 안에서의 자신의 위치가 맞는지, 아니면 조직에 속하기보단 자신만의 독자적인 일을 하는 것이 더 나은지는 본인만이 알 수 있다. 문화가 다르면 같은 사람이 다른 역할을 하기도 한다. 회사의 사장이라도 독서클럽에서는 단순한 멤버일 수 있는 것처럼.

회사에 들어가면 조직문화를 이해하려고 노력해야 한다. 이 회사의 관습은? 공식 복장은? 얼마나 깊이 소속되고 싶은가? 당신의 정신적,

214

감정적 독립성을 유지하면서도 새로운 일자리에 당신의 모든 걸 바칠 수는 있다. 당신 인생의 리더는 당신임을 명심하라. 아무도 당신을 위해 살아주지 못한다. 당신이 믿는 미션을 가진 회사에서 일하는 것은 매우 행복한 일이다. 그러나 보스가 권력을 가졌다는 이유 하나로 그에게 전적으로 헌신하는 것은 위험하다. 세부사항들을 잘 살피고 미션을 받아들여라. 믿지 못하겠으면 전부를 투자하지 마라. 그리고 당신이 선택하고자 하는 이유를 명확히 하라. 모든 타협에는 비용이 든다. 한때 도미노 피자에서 프로그램 일을 할 때, 보스는 그가 가장 마음에 들어하는 엔지니어 더그를 좀 닮아보라며 늘 괴롭혔다. 나는 더그처럼 일하려고 잠깐 노력을 하긴 했다. 그가 나보다 잘하는 것이 있으려니 했다. 더그처럼 좀 약삭빠른 사람이 되어보려고 노력했다. 그러나 자기발전과 자기타협(심지어 자기파괴)은 다르다는 깨달음이 왔다. 그래서 더그처럼 되기를 그만두고 내가 할 수 있는 최고의 크리스틴이 되기로 결심했다.

215

당신이 리더가 되기를 원하든 원치 않든, 당신은 일과 인생의 목표를 달성하기 위해 리더십 기술을 이용할 수 있다. 리더십의 자질을 보여주는 사람들을 찾아 그들과 시간을 보내고 그들을 모방하고 그들에게 멘토가 되어 달라고 청하라. 주변의 리더에게서 배우라. 따라하기 자체가 나쁜 것이 아니라 맹목적으로 따라하는 것이 나쁜 것이다. 책임과 의무를 다해야 하겠지만 당신은 인류학자가 되고 싶은데 원주민이 되기를 요구하는 회사의 문화라면 너무 빨려들지 않는 것이 좋다.

괴짜들

나는 숨겨진 리더십 자질이 있었고 그것을 계발하는 동안에는 추종자였다. 당신은 구체적 아이디어를 갖기 전까지 또는 회사에서 일하며 기량을 갖추기 전까지는 회사를 경영할 수 없다. 나는 마이크로소프트에서 리더십에 관한 많은 교훈을 얻었다. 그 회사의 문화는 새로운 기회를 끊임없이 추구하는 것이었다. 마이크로소프트는 직원들을 미래 비전의 중요한 부분으로 인식했고 모든 사람들이 자발적으로 열심히 일하게 만들었다. 다른 방식으로 일하는 것을 두려워하지 않고 직원들에게 도전을 감행하게 하는 카리스마 넘치는 리더가 있는 것도 자발적 충성을 이끌어내는 이유 중 하나였다. 물론 때로는 너무 잔혹할 정도로 일에 몰리기도 했다.

마이크로소프트의 첫인상은 회사가 여러 가지 면에서 라마의 사원처럼 집단적이라는 것이었다. 모든 사람들이 함께 살고 함께 일하면서 리더의 자비를 원하는 듯하고, 자신들의 꿈과 의지를 리더의 꿈과 의지에 동일시했다. 비슷하게 입고 생각하고, 비슷한 취미활동을 하며, 비슷한 여흥을 즐기는 것은 공동의 목표를 향해 가는 데 큰 힘이 될 수밖에 없다. 늘 일하느라 녹초가 되지 않았다면 함께 잠도 많이 잤을 것이다. 나는 마치 앞치마 대신 마더보드(motherboard: 컴퓨터의 기본적인 부품을 장착한 기판)를 가진 스텝포드 부인 같은 심정이었다. 나의 인생은 대의명분이 중요했다. 마이크로소프트에서의 대의명분은 세상의 모든 컴퓨터에 마이크로소프트 프로그램이 깔리는 것이었다.

그 회사에서 좋았던 점은 똑똑한 사람들을 많이 만난 것이다. 겉으로 보면 일개 직원인 것 같지만 많은 사람이 자신만의 직업을 또 가지고 있었다. 사무실에서 일하지 않는 시간에는 다른 회사에서 계약직으로 일하거나 자신의 회사를 세우는 일에 몰두하는 사람이 많았다.

그들은 직업의 위험을 분산시키고 있었다. 나도 언젠가 내 회사를 가질 것이기 때문에 열심히 이런 리더십 공부를 하려고 노력했다. 언제나 눈을 크게 뜨고 가능성을 열어두고 있었기에 헤드헌터를 통해 로터스에서 프로그래머를 찾는다는 사실을 알았을 때 바로 뛰어나갔다. 나는 두 가지 중요한 것을 마이크로소프트에서 알게 되었다. 하나는 심각하게 진급을 고려한다면 때론 지금 하는 일을 바꿔야 한다는 것이다. 그래서 나는 결국 테스트 업무에서 코딩 업무로 전환했다. 나머지 하나는 내가 조직의 생리에 잘 맞지 않는다는 것이었다. 나는 사업가가 더 맞는 사람이었다. 자신만의 일을 갈망하고 남에게 아부하거나 회사 안의 정치 다툼과는 거리가 멀었다. 외교적 발언 대신 소신을 말하는 사람이었다. 아직은 리더가 아니었지만 리더가 어떻게 행동하는지 알아가고 있었다.

리더가 지켜야 할 것들

당신이 진정한 리더와 함께 하고 그 리더가 당신에게 진실하다면 당신은 그를 따라 포악한 맹수들이 우글거리는 정글을 헤쳐나갈 수 있을 것이다. 자, 큰 칼을 꽉 쥐어라. 꽉 쥐고 이제 덤불 속으로 들어간다.

리더는 활기찬 팀을 만든다.

당신이 사업가라면 당신의 팀은 영업, 마케팅, 재무, 경영진, 상품 개발 등 모든 비즈니스 영역을 맡아야 할 것이다. 당신이 조직의 장이라면 필요한 자리를 잘 알 것이다. 어떤 경우에라도 다음을 유의해야 한다.

1. 환상의 4인을 고용하라. 비전가, 리더, 실행자, 인프라 설계자/지원 그룹이 그들이다.

- 비전가는 명쾌해야 하고 논리정연해야 한다. 이들은 당신이 진입하려는 신시장은 물론 당신 회사의 상품과 서비스의 미래를 예견한다. 또한, 미래의 고객과 투자자, 고위 경영진들에게 감동을 준다.

- 리더는 대개 경영진이다. 이들은 그들의 미션을 직원들에게 심을 수 있는 능력을 갖춰야 한다. 위대한 리더는 사람들에게 영감을 불어넣고 동기를 부여해 자발적 참여를 이끌어낸다.

- 실행자는 실제 일을 해내는 사람들이다. 그들은 상품과 서비스를 개발하고 마케팅하며 시장에 내다 판다.

- 인프라 설계자/지원그룹은 회사가 잘 굴러가고 성장할 수 있도록 회사의 기초, 과정, 절차를 만든다.

2. 활기찬 문화를 만들라. 좋은 팀을 만들고 유지하는 가장 좋은 방법

은 모든 팀원들이 참여할 수 있는 활기찬 조직 문화를 만드는 것이다. 조직은 모든 사람이 공유하고 지지하는 가치를 지녀야 한다. 이런 가치는 눈에 띄도록 벽에 붙여 놓는 것이 좋다. 마이티 벤처 (Mighty Venture)에는 다음과 같은 글이 붙어 있다.

일과 인생에 100% 책임을 진다.
최고의 고객 서비스를 제공한다.
자발적이고 부지런하며 주인의식을 갖고 생활한다.
직장과 사회에 변화를 가져온다.

모든 직원들에게 회사의 가치 실현을 위해 서로 지원할 수 있도록 권한이 부여되어야 한다. 조직문화가 단지 구호에 그친다면 오래갈 수 없다. 직원들을 아무리 '주인' 이라고 불러주어도 제대로 대우를 하지 않는다면 실속 없는 직위 같은 것에는 코웃음을 칠 것이며 기업문화를 조롱하게 될 것이다.

3. 현명하게 팀을 구성해야 한다. 다음과 같은 특성을 눈여겨 보아라.

• **현명함.** 가장 현명한, 당신보다 더 현명한 사람들을 고용하라. 어려움에 부딪히면 빠져 나가는 길을 찾아낼 것이다. 사실 이런 인사는 쉽지 않다. 하지만 그럴 수 있는 배짱이 필요하다.

- GSD. 성과달성학위(GSD, Gets Stuff Done)가 MBA보다 훨씬 더 유용한 학위라는 것을 잊지 마라. 어떤 멋진 학위를 가지고 있는가를 보지 말고 무엇을 이루어 냈는가를 살펴라.

- 정서적 자산. 무겁고 힘든 숙제를 해내야 하는 직원을 뽑는 중임을 잊지 말라. 수류탄이 날아온다 해도 사명감이 있는 사람은 도망치지 않는다. 그들은 그 자리에 앉아서 문제를 해결하려고 한다. 사명감이라는 정서적 자산은 세상의 그 무엇보다 소중하다. 무지막지하게 많은 스톡옵션이나 보너스도 사명감에 비하면 아무것도 아니다.

- 타인과의 조화. 나는 다른 사람들과 잘 어울리지 못해서 사업가가 되었다. 그러나 차츰 어울리는 법을 배웠다. 사실 이 배움은 내가 얻은 가장 위대한 교훈이다. 우리는 혼자가 아니다. 모든 사람은 자신만의 가치를 가지고 있다. 절대 잊지 말아야 할 사실이다.

4. 사외 확대팀을 구축하라. 기업가에게는 조언자와 멘토로 구성된 별도의 팀이 필요하다. 그들은 기업가와 견고한 정서적 유대로 연결되어 있어 금전적 보상을 받진 않을 것이다.

리더는 오류를 수정하는 것을 주저하지 않는다.
리더가 어떤 사람이라고 생각하는가? 경쟁력 있고 신뢰가 가며, 전문적이고 긍정적 태도를 지니고 남을 배려하는 사람? 이런 자질들은 리더가 되기 위한 기본 덕목이라고 볼 수 있겠다. 리더 그룹에 들기 위한 입회비라고나 할까. 그룹 안으로 들어왔다고 치면 그다음에는 무엇을 해야 할까? 내게 리더십에 관해 배운 것을 한 가지만 꼽으라면 바로 리더는 언제나 오류를 수정해 나가는 사람이라는 것이다. 사람들이 따르지 않고, 가야 할 방향에서 벗어나면 리더는 부드럽게 그들을 다시 올바른 길 위로 인도한다. 사람들을 이끌고자 하면 그들에게 길을 가르쳐 주고 그들이 길에서 벗어나면 오류를 바로잡아주어야 한다. 리더는 회사 전체의 오류를 수정할 뿐만 아니라 *자신*의 오류도 끊임없이 수정해 나가는 사람이다. 당신도, 팀도, 고객도, 이사회도 그 누구나 모두 실수를 저지른다. 리더라면 정직하게 현황을 점검하고 방법을 바꾸어 실수를 바로잡을 줄 알아야 한다.

CEO인 제이슨은 아직 준비도 안 된 회사를 상장하자고 이사회를 설득했다. 상장하고 두 번째 분기가 되자 회사는 목표를 달성하지 못했다. 월스트리트는 냉정했고 주가는 26달러에서 4달러로 곤두박질을 쳤다. 제이슨은 어떻게 했을까? 고객을 방문하고 물건을 더 팔고 곳곳의 대리점들을 방문하면서 독려했을까? 아니다. 그는 사무실에 틀어박혀서 광고문구를 만드느라 골몰하고 있었다. 죽여주는 광고 카피가 회사를 살려줄 수 있었을까? 그렇다고 보지 않는다. 제이슨은 사람들 앞에 나타나지 않았고 모든 이들이 제이슨이 숨어 버렸다고 생각했다. 오류에 대한 수정은 없었다. CEO도, 이사회도 잘못을 방치했다. 두 명의 부사장들이 오류 수정을 시도하자 제이슨은 이들을 즉각

당신의 인생을 이끌 사람은 당신뿐이다

해고해 버렸다. 상황은 당연히 더 나빠졌고 결국 6개월이 지난 후 제이슨은 해고되었다. 회사는 회복하지 못했고 경쟁사에 헐값으로 팔리게 되었다.

진정한 리더는 자신의 실수를 인정한다. 그렇게 해서 직원들을 규합하고, 고객을 안심시키고 내려가는 주가를 붙잡아 다시 위로 올려세운다. 고객이나 주주들이 반대를 하더라도 옳은 길이라면 갈 것이다. 주식 값이 곤두박질을 치더라도 판매촉진과 직원들의 사기부양에 힘을 쏟을 것이다.

어떤 회사의 엔지니어링 부사장이 지적재산권 싸움에 휘말리게 되었다. 두 명의 핵심 엔지니어들이 회사를 그만두고 경쟁상품을 개발하기로 한 것이다. 이 직원들은 회사에서 개발한 모든 상품에 대한 권한이 회사에 있다는 것에 동의하는 고용계약서에 사인을 하고 입사했지만 의도적으로 그 조항을 잊어버렸다. 몇 년 후에 이들은 수백만 달러에 이르는 자금을 모집했고 자신들이 나온 회사를 특허권 침해로 소송을 걸었다. 담당 부사장은 기가 막혔다. 회사를 그만두고 나간 직원들이 어떻게 회사의 자산을 자기들 것이라고 주장할 수 있단 말인가? 그 두 사람은 현재 회사가 가진 자금보다 더 많은 자금을 가졌고 소송에 수년간 시달리면서 돈을 쏟아 부으면 결국에는 파산하고 말 것이라는 생각에 부사장은 공포심을 느꼈다.

부사장은 너무 지치고 화가 나서 그냥 싸움을 포기해 버릴까 생각했다. 하지만, 차분하게 상황을 따져본 후 그는 이 상황이 오류 수정을 할 좋은 기회라고 깨달았다. 그는 직원들을 모두 모아서 함께 헤쳐나갈 길을 모색했다. 그는 위기를 팀원들과 같이 이겨내기로 하고 고용계약서를 비롯하여 중요한 소송관련 서류들을 모두 공개했다. 그 서류는 제품의 특허가 회사의 소유라는 것을 보여주는 것들이었다. CEO는 실력 있는 지적재산권 변호사를 고용하고 소송에 당당하게 임했다.

별로 힘든 일은 아니었다. 어려운 일은 영업부사장이 가장 중요한 제품을 잃어버릴지도 모른다는 공포를 이겨내는 것이었다. CEO는 또한 소송 때문에 회사가 완전히 망가지는 것을 막고자 새로운 자금원을 찾아다니면서 더 많은 조언자를 구하는데 열의를 다했다. 팀원들은 서로 격려하고 고무하면서 활기를 잃지 않고자 애썼다. 오류 수정의 관점에서 다시 한번 이 회사를 보면 엔지니어링 부사장이 시작하고 영업담당 부사장과 CEO가 더욱 강력하게 수정을 해 나갔다. 최근에서야 소송이 끝나고 법원은 회사의 손을 들어주었다. 부도덕한 엔지니어들은 훔친 상품을 팔지 말라는 명령을 받았다. 이 회사가 위기를 헤쳐나가는 과정을 돕는 일은 정말 흥미진진한 경험이었다.

리더들은 본능을 믿는다. 그들은 주어진 시간 안에 최선의 결정을 내리고 생각대로 일이 진행되지 않으면 오류를 수정해 나가면 된다고 생각한다. 오류 수정이 자유롭고 장려되는 조직에서는 사람들이 위기를 무서워하지 않고 도전하며 자신의 일에 책임감을 더 많이 느끼고 일을 한다. 이런 조직문화 안에서 사람들은 일이 잘못되더라도 목이 잘리지 않을 것이라는 믿음이 있다. 문제가 생기면 정면으로 승부를 겨뤄서 해결하면 되는 거니까. 남을 비난하지 않는 문화는 자연스럽

당신의 인생을 이끌 사람은 당신뿐이다

게 모두 자신의 행동에 책임을 지게 한다. 책임감은 주인의식의 첫 걸음이다. 두 번째 걸음은 일에 대한 통제권을 갖는 것이다. 그것이 당신의 일이고 성과도 진정 당신 것이라면 일을 해내고자 열과 성을 다할 것이다. 이것만이 사람들을 개발하는 유일한 문화이고 조직을 기업가 정신이 충만하게 만드는 최선의 방법이다.

리더는 협력을 이끌어낸다.

리더는 조직원이 일을 완성하도록 지원한다. 금융자원을 지원하고, 전략적 비전과 전술적 지침을 제공하며 완전한 업무환경을 조성하고 정서적 지지와 코칭을 통해 용기를 주고 성과에 대해 인정하고 보상한다. 리더는 혼자서 일할 수 없다는 것을 잘 안다. 리더는 회사의 성과 중 적어도 3분의 2는 직원들 몫이라는 것을 안다. 성공한 리더는 신문에 소개되고 엄청난 보수를 받게 되지만 그들은 자신의 성공이 어디에서 왔는지 안다. 리더는 3개 층의 사람들을 관리해야 한다. 위로는 자신들의 보스(CEO 또는 이사회), 아래로는 직접 보고를 받는 매니저들, 옆으로는 고객들과 회사 안팎의 동료들 그리고 미디어이다.

협력이 제일 중요하다. 일부 리더는 고루한 믿음을 고수한다. 예컨대 "보스는 악마"라든가 "직원들은 고압적으로 다루어야 한다" 또는 "고객이 우는소리를 할 때까지 조용히 있으라"든지 하는 믿음 말이다. 이러한 대결적 사고는 진부하고 비생산적이다. 사업을 활기차게 하려면 순발력이 좋아야 한다. 막강한 경쟁자들과 제품들을 재빨리 앞질러 갈 수 있는 에너지가 필요하다. 다른 사람들 도움 없이 막중한 중력장을 벗어날 수 있겠는가? 스타벅스가 피이트 커피(Peet's Coffee)를 제치고 로켓처럼 솟구쳐 오르는 것을 보라. 구글이 야후를 어떻게 먼지에 휩싸이게 하면서 하늘로 올라가는지, 젯블루(JetBlue)가 기존의 항공사를 누르고 질주하는 것을 보라. 그런 성과들은 바탕에 원초적이고 구속받지 않는 에너지들이 있기 때문에 가능하다. 가능한 많은 사람이 프로펠러를 돌려야 당신이 더 높이 올라갈 수 있다. 마리오 안드레티(Mario Andretti : 전설적인 유명 카레이서)가 말했듯이 "일이 잘 통제되고 있는 것처럼 보이면 당신은 너무 느리게 움직이는 것이다."

리더는 내·외부적으로 모두 협력을 이끌어 낸다. 특히 힘든 상황에서조차 고객들로부터 협력을 이끌어 낸다. 그러나 처음부터 좋지 않은 일로 관계가 시작되면 거래를 하지 않는 것이 좋다. 비협력적 거래는 직원들에게 많은 짐을 지우게 되고 당신 일의 수준을 떨어뜨린다. 불일치, 분쟁, 스트레스 등은 사람 또는 사업의 진정한 색깔을 보여준다. 독단으로 시작한 일은 상황이 힘들어지면 더 악화될 뿐이다. 성숙하고 전문적인 기업인들은 서로 협력해야 한다는 것을 잘 알고 일을 해내고자 기꺼이 함께 방법을 찾는다.

협력적 환경에서 얻는 또 다른 큰 이점은 리더와 소통하기 쉽다는 것이다. 그런 환경을 제공하는 리더는 언제나 팀의 아이디어와 관심사를 들어줄 자세가 되어 있다. 자신의 의견이 도전받고 일하기에 더 나은 방법이 나오길 원한다. 협조적인 작업 환경에서는 정서적 자산이 크게 자랄 수 있다. 사람들은 마음으로부터 우러나 최선을 다하고 자신들의 공헌이 중요하다는 것을 인식한다. 그리고 자신들의 그런 모습이 인정받을 것이라는 사실을 의심하지 않는다.

리더에겐 좋은 짝이 필요하다.

리더는 강인하다. 리더는 정기적으로 위험을 부담하고, 필요한 정보를 다 얻지 못한 상황에서도 결정을 내리며, 자신과 팀의 실수를 고쳐나가는 과정을 통해 이를 증명한다. 리더는 계산된 위험을 감수하고 언제나 사업확장을 시도하며 과거의 성공에 안주하지 않는다.

좋은 팀을 만드는 것은 리더십의 가장 중요한 요소이다. 권한 위임에 대해서는 8장에서 자세히 논하기로 하고 여기서는 간략히 위대한 리더가 사람을 어떻게 다루는지 열거해 보자.

226

● 리더는 자신보다 더 똑똑하고 경험이 많은 사람을 뽑는다. 그는 자신이 모든 문제의 답을 가지고 있지 않다는 것을 안다. 몇 명의 똑똑한 사람을 뽑고 마는 것이 아니라 늘 자신의 주변을 더 현명한 사람들로 에워싼다. 리더는 자신보다 똑똑한 사람들로부터 위협을 느끼지 않는다.

● 리더는 경쟁을 사랑한다. 그는 오늘의 적이 내일의 파트너가 될 수 있다는 것을 안다. 그는 경쟁자를 연구하고 경쟁자의 약점을 이용한다.

● 리더는 커다란 우산을 가지고 다닌다. 문제가 쏟아지면 리더는 우산을 펴서 계속 진격해 나아간다. 우산은 그의 직원들 모두 젖

지 않게 할 만큼 충분히 크다. 특히 조직의 장일 때 이런 우산이 꼭 필요하다.

• 리더는 자신의 직원들을 잘 안다. 그들이 어디에서 장점을 발휘하고 어느 지점에서 힘들어하는지, 그들이 올라갈 다음 승진 두 단계가 무엇인지 안다. 위대한 리더는 사람들을 도태시키거나 단순히 살아남게 하지 않고, 성장하고 뻗어나갈 수 있는 적재적소에 배치한다. 그는 직원들이 새로운 상황에서 잘 적응할 수 있게 지도하고 잘되지 않으면 오류를 수정하는데 주저하지 않는다.

• 리더는 직원들에게 포상하고 그들을 격려한다. 그는 직원들의 성과를 인정하고 감사하는 것이 가장 중요한 동기부여이며 행복하고 충성스런 팀원을 만드는 방법이라는 최근의 일관된 연구결과를 알고 있다. 그의 인정과 감사는 진정 어린 것이다. 그는 모든 것이 사람들이 하는 일이라는 사실을 잊지 않는다. 우리는 서로 필요하다.

227

• 리더는 도전이 자신을 더 키우고 앞으로 뻗어나가게 만들 것이라는 사실을 안다. 어려운 사람들과 함께 일하고 그들을 잘 이끌어 일을 하도록 만드는 것은 힘든 도전 중 하나이다. 다음의 이야기가 이를 잘 보여 주고 있다.

• • •

"이 회사는 전복된 열차요. CEO는 도대체 어떻게 해야 하는지 감을 잡지 못하잖소. 그는 지난 3분기 동안 목표를 달성하는 데 실패했소. 사업

모델은 너무 취약하고. 비용은 터무니없이 너무 높지 않소. 나는 화가 나서 미치기 직전이오." 맥의 얼굴은 굽지 않은 두꺼운 햄버거처럼 살이 많고, 분홍색에 으깨진 모습이다. 그는 나처럼 이 회사의 투자가이다. 우리는 몇 개월 동안 계속된 영업의 침체를 타개해 보려고 노력 중이다. 남들은 모르겠지만 적어도 나는 그렇다.

"나도 이런 상황이 걱정이에요, 맥. 이사회도 모두 당신의 의견에 동의합니다. 계획이 있어요. 일단 CEO를 바꿀 겁니다. 좋은 사람이 있어요. 그리고 7명 정도 직원을 줄일 생각이에요."

"CEO는 정말 멍청이오. 어떻게 영업을 8년이나 했다는 사람이 계속해서 분기 예측이 빗나갈 수 있단 말이오! 비용은 또 어떻고. 이 회사는 가라앉기 직전의 배란 말이오." 이제 그의 분홍색 얼굴은 스테이크 소스처럼 붉게 변했다.

"그래요. 우리는 지금 큰 문제가 있어요. 그리고 깨끗이 해결할 방법도 가지고 있어요." 냉정함을 유지해야만 해. 반드시...

"그리고 당신. 당신이 이 한심한 회사에 먼저 투자를 하고선 우리에게 투자를 권유한 거 아니오. 당신의 이름을 벤처캐피털 업계 블랙 리스트에 올리고 말거오." 그의 뺨은 이제 덜 익은 스테이크의 소름 끼치는 적갈색 자주빛이다.

"재미있는 이야기네요. 당신의 회사가 스스로 투자결정을 위한 기업실사를 하지 않았던 가요? 당신이 계약서에 사인을 하기 전에는 우리 서로 만난 적도 없잖아요." 우와! 자자. 냉정하자. 방어적이 될 필요 없어. 숨을 깊이 쉬어. 그에게 말려들지 말자. 예전에도 저런 태도 많이 봤잖아. 이사회에서 고함지르고, 다른 사람들 믿음을 조롱하는 것. 자기가 할 일을 제대로 안 한 책임을 남을 비난하면서 빠져나가려고 하지. 심호흡을 하자. 저 사람은 그냥 불량배일 뿐이야.

"무슨 말이오. 당신이 벤처캐피털 업계에 이 회사가 괜찮은 회사라고 말하고 다녔잖소. 우리는 그 이야기를 듣고 영향을 받은 거요. 그런데 잘못된 거 아니오. 그리고...."

"맥, 우리는 모두 이 회사가 좋아 보여서 투자를 한 거예요. 그런데 문제가 많은 것을 알았고요. 선택은 당신이 하면 돼요. 더 깊이 들어가서 문제를 해결하든지 떠나든지요. 당신은 후자를 원하는 것 같군요."

"나는 문제를 해결하길 원해요. 그게 내가 원하는 거요. 이 비행기는 충돌을 향해 날아가고 있단 말이오."

"정말 그렇게 생각하세요, 맥? 당신은 그저 화가 나서 고래고래 소리만 치고 있잖아요. 그냥 회사문을 닫게 하죠. 2백만 달러 정도 남아 있어요. 채무를 다 갚으면 우리 투자금 1달러당 30센트 정도 돌아오겠네요. 당신은 포기한 거 같네요. 이사회는 직무이탈 중이고. 정말 희망이 없어요!" 나는 의자를 뒤로 밀고 떠나는 시늉을 한다. 그의 허풍을 되받아치고 불평불만을 포기하고 도움되는 행동을 하도록 만들려면 판을 접을 수 있는 용기가 필요하다.

"제기랄!" 그의 안색이 스테이크 소스 색으로 돌아온다.

"다른 방법도 있어요, 맥. 회사를 잘나가는 사업 모델을 가진 회사와 합병하는 거예요. 판매를 늘릴 수 있어요. 합병을 통해서 직원들을 좀 줄이고 비용도 낮출 수 있고요. 아마 새로운 투자자들에게 백만불 정도는 더 끌어들일 수도 있을 거예요." 제기랄. 제발 뭔가 해결책을 찾아보자고.

"마음에 또 다른 회사를 둔 것 같은데... 우리한테 또 다른 짐을 지우려는 것은 아니오?"

"그 회사를 알지만 금전적 이해관계는 없어요. 확실한 수입원이 있고 고객군도 넓어요. 우리 기술을 그 회사의 고객에게 팔 수 있을 거예요. 그 회사는 3개월이면 일이 끝나는데 우리는 9개월이 필요하잖아요. 그리고 지금 그 회사는 자금이 부족한 상태고요." *이 회의 끝나면 진짜 마사지라도 받으러 가야겠다. 정말로.*

"좋소. 자, 들어봐요. 이렇게 합시다. 우리는 새 CEO를 영입하는 거요. 회사를 탄탄한 영업기반이 있는 다른 회사하고 합병을 합시다. 나는 새 회사의 회장자리를 맡겠소. 우리 상품을 합병할 회사가 이미 가지고 있는 고객들에게 파는 거요. 직원들을 합쳐서 비용을 줄입시다. 새 투자자를 모집해서 몇 백만 달러 정도 더 끌어들이면 이 망아지를 다시 달리게 할 수 있을 것 같지 않소?"

"정말 멋진 아이디어네요, 맥. 그렇게 해요."

• • •

맥은 얼간이였을까? 그렇다. 내가 어떤 특별한 결과를 원했을까? 물론 그렇다. 내 아이디어를 그의 것인 양 만들어야 했을까? 그렇다. 우선 나는 그를 내 위로도 아래로도 보지 않고 나와 동급의 사람으로 취급했다. 그리고 나서 그와 마음속으로 협력했다. 오류를 수정해야만 했다. 그래서 내 생각을 그의 생각처럼 만들었다. 왜냐하면, 맥과 같은 사람하고 일할 때는 그렇게 하는 것이 최선이기 때문이다.

까다로운 사람들과 일하기 위한 세 가지 E(Equalize, Exch-ange, Embrace)에 대해 이야기하겠다.

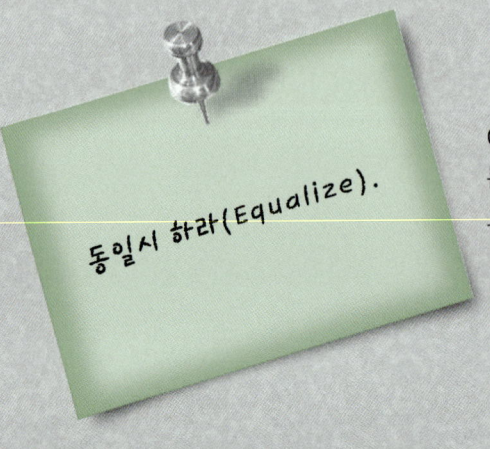

동일시 하라(Equalize).

당신을 마음속에 있는 그 사람과 같은 위치에 놓아라. 당신은 그 사람처럼 침을 질질 흘리는 아기이다. 그와 당신 모두 늙어 죽을 것이다. 그와 당신 모두 같은 물질로 만들어져 있다.

바꾸어 생각하라(Exchange).

다루기 힘든 그 사람이 어쩌면 사실 광장히 큰 고통에 시달리고 있을지도 모른다. 그래서 그렇게 까다롭게 구는 것일 수도 있다. 당신이 힘들었을 때를 기억하고 그런 고통을 그의 것과 바꾸어 보라.

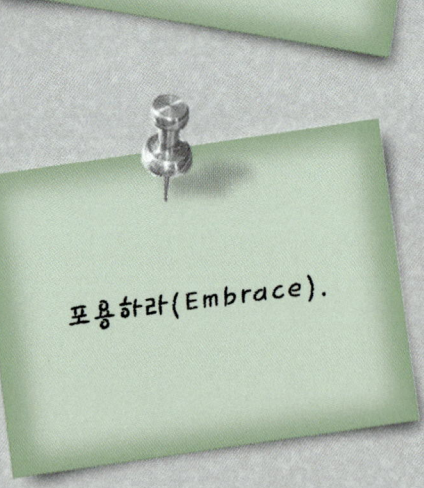

포용하라(Embrace).

2005년 8월 15일, 나는 사람들을 있는 그대로 받아들이기로 결정했다. 내가 한 모든 결정 중에 가장 훌륭한 결정이었다. 이제 사람들 때문에 화가 나도 그들을 바꿀 수 없다는 것을 안다. 희망은 헛된 것이다. 그래서 있는 그대로 그들을 받아들이고 마음으로 껴안는다. 그렇게 자신을 우월한 위치에 놓음으로써 사람들과 앞으로 계속 관계를 유지할지에 관한 선택권을 내가 갖는다. 사람들을 심판하거나 변화시키기 위해 절대로 나의 힘을 낭비하지 않을 것이다.

리더는 기쁠 때나 슬플 때나 사람들과 함께 일한다.

회사는 사람들로 이루어져 있고 사람들은 그들의 일에 방해되는 서투른 인간 속성을 지니고 있다. 리더는 때로 팀원이 힘든 시기를 잘 헤쳐나가도록 도와야 한다. 수년 전에 우리 회사 최고의 영업 직원 중 하나인 제인에게 전화를 받았다. 그녀는 고통스런 이혼 소송을 겪어 왔고 최근 자신에게 너무 불리한 쪽으로 결론이 났다. 아이들이 엄마에게 불리한 증언을 하도록 교묘히 조종을 받는 바람에 아이들을 빼앗겼고 설상가상으로 돈도 없었다. 제인은 모든 것을 잃었다고 느꼈다. 아이들의 사랑과 자신감을 잃었고 인생의 목표가 없어졌다. 견딜 수 없이 힘겨운 상황이었다. 내게 전화를 해서 자신의 인생에 하나 남은 것이 일인데 그것으로는 너무 부족하다고 했다. 고통이 참을 수 없을 정도로 크다고 했다. 그녀는 총을 갖고 있었다. 그녀는 머리에 총알을 박아 넣지 않을 이유를 찾고 있었다.

나는 여러 가지 이유를 들어 그녀를 설득하려 했지만 효과가 없었다. 나는 생각할 수 있는 유일한 방법을 실행하기로 했다. 시카고의 내 사무실에서 서부의 그녀 집까지 비행기로 날아가 천천히 이야기를 나누어 보고 그리고 나서 그녀가 결정을 하도록 하는 것이었다. 나는 마지막으로 내가 할 수 있는 일을 하게 해 달라고 그녀에게 간청했다. 그녀가 동의하자 바로 그날 몇 천 마일을 날아갔다. 공항에서 곧바로 만나기로 한 공원으로 차를 몰며, 비행기에서 써놓은 살아야 할 이유에 대해 내가 할 말을 미리 연습했다.

그녀와 몇 시간 동안 이야기를 나누었다. 그녀가 살아가도록 잘 설

233

당신의 인생을 이끌 사람은 당신뿐이다

득했는지는 모르겠다. 나는 그저 내가 믿는 것이 사실임을 이야기했다. 그녀가 훌륭한 재능을 가졌고 이 어려움을 잘 극복할 거라는 것을. 끝 모를 두려움에 떨었으나 불교도에게 자살은 해결책이 아니기에 어쨌든 살아갈 수밖에 없었던 나의 과거도 얘기했다. 나는 그녀와 함께 일하는 것을 좋아하고 그녀를 존경하는 여러 사람에 관해 이야기했다. 그녀는 살기로 결심했다. 혼자서 시간을 좀 보내고 인생의 의미를 다시 찾아보기로 말이다.

최근 LA의 세컨시티에서 개인과 팀의 상호교류에 대한 훌륭한 교훈을 얻었다. 작가의 꿈을 실현하려고 코미디 극본 집중 코스에 등록했다. 일주일 동안 열심히 쓰고 'Saturday Night Live' 풍의 코미디 초고에 대한 나의 초보작가로서의 의도에 대해 얘기를 나누었다. 서로의 작품을 평가하는 시간에 우리는 '만약에 ~ 라면'이라는 가정을 붙여서 각자의 의견을 말하기로 하였다. '만약에 ~ 라면(What if)'이라는 말은 의견을 말할 때 이기심과 감정을 제거해 준다. 나는 사업을 하면서 혹은 가정에서 이 기술을 많이 사용한다. 너무나 효과가 좋다. 사람들은 훨씬 더 내 생각을 편하게 받아들이고 혹시라도 있을 감정적 상처도 미연에 막을 수 있다.

사람들과의 교류는 힘들고 고통스러운 것일 수 있다. 그러나 결국 모든 것은 사람으로 귀결된다는 것을 리더는 안다. 서로가 없이는 사업도, 보너스도, 행복한 고객도, 멋진 성과도 없다는 것을.

리더는 말하는 대로 행한다.

리더는 카리스마가 있다. 그들은 원대한 계획을 공유하고 직원들이 회사가 어떻게 돌아가고 무엇을 고민하고 왜 그러한지 이해시켜 팀에 동기를 부여한다. 하지만 혹시 나 몰라라 하는 직원들 회의에 참석해서 서로 의견이 일치하지 않는 상황을 경험한 적이 있는가? 마치 고질라 영화에서 배우는 입을 다물었는데 계속해서 더빙 된 목소리가 나오는 듯한 장면 말이다.

카리스마 넘치는 리더를 따라가면 당분간은 모든 것이 순조로울 수 있다. 그런데 리더의 말이 결과와 일치하지 않는다는 사실을 직면하게 되는 걱정스러운 날들이 닥친다. 리더가 약속을 이행하지도 않고 역할에 적임도 아니며 늘 변명만 늘어놓는다면 어떻게 되겠는가? 한 회사에서 CEO가 매주 비전의 날을 가졌다. 어떤 금요일 오후에 그는 맥주와 피자를 준비해서 모든 직원들에게 회사의 굉장한 미래에 대해 역설했다. 대단한 열정이 모두에게서 끓어 올랐다. 그러자 그는 다음주 금요일에도 맥주, 피자, 성공의 시간을 가졌다. 모두가 또 기분이 좋았다. 그런데 판매가 내리막길을 걷기 시작했다. 하지만 그는 여전히 다음 금요일에도 파티를 열었다. 자신의 직감으로는 회사가 지금보다 더 좋은 길로 나아갈 것이라는 판단이 든다는 것이다. 그 길은 막다른 길로 판명났지만 여전히 다음 금요일에도 위대한 미래를 위한 파티는 계속 되었다. 그러다가 몇 명의 직원을 해고했다. 금요일이 되자... 또. 마침내 직원들은 결과 없는 허풍에 진저리가 났다. 그들은 항명을 선언하고 반기를 들었다.

위의 이야기는 당신이 자신보다 더 똑똑한 사람을 고용해야 하는 이유를 극명하게 보여주는 이야기이다. CEO의 역할은 외로운 것이다. 당신만의 측근 그룹이 필요하다. 그들을 통해 실수에 대한 조언을 듣고, 특별한 아이디어를 짜내고, 일이 이상하게 돌아가면 그들로부터 공정한 점검을 받아야 한다. 항상 잊지 말고 신뢰가 가는 조언자들을 가지도록 노력하라. 어떤 이야기라도 무서워하지 말고 귀를 기울여야 한다. 리더는 자신들이 모든 답을 갖고 있지 않다는 사실을 아는 겸손함의 소유자이다.

리더십을 발휘하는 몇 가지 힌트

1. 성과는 인정 있는 리더십을 발휘할 때 더 얻기 쉽다. 인정 있는 리더십이 당신이 만만한 상대라는 것을 의미하진 않는다.

2. 진정한 리더는 사람을 고양시킨다. 당신의 팀을 고양시킬 수 있는 모든 방법을 생각해보고 실행하라.

3. 원하는 것은 모두 가질 수 있다. 다만, 기대치를 조절하라. 그리고 한 번에 다 가질 생각을 버려라.

4. 최선의 결정을 내리고 계속해서 오류를 수정하라.

5. 협력을 조장하라. 모든 사람을 미래의 파트너라고 생각하라. 문제가 많은 사람이 나중에 최고의 동지가 될 수도 있다. 너무 빨리 사람들을 포기하지 마라.

6. 멘토와 조언자들을 구하고 그들의 충고를 기꺼이 들어라. 성공적인 리더들에 대해 공부하고 모델로 삼으라.

7. 당신보다 현명한 사람들을 고용하라. 경쟁자의 약점을 잘 이용해서 나의 힘을 키워라. 팀을 지켜주기 위한 커다란 우산을 가지고 다녀라.

8. 사람들은 늘 개인적 문제에 시달린다. 개인적 문제는 일에 영향을 준다. 개인적인 문제에 도움을 줄 수 있다면 기꺼이 그렇게 하라.

9. 명분이 아무리 좋아도 자신을 희생하지는 마라. 좋은 보수를 받도록 노

당신의 인생을 이끌 사람은 당신뿐이다

력하라. 마땅히 받아야 할 대우를 당당히 요구하라. 개인적인 삶을 버리지 마라.

10. 말한 것은 반드시 실천하라. 할 수 없다면 포기하더라도 상황에 대해 설명을 해야 한다.

11. 리더는 비판받기 마련이다. 그런 현실을 받아들여라. 옳다고 생각하는 일을 하라. 그러면 비판의 칼날에 상처 입지 않을 것이다. 거울을 들여다보아라. 그리고 그 안의 사람을 사랑하라.

무료로 제공되는 좋은 자료들

www.RulesForRenegades.com 접속 후 다운로드
(접속 시 로그인 필요)

"Effective Board Reporting"
"Goal Setting Worksheet"
"Building Your Dream Team Worksheet"
"Assessing Your Leadership Potential"
"How to Create an Advisory Board"

Rule_8

우주의 총책임자 자리에서
사임하라

인생은 소유를 넘어서는 것이다.

모리스 센덕(Maurice Sendak)

통제 강박 치료하기

녹초가 되었던 경험이 있는가? 없다면 이번 장에서 주는 충고를 진지하게 받아들이면 좋겠다. 경험이 있다면 나의 심정에 공감할 것이다. 성공을 향해 달려가다 보면 나도 모르게 녹초가 될 수 있다. 어떤 일을 뛰어나게 잘하면 계속해서 새로운 기회가 오기 마련이다. 처음에는 일이 너무 좋아서 활력이 넘치고 정신없이 일만 한다. 성과가 나고, 인정을 받아 신이 나 기어를 한 단계 더 높여 강도 높게 일을 한다. 겉으로 보면 모든 것이 보기 좋다. 그러나 점점 강렬하던 눈빛에 광기가 더해진다. 배우자, 파트너, 친구들이 걱정스레 보기 시작한다. "좀 쉬어가면서 일해." 그들은 말한다. "로마는 하루아침에 이루어진 것이 아니야." 사회적 활동들에 소홀해지기 시작한다. 사랑하는 사람과의 관계에도 문제가 생긴다. 끔찍하게 바빠서 다른 것은 신경 쓸 겨를이 없는 것이다. 지금 기회를 잡아 되도록 많은 일을 하지 않으면 어떻게 될지 모른다는 생각에 사로잡힌다.

그러나 하루가 다 지나고 조용한 휴식이 오면 완전히 지쳐 떨어진 자신을 발견한다. 그런데 마음은 허전하다. 정직하자. 이렇게 사는 것을 진정으로 원하는가? 일과 사생활 그 밖의 모든 것을 잘 관리하고 있다고 해도 언제나 개선할 여지는 있다. 가끔은 삶의 속도를 낮추는 것이 발전이다.

나의 경험을 이야기하겠다.

●　●　●

토요일이다. 아니, 금요일인가? 아니야. 토요일이 확실해. 점심때 고객하고 만나니 실질적으로 오늘 하루가 비는 셈이다. 나는 침대에서 기어나와 호텔 슬리퍼에 두 발을 끼운다. 목욕탕으로 터벅터벅 걸어간다. 거울을 보니 피곤하고 생기 없는 얼굴이 있다. 엄청난 흰머리 ─ 언제 이렇게 됐지? 돈 주고 관리 받는데도 이렇단 말이야? 몸. 말랐다. 그러나 축 처져 보인다. 얼굴. 날카롭다. '결론으로 들어가시죠' 풍의 분위기. 부드러움도 다정함도 느낄 수 없다. 눈 밑은 무거운 살 주머니 같은 다크서클이 입 옆까지 내려와 있고, 뺨은 생기 없이 푹 꺼져있다. 이제 34세인데 50세가 넘어 보인다.

토요일인데 여기가 지금... 그런데 내가 어디에 있는지 전혀 생각이 안 난다. 호텔 전화번호부를 집어들고 찾아본다. 흐으으음... 지역번호 214. 텍사스인가? 프런트 데스크에 전화를 건다.

"프런트 데스크입니다. 무엇을 도와 드릴까요?"

"저기요. 여기가 무슨 도시인가요?"

"아, 댈러스입니다. 텍사스의 댈러스요. 손님, 커피 좀 가져다 드릴까요?"

"그래요, 감사합니다."

사람들은 주말에 뭘 하나? 슈퍼마켓 가겠지? 난 몇 년째 슈퍼마켓에 가본 적이 없다. 직원이 말해주길 이제 주스를 종이 팩에 넣어서 판다는데 – 저지방 파이하고 수천 가지 맛이 나는 아이스 티도 나왔다는데.

친구들은 전화기에 메시지를 아무리 남겨도 내가 전화를 안 하니까 이젠 포기하고 연락을 끊었다. 나는 월요일에 회의가 있는 도시로 일요일에 날아가곤 한다. 비서가 내 집을 돌봐줄 사람을 고용했다. 세탁물을 찾아오고 개들에게 먹이를 준다. 조만간 개들을 사랑하고 어루만질 사람도 고용하게 될 것 같다. 아니지. 벌써 고용했는지도 모른다.

243

• • •

사임하거나 혹은 쉬거나

사업은 한동안 잘 되었다. 1998년이었던 것 같다. 나는 최첨단 IT 기술시장에서 나만의 사업을 잘 일궈내고 있었다. 라마는 은신처로 몸을 숨긴 후에 오랫동안 나타나지 않았다. 빌 게이츠와 나는 친구로서 이메일과 대화를 주고받는다. 전혀 모르는 사람이 구혼의 선물을 보내기도 한다. 나는 동시에 6개의 사업을 하고 있다. 매일 다른 도시에서 고객설명회를 열고, 한 번에 이만 달러를 받는 강연회와 기업전문 기자들과의 인터뷰로 너무나 바쁘다. 회사를 시작한 이후 수 억불의 투자를 일으켰고 수백만 달러를 벌어들였다.

그때 한 이메일을 받았는데, 나는 충격으로 꼼짝할 수 없었다.

우주의 총책임자 자리에서 사임하라.

인터넷에서 매일 받아보는 오늘의 신앙 메시지다. 사임을 해? 책임 회피 아닌가? 우주의 총책임자? 세상에. 그런 일을 하려면 상상할 수 없는 조정능력이 필요할 것 같은데? 나는 단지 CEO들이 그들 자신을 위해 내가 원하는 대로 일을 하게끔 하려는 것이다. 나의 직원들도 그들 자신을 위해 내가 원하는 것을 하도록 훈련시킬 뿐이다. 내가 만나는 남자도 내가 원하는 것을 하도록 납득시키려는 것뿐이다. 왜 모두 내 말을 따르지 않는 걸까? 내가 하는 말이 자신들을 위한 것이란 걸 그렇게 모를까? 내 인생의 사람들을 통제하도록 도와줄 누군가가 필요하다. 음. 어쩌면 나도 도움이 필요한지 모르겠다.

나는 멘토인 제리 잼폴스키 박사를 저녁에 초대한다. 그는 베스트셀러인 '사랑하면 두려움이 사라진다'를 통해서 사람들이 두려움을 사랑으로 바꿀 수 있도록 돕는 운동을 시작한 사람이다. 제리는 25년 전에 개인치유센터를 만들었고 지금은 지부가 세계 곳곳에 130개로 늘어났다. 이 센터는 생명을 위협하는 질병과 싸우는 개인 또는 가족에게 무료 지원 서비스를 제공하고 있다. 통제는 두려움과 관련이 있으므로 그는 나처럼 스스로를 옭매는 사람이 좀 느슨해지도록 도와줄 적임자인 것 같다.

내가 잘 가는 레스토랑에 마주 앉았다. 점심을 걸렀지만 전혀 식욕

244

이 없다. 테이블 가장자리를 붙잡고 몸을 앞으로 숙이며 내가 말한다. "정말... 너무, 너무 짐이 무거워요. 아... 그래요... *저는... 지나치게 책임감을 느끼는 것 같아요.*"나는 다시 뒤로 털썩 의자에 등을 기댄다.

"뭐에 관해서 책임감을 느끼는데?" 탄산수를 빨대로 빙빙 돌리면서 안에 든 레몬을 쿡쿡 찌르며 제리가 되묻는다. 그는 언제나 명랑하고 느긋하다. 저기요! 나는 지금 죽겠다고요. 심각해요.

"*모든 것*에 다요. 모든 것에 책임감을 느껴요."

"와우. 그것은 너무 큰 짐인데... 정말 계속 그렇게 하고 싶어?"

"아니요. 싫어요. 하지만 내가 모든 것을 직접 하지 않으면 일이 안 돼요. 믿을 사람이 없다고요."

"그렇다면, 내 할부금도 좀 내주지 그래." 그는 장난스럽게 윙크한다.

245

"하나도 안 웃겨요. 진짜로. 도움이 필요하다고요."

"잠깐." 그는 웃옷 주머니 안에서 수첩을 꺼내서 처방전을 적는다. 내게 건네준다. "아무것도 성취하려 하지 말고 1년을 지낼 것"이라고 적혀 있다.

"성취가 통제하고 무슨 상관이에요?"

"1년을 아무것도 성취할 생각 없이 지내면 알게 될 거야."

그래서 그렇게 하려고 노력했다. 정말 노력했다. 하늘이 안다. 그런데 잘 안되었다. 나는 성취를 향해가는 자신을 어찌해 볼 도리가 없었다. 성취만이 내가 가치 있는 사람임을 알게 해주는 끈이었다. 그러다가 과욕을 부렸고 너무 지나쳐서 몸이 내 몸이 아닌 것만 같았다. 몸은 언제나 복수를 한다. 나는 병에 걸렸다. 빨리 늙어갔다.

4년이 흐르자 38세가 된 나는 60세가 넘어 보였다. 뺨의 살은 축 늘어지고 처진 눈두덩은 다크서클이 두껍게 생겼다. 일에 미친 날들에 대한 대가를 치른 것이다. 그렇다. 내 몸은 닳아 버렸다. 샌프란시스코의 사설 클리닉으로 차를 몰면서 얼굴 성형을 하자고 결심했다. 지금부터 90분 후에는 내 얼굴의 반 이상이 다시 탱탱해질 것이다. 일에 헌납한 젊은 날을 되찾지는 못할지라도.

수술대에 올라가기 전 마지막으로 전화의 음성 메일을 점검한다. 동업자 중 두 명이 재투자를 하지 않겠다는 메시지를 남겼다. 우리는 어떤 회사에 6개월 동안 돈을 투자하고 영업이 잘되기를 기다려 왔다. 인터넷 거품이 터져서 투자자금을 더 모으는 것은 불가능한 상태다. 회사는 막다른 골목에 와 있다. 투자자들은 돈을 더 내놓거나 파산을 선고해야 할 형편이다. "메리 크리스마스, 회사가 더 이상 돈이 없어요. 모두 해고입니다." 모든 사람에게 전화 걸기에는 너무 이른 시간이다. 나는 모든 투자가에게 전화를 걸어 음성 메일을 남긴다. 할 수 있는 일을 알아서 하라고. 그러다가 깨닫는다. 나는 항상 일하고 있음을. 항상. '항상'이라는 단어를 다른 말로 바꾸자고 결심한다. 예를 들면 '지금'으로.

시간이 흐르자 내가 모든 것을 껴안을 수 없다는 것을 깨달았다. 내 팔은 내 인생의 모든 것을 통제하기엔 너무 많은 절박한 시도들로 넘쳐나고 있었다. 사실 어느 것도 정말 잘하는 것은 없는 것 같다. 어떤 일에는 솔직히 끔찍하리만큼 서툴다. 생각할수록 인생은 알 수 없다. 그렇다고 생각지 않는가? *잘하려고 하면 할수록 잘 안 되고 다른 사람을 통제하려고 하면 할수록 '반대한다'라는 고함만이 들려온다.*

녹초가 되는 상황은 위임을 하지 않으려는 고집스런 태도와 깊은 관계가 있다. 당신도 녹초가 되어 나가떨어지고 싶지는 않을 것이다. 자신의 그릇에 있는 것을 더 많이 덜어내서 다른 사람의 접시에 넘겨주라. 물론 그들이 내 입맛대로 일하지는 않는다. 결과는 나쁠 수도 있고 어쩌면 좋을 수도 있다. 골자는 당신이 모든 것을 혼자 할 수는 없다는 것이다. 내 말을 믿어라. 다 겪어 보고 하는 말이다.

몇 십 년이 걸려서야 내가 뭘 잘하고 뭘 못하는지 알 수 있었다. 나는 만들기는 잘해도 오랫동안 유지하는 것은 잘 못한다. 나는 마케터이지 매니저가 아니다. 현장 영업사원이지 경리담당은 아니다. 사업을 시작해서 3년이나 5년 사이에 다른 이에게 넘기는 것을 더 이상 흠이라고 여기지 않는다. 이제는 심지어 그런 사항을 미리 모든 사람에게 알려주고 일을 시작한다. 직원은 약간만 고용하고 필요하면 그때그때 계약직을 구한다. 분쟁을 조정하는 것과 해결책을 제시하는 것에 능하지만 그렇다고 해서 늘 현장에서 모든 일에 직접 얽매일 필요는 없다. 지금은 때로 사교적 활동보다 홀로 있는 것을 더 좋아한다. 사교적 만남은 처음 몇 시간 동안은 재미있지만 금방 지칠 수도 있다.

나의 두뇌가 어떻게 작동하고, 선천적으로 무엇을 잘하는지, 그리고 무엇을 피해야 하는지 파악하는데 수년이 걸렸다. 당신이 잘할 수 있고 즐길 수 있는 일을 마침내 발견했을 때 때론 그것을 하기 위해

247

용기가 필요하다. 당신이 금방 부자가 되지는 않겠지만 성공이란 것이 반드시 부에 관한 것만은 아니다. 너무 많은 사람이 고등학교 때 했던 괴상한 테스트 결과, 자질 있음 판정을 받은 분야에서 커리어를 키워야만 성공할 수 있을 거라는 생각에 사로잡혀서 산다. 또는 여름방학 때 맥도날드에서 일한 경험 때문에 식음료 산업 분야를 벗어나지 못하기도 한다. 그렇지 않다면 당신은 이미 어릴 적에 장기를 발견하고 그 일을 하면서 행복하게 사는 몇 안 되는 행운아일 수도 있겠다.

이르건 늦건 당신의 재능, 그리고 부족함을 발견하면 당신을 도와줄 다른 사람이 필요하다. 당신이 갖지 못한 재능을 가진 사람들로 팀을 꾸려야 한다. 통제에 혈안이 된 사람, 직접 일을 떠맡아야 직성이 풀리는 사람, 자신이 늘 옳다고 확신하는 사람들에게는 쉽지 않은 일이다. 그러나 녹초가 되지 않으려면 이 길밖에 없다.

생선은 머리부터 썩는다

내가 CEO를 맡았을 때마다 완벽하고 멋지게 일을 해냈다고 말하고 싶지만 일본 속담처럼 '생선은 머리부터 썩는 법이다.' 회사에 문제가 있으면 먼저 높은 사람들이 어떤 사람들인가 보라. CEO와 이사회를 살피는 것이다. 무엇인가 문제가 있을 것이다. 살아가면서 문제가 생길 때도 자신의 내면을 들여다 보라. 머리는 고통의 진원지이기도 하고 치료의 시작이기도 하다. 어떤 태도와 생각을 가질 것인가가 결과를 좌우한다. 긍정적 태도와 생각은 활력을 가져다주지만 부정적 태도와 생각은 반대로 작용한다. 선택이 어려운가?

CEO직을 그만두었을 때 또 다른 일련의 실수를 반복했다. 자꾸 부적합한 사업 파트너와 임원들을 선정했다. 이유는 한 가지였다. 두려움. 통제권을 잃게 될까봐 두려웠고 남을 신뢰하는 것이 두려웠기 때문이다. 무엇보다 실패가 두려웠다. 두려움은 항상 판단을 흐리게 한다. 특히 사람을 뽑을 때는 그렇다. 말할 필요도 없이 이런 식의 불행한 관계는 오래가지 못한다. 한때 영업에 충분한 경험이 없었기 때문에 MBA를 뽑았는데 결국 모든 영업은 나 스스로 하고 말았던 경험이 있다. 그 후 결국 내 파트너의 지분을 인수할 수밖에 없는 상황까지 갔다. 그때는 나의 강점을 몰랐고 다른 사람의 성과를 어떻게 측정해야 하는지도 몰랐다. 통제의 강박에서 벗어나지 못한 사람이 처음 위임을 시도할 때 실수를 저지르기 쉽다. 시간이 가면서 새로운 행동양식을 배우고 오류수정을 하게 된다. 나는 위임을 연습해 나가면서 정말 훌륭한 직원들을 만나기도 했다. 나만큼 회사를 사랑하고 책임감이 높은 직원들이었다.

이쯤 되면 무엇인가 자기성찰이 필요하다. *문제는 언제나 나 자신이다. 해답도 또한 나 자신이다.* 일이 잘 안 풀리면 자기평가를 해보라. 문제가 왜 생겼나 생각해보고, 친구들과도 의논해 보라. 아마 열이면 아홉, 내 안에 문제와 해답이 모두 있다는 것을 발견하게 된다. 행동을 통해서 변화를 모색하라.

통제에 대한 강박환자였던 사람으로서 이제 나는 사람과 상황, 또는 결과를 통제할 수 없음을 받아들인다. 영향력 정도는 발휘할 수 있다. 따라서 이제는 예전에 비해 스트레스를 훨씬 덜 받는다. 직원들도 내가 그들의 일을 떠맡지 않을 것을 알기에 더 많은 책임감을 보여준다. 직원들이 완벽하게 일을 해내는 경우에도 가능하면 현실적인 기대치를 가지려고 노력한다. '통제광'으로서 나는 실망에 대처해 나 자신을 훈련시켰다. 실망스런 상태를 미리 예상하기조차 했다. 나는 오직 나 자신만을 통제하고 사람들이 나의 요구에 부응해주길 기대한다. 그리고 이제는 훨씬 자주 그렇게 하고 있다. 당신도 훌륭한 팀을 구축하려면 그래야 한다.

당신의 팀과는 별개로, 아이디어를 평가하고 당신의 약점을 보완해줄 하나 또는 그 이상의 멘토가 필요하다. 당신이 CEO라면 경험 많고 성공한 임원들로 구성된 강력한 자문단이 필요하다. 팀원을 고용하는 일과 마찬가지로 사업 파트너로 키우는 일도 중요하다. 당신이 적어도 함께 6개월을 일해보기 전까진 그리고 다수의 문제를 해결하기 전까진 사업 파트너를 결정짓지 말라. 결혼서약서와 함께 이혼서약서에도 사인하라. 퇴직규정을 미리 작성해 놓아야 한다. 당신이 사람을 고용하는데 서툴다면 그 역량을 갖춘 멘토의 도움을 받아 직원을 고용하고 그들의 일을 감독하라. 팀 멤버가 제대로 일을 해내지 못하면 상황은 나빠질 뿐이니 빨리 내보내라. 고용의 황금규칙─ 천천히 고용하고 빨리 해고하라 ─을 명심하라.

숫자에 둔감하라

사람들은 얼마를 가지면 쳇바퀴 도는 인생을 마감하고 자유로운 몸이 될 수 있는가에 대해 말하곤 한다. 실리콘밸리에서는 어떤 일에도 안녕을 고할 수 있을 정도의 충분한 액수의 돈을 '퍽큐 머니(Fuck You Money)'라고 부른다. 그러나 우리는 과도한 라이프스타일로 점점 더 많은 돈이 필요해진다는 사실을 놓치고 있다. 일에 파묻혀서 '더, 더'를 외치는 생활을 하면 만족감을 느끼기 위해 비싼 사치품들을 구매하기 마련이다. 열심히 일하고 인생을 바친 결과로 사치품들을 얻었다. 맞는 말이다. 그래서 인생이 더 나아질까? 영혼이 충만해질까? 나는 그렇게 생각하지 않는다.

어떤 사람들은 단순히 일을 많이 하는 것이 좋아서 일에 중독되기도 한다. 내가 아는 몇몇 사람들은 수백만 달러를 벌어들이고도 길에서 흔히 보는 이웃집 아저씨 같은 수수한 모습으로 산다. 그들이 명품을 혐오하는 것도 아니다. 그래도 그들이 더 행복한 사람들이다. 그들이 소중히 여기는 것은 사람들과의 관계이다.

251

장난감은 오래가지 못한다. 숫자도 장난감과 비슷하다. 대개 목표를 세우고 그것을 달성하기 위해 일로 매진하면서 인생을 경험하고 나면, 결국 중요한 것은 죽도록 일하면서 나를 잃어버리는 것이 아니라 남들과의 관계, 봉사, 헌신, 일하는 즐거움 자체임을 깨닫게 된다.

통제와 탈진을 방지하기 위한 나만의 지침이 있다. '통제광'들은 위임을 하지 않기 때문에 종종 탈진하고 만다. 그들은 다른 사람들이 자기의 요구에 부응할 것이라고 믿지 않는다. 소통하지 못하는 사람은 다른 사람을 믿지 못한다. 사람들과의 관계를 소중히 여기지 않는 사람들은 소통하지 못한다. 결론은 소통이다. 소통이 신뢰를 이끌어 낸다.

우리 모두 어느 정도 이 진실을 알고 있다. 하지만 안다고 해서 그대로 살지는 않는다. 주의를 환기시키려면 어떤 충격요법이 필요할까? 나는 거래처 수를 늘려가는데 너무 기계적으로 몰입해서 깊은 인간관계를 모두 망가뜨렸다. 첫 번째 충격은 1991년에 암일지도 모른다는 의사의 진단이 있었을 때 왔다. 전화를 걸어 도움을 요청할 사람이 아무도 없었다. 수술 후에 의사가 무슨 이야기를 할지 공포에 떨면서 혼자 휠체어를 타고 수술실에 들어가는 일은 말로는 표현할 수 없는 외로움이었다. 4년 후에 또 한 번 암에 대한 공포를 겪었다. 의사가 몸이 보내는 메시지를 들으라고 경고했지만 나는 일을 멈출 수 없었다. 아니 멈추지 않았다. 몸이 계속해서 정신 차리라고 신호를 보내왔다. 치과의사는 내가 자면서 너무 심하게 이를 갈아대기 때문에 광범위한 재건수술이 필요하다고 말했다. 그러나 내가 그 말을 인정한 것은 결혼할 때 찍은 사진을 보고 난 후였다. 웃는 내 모습은 기울어진 입 때문에 괴상해 보였다.

신의란 어떤 모습인가

절대 아프거나 죽을 것 같지 않던 사람이 죽음을 맞이하게 되자 나는 뺨을 맞은 것 같은 충격을 받고 마침내 정신을 차리게 되었다. 그 충격은 살을 베는 것처럼 날카롭고 깊었다.

· · ·

"크리스마스 때까지 살아계실 확률이 약 20% 정도 됩니다." 스테인 박사가 우리에게 알려준다. 2003년 10월이다. 9개월 전만 해도 아버지는 훤칠한 키에 건장한 부족의 대장 같으신 분이었다. 자신감이 넘치고 늘 용감하신 아버지에게 친구들과 사람들은 언제나 해결책을 구하고 자신들의 문제를 의논하러 오곤 했다. 아일랜드 조상을 가진 아버지는 그의 이름 코모포드가 과거에 용감한 전사들이 전투를 하기 위해 모이던 코몬 포트 (common fort: 공동 주둔지)에서 유래한 것이라고 하셨다. 종양전문의, 외과의사, 위장 전문의 등 모든 의사들이 같은 이야기를 한다. 아버지는 췌장암 말기이다.

12월 중순까지 아버지는 닳아 없어지고 있는 것 같았다. 처음에는 천천히, 그러다가 갑자기 최근 두 달 동안은 암이 게걸스럽게 아버지를 먹어 치우고 있다. 얼굴은 가라앉았다. 6피트 3인치의 몸은 너무 말라서 뼈에 가죽만 붙어 있는 것 같다.

진단이 나오기 바로 전에 VC 펀드를 다른 펀드에 병합하고 나는 일선에서 물러났다. 좀 천천히, 숨도 쉬어가면서, 여유를 가지고 일하고 싶었다. 아버지의 병 때문에 나는 공식적으로 은퇴를 선언하고 만다. 이제 아버지가 없어질 것이라고 생각하니 얼마나 아버지의 존재가 내게 중요했고 내가 얼마나 그를 모르는지 갑자기 깨닫는다. 아직 아버지를 알 수 있는 시간이 남아있다. 절대로 그냥 날려 버릴 수 없다.

30년 이상 서로 맘이 깊이 상할 정도로 다투고 늘 복잡한 관계로 지내다가 나중에 아버지와 나는 절친한 친구 같은 사이로 변했다. 돌아가시기 전 몇 달 동안 아버지와 나는 우리의 논쟁에 대해 다시 한번 이야기하면서 서로 진심으로 용서를 구한다. 아버지는 내가 그토록 듣고 싶었던 말씀을 하신다. 아들이 아니어도 나를 마음속으로 기쁘게 생각했다는 말. 나는 아버지에게 내 모습 그대로 기쁜 선물이었다.

내게 세 가지 약속을 해달라고 하신다. 어머니가 힘든 시간을 잘 견디시도록 도와 드릴 것, 어머니가 재혼하시도록 용기를 드릴 것, 그리고 당신의 재를 제일 좋아하시는 마위 섬의 햄버거 집 키모 바로 뒤, 바다에 뿌려줄 것. 며칠 후 숨을 쉬기가 점점 힘들어지신다. 말하는 것이 힘들어지고 좋아하시던 딸기 쉐이크도 거부하신다. 물도 거의 마시지 못하신다. 생명의 문이 닫히고 있다. 나는 아버지를 돌보는 긴 시간 동안 어머니가 주무시거나 약국에 가셨을 때면 사랑한다고 말하면서 웃음을 띠려고 노력한다. 눈물을 참는 것은 여태껏 해보지 못한 어려운 훈련이 필요한 일이다. 결국, 포기하고 아버지 앞에서 울고 만다. 아주 조금만. 밤에 손님 방에서 이불을 뒤집어쓰고 북받쳐 오르는 슬픔에 엉엉 소리 내서 울었다.

어머니는 아버지의 병상 옆에 놓인 긴 의자에 얇은 담요를 깔고 주무신다. 벌써 몇 주째 그곳에서 새우잠을 주무시면서 아버지가 희미한 신음 소리만 내도 금방 일어나시곤 한다. 나는 어머니가 주무시는 얇은 매트리스를 유심히 쳐다본다. 이것이 바로 신의의 모습이다. 기억하라. 마음속에 뚜렷이 새겨 넣어라. 이것이 바로 네가 하고 싶은 사랑이다. 그리고 받고

254

싶은 사랑이다.

어머니는 오랫동안 냉담했다. 아버지가 새벽 다섯시에 '일을 끝내고' 집으로 오셨을 때 냉담했고, 내가 아버지의 차에서 엄마 것도, 내 것도, 여동생 것도 아닌 진주 귀걸이를 발견했을 때 냉담했다. 아버지를 찾는 젊은 여자의 목소리가 전화를 해 왔을 때도 냉담했다. 결국 어머니는 더 이상 냉담하지 않기로 결정했다. 내가 16살이었을 때 어머니와 나는 아버지를 떠났다. 각자 차를 몰고 코네티컷에서 캘리포니아로 갔다. 그렇다. 우리는 아버지의 금색 벤츠를 몰고 나왔다.

서부로 가서 살았다. 내가 14세 때 부모님이 처음 별거했을 때도 그랬다. 나는 아버지를 미워했다. 진한 미움이었다.

이혼하고 13년이 흐른 후에 부모님은 다시 결혼을 하셨다. 아버지는 자신이 잃어버린 것의 소중함을 알게 되었고 어머니의 존경심을 다시 회복했다. 다시 결혼할 때 가장 중요한 약속은 신의였다. 결혼식을 올리는 장소에서 아버지의 얼굴에 처음으로 나타난 깊은 헌신의 표현을 보고 나는 자꾸 눈물을 흘렸다. 사랑과 동경의 얼굴이었다. 그때 내 나이 서른넷이었다.

아버지는 내가 어렸을 때 좀처럼 손을 잡아 주지 않는 분이었는데 이제는 자꾸 손을 잡으려 하신다. 강했던 손은 치료제와 진통제 때문에 부드럽고 연한 소시지 같은 느낌으로 변했다. 내 손안에서 아버지의 손은 '미안하구나. 정말 잘못을 많이 저질렀어' 라고 말한다. 나중에 병이 깊어지자 '나를 용서해 주렴' 하고 말한다.

'저도 잘못했어요.' 내 손도 속삭인다. '용서해 주실 거죠?' 아버지의

255

손을 가볍게 쓰다듬으며 내 손이 말한다.

'그럼.' 아버지의 손에 약한 힘이 느껴진다.

12월 23일. 아버지는 아직 살아계신다. 이틀을 더 버텨서 의사들이 틀렸다고 말하고 싶어하신다는 것을 나는 안다. 아버지는 언제나 통계적 상식에 도전하는 사람이었다.

침대 옆에 앉아서 아버지의 손을 쓰다듬으며 속삭임을 듣기 위해 가까이 몸을 수그린다.

"사랑한다. 얘야."

"사랑해요. 아빠."

아버지는 반은 이승에, 반은 저승에 계시는 것 같다. 내가 볼 수 없는 어떤 방문자들을 향해 방의 이곳저곳을 가리키신다. 사랑했던 사람들이 이제 갈 길을 인도하기 위해 와준 걸까? 아버지는 너무 많은 '마중'에 놀란 듯 보인다. 할아버지, 할머니, 양할머니, 그리고 더 많은 사람이 오지 않았을까.

새벽 4시가 되어서야 어머니와 나는 잠자리에 들려고 했다. 아버지에게 안녕히 주무시라고 키스했을 때 눈이 멍하니 다른 곳을 보고 계셨다. 3시간 후 일어나 보니 아버지는 떠나셨다. 12월 24일이었다.

· · ·

아버지와 함께 보낸 마지막 11개월은 인생에서 가장 힘든 시간이었고 가장 무서운 경험이었다. 하지만 그렇게 보낸 시간들에 무한한 감사를 느끼며 진정으로 행운이었다고 생각한다. 그 시간들을 통해서 인생의 가장 중요한 교훈을 얻었음을 믿어 의심치 않는다.

가장 큰 상처를 준 사람을 용서하라.

아버지는 내게 생명을 주었지만 일곱 살인 내게 아버지 자신을 미워하게 만든 장본인이었다. 나 역시 자발적 공범이었다. 나는 도망쳤다. 그 누구도 내게 강요하지 않은 일이었다. 아버지 때문에 나의 길에 들어선 것과 마찬가지로 44세가 되어서야 제자리로 돌아오게 한 것도 아버지였다.

어떻게 소통하는가?

아버지의 죽음을 애도하면서 소통에 관해 깊이 생각했다. 인생에 의미 있는 관계가 얼마나 될까? 얼마나 많은 사람을 사랑했고 적극적이었나? 매일 얼마나 많은 사람에게 감사하는가?

남편 크리스를 처음 만났을 때 — 그는 《Fortune》에 실린 나의 사진을 보고 연락을 해온 남자다 — 그가 얼마나 가족들과 깊이 소통하는지, 만나고, 전화하고, 카드를 보내는데 얼마나 많은 시간을 쓰는지 알게 되자 감동을 받았다. 그의 가족을 만났을 때, 나는 서로 용서하고 도우며 모든 결점을 받아들이는, 긴밀한 유대를 형성하고 있는 사람들 앞에서 압도되었다. 결혼은 물론 아이도 낳지 않을 것이라고 나는 말해왔다. 그런데 너무나 매력적인 남자를 만났고 짠! 우리는 2년 후 결혼을 했다. 나는 일곱 살 된 귀여운 남자아이의 엄마가 되었다. 부모의 역할에 대해 하나도 아는 것이 없었다. 나는 책을 탐독하며 양부모의 역할에 관해 공부했고 심리상담가에게도 도움을 청하는 열정을 가지고 떨리는 마음으로 부모로서의 첫발을 떼었다. 남편 가족의 일원이 되고, 아버지의 죽음을 통해 어머니와 더 가까워지고, 아이를 키우는 일을 하게 되자 내 인생은 사업과 야망으론 만들 수 없는 새로운 모습으로 변해갔다.

마침내 – 그렇다, 나는 아무것도 몰랐다 – 사람들과, 가족들과, 친지들과, 지역사회와 소통하는 법을 공부하기 시작했다. 남편처럼 나도 연락하며 지내고, 카드도 보내고 별 이유 없어도 불쑥 만나러 가기도 했다. 그는 사회성도 뛰어나서 사람들을 잘 끌어 모은다. 그런 능력을 나도 배우고 싶지만 부담 없이 친하게 지내지 못하고 사업적 관계로 확장하려 들지 않을까 걱정이 되어서 포기했다. 나는 스타가 되고 싶었고 그렇게 되었다. 그렇지만 소통의 중요함을 잊어버리고 혼자 독불장군인 양 나아갔었다. 이제는 다른 사람들을 돕는 것이 좋다. 사람들이 사업을 하도록 돕는 것이 행복하다. 나는 스타가 아니고 스타 제조기가 되는 것이 좋다.

우주의 총책임자 자리를 사임할 때까지 나는 통제 강박에 시달리는 인생을 살았고 그래서 녹초가 되곤 했다. 그리고 인생이 모든 것을 놓아버리도록 만들었다. 정말 중요한 것은 당신이 다른 사람에게 성장하고 신뢰받을 기회를 더 많이 제공할수록 그들은 더욱 책임감을 갖는다는 사실이다. 그리고 당신이 그들을 귀하게 여길수록 당신은 더

욱 훌륭한 관계를 구축하게 되고 그들은 당신의 요구에 부응하기 위
해 더욱 노력할 것이다.

반년마다 자가 진단하기

　당신이 인생의 어떤 단계에 있는지 알아보라. 자가 진단을 안 하면 다음과 같은 일이 생길 수 있다. 첫째, 원래 계획했던 곳에서 한참 멀어져 있는 자신을 뒤늦게 발견하고 충격을 받을 수 있다. 둘째, 녹초가 되는 것을 미연에 방지할 기회를 잃어버릴 수 있다. 진단의 방법은 이렇다. 1년에 두 번(나는 6월과 12월에 한다) 모든 것에서 떠나라. 할 수 있다면 혼자서 멀리 가라. 그럴 수 없으면 목욕탕에라도 들어가서 문을 잠그고, 다음의 질문을 스스로에게 던져 보아라.

사생활에 문제가 없는가?
- 자아의 발견과 영적 개발에 발전이 있는가?
- 신에게 가까이 있는가 아니면 물질적인 것에 휩쓸려 사는가?
- 나 자신이 나의 가장 친한 친구인가? 나를 사랑하는가?
- 자신과 남에게 정직한가? 거짓되거나 방어적이지 않고 진실한가?
- 편한 것에 안주하지 않고 더 뻗어 나가려고 노력하는가?
- 두려워하는 것이 있는가?
- 다음 단계로 가기 위해 무엇을 해야 하는가?
- 내가 가진 관계들은 충족감을 주는가?

커리어가 커가고 있는가?
- 계속 학습하고 도전하고 있는가?
- 한 달에 5명 이상 새로운 사람들을 만나고 있는가?

- 자신과 남에게 정직한가? 거짓되거나 방어적이지 않고 진실한가?
- 두려워하는 것이 있는가?
- 다음 단계로 가기 위해 무엇을 해야 하는가?
- 내가 가진 관계들은 충족감을 주는가?
- 자신을 받아들이고, 사랑하며 사람들과 교류할 때 영혼을 담아서 하는가?

나의 문제는 내 안에 있다는 사실을 인정하는가? 해답도 내 안에 있음을 아는가?

사람들을 있는 그대로 받아들이는가? 변화를 강요하지 않는가?

시간이 필요한 변화를 기다려 줄 수 있는 인내심이 있는가? 내가 가진 모든 것에 감사하는가? 남들의 어려움을 이해하는가?

재무와 부, 직업, 자유시간과 재미, 건강과 외모, 관계, 개인적 발전, 공동체에 대한 봉사, 7개 분야에서 목표를 이루어 가고 있는가?

나는 인생의 모든 중요한 측면에서 소통에 성공하고 있는가? (개인, 가족, 지적, 영적, 여가활동)

무료로 제공되는 좋은 자료들

www.RulesForRenegades.com 접속 후 다운로드
(접속 시 로그인 필요)

"Seeking Balance via Connection"
"Future Planning Worksheet"
"Goal Setting Worksheet"
"How to Create an Advisory Board"
"Effective Board Reporting"
"Making Decisions based on ROI"

Rule_9

완전한 책임을 져라

줄 때도 받을 때처럼
기쁘게, 재빨리, 주저하지 말고 주어라.
움켜쥐고 있는 것처럼
볼썽사나운 것은 없다.

세네카(Seneca)

시체 공시소에서
삶의 비밀을 배우다

불가항력의 어려움에 맞서 인생을 살아가려면 꼭 필요한 것이 있다. 어떤 일이 생기더라도, 모든 것을 다 잃더라도 언제까지나 '나'는 남을 것이라는 사실을 아는 것이다. 절대로 흔들리지 않는 중심을 가지고 자신의 한계를 아는 것, 타협

하지 않는 선을 설정하는 것이 필요하다.

우리가 사는 세상이 완벽하다면 10대와 20대의 청소년들 모두가 직업을 가지기 전에, 혼자만의 인생을 시작하고 어려움에 처하기 전에, 훌륭한 어른들에게서 어떻게 살아야 하는지 확실하게 지도를 받을 수 있을 것이다. 하지만 실제로는 많은 젊은이가 길을 잃고 방치된다. 자신을 알아가는 것은 전 인생에 걸친 긴 여정이 필요하다. 그렇다고 너무 여유를 부릴 일은 아니다. 자신에 대한 공부를 일찍 시작하라.

긴 시간에 걸쳐 얻은 나만의 철학을 간단히 표현하면 '나는 업보를

완전한 책임을 져라

믿는다' 라는 것이다. 생각하고 행하는 모든 것이 내게 다시 돌아온다. 좋은 일이건 나쁜 일이건. 잘못을 저지르면 그 자리에서 깨끗이 치워야 한다. 아니면 나중에 모든 것이 딱딱하게 말라 비틀어져 치우기가 힘들어진다. 세상이 점점 더 빨리 움직이기 때문에 업보도 예전에 비해 훨씬 빠르게 다시 돌아온다. 뭔가 이상한 일을 하면 이전보다 더 빨리 대가를 치르게 된다. 이 간단한 법칙을 따른다면 – 이해하긴 쉽지만 따르기는 쉽지 않은 – 좀 더 행복하고 평화로운 삶을 살 수 있다.

기억, 그리고 망각

인생은 기억과 망각의 사이클이다. 인생에서 진정으로 중요한 것이 무엇인지 알고 있을 때, 우리는 행복하고 인생의 목표도 확실하여 모든 것이 장밋빛으로 보인다. 그리곤 모든 사실을 잊는다. 혼란스럽고, 두렵고, 화가 나고, 이기적인 인생이 시작된다. 그러면 '도대체 왜 사는 것이 이렇게 한심한가?' 하고 한탄하게 된다. 헤매다가 다시 기억해낸다. 자신이 진정 원하는 삶이 어떤 것인지를. 그러면 고통이 사라지고 평화를 느낀다. 물론 또 잊어버리겠지만. 오랜 세월이 걸려서야 나는 이것을 이해하게 되었고 나를 포함해 망각의 국면에 처한 사람들을 보게 되면 연민을 갖게 되었으며 길 잃은 나 자신을 다시 찾기 위해 도구를 사용해야 할 때를 인식하게 되었다.

나는 언제나 자아 발견과 영적 계발에 관심이 많았다. 열세 살 때 세상은 어째서 고통으로 가득 차 있는가에 관한 책을 읽었다. 그 책에는 세상 사람들의 고통을 줄이기 위해 어떻게 해야 하는지도 적혀 있었다. 불교에 관한 그 책은 나의 뇌리에 깊이 각인되었다. 열일곱 살 때 실천을 위해서 승려가 되었다. 몇 년이 흐른 후에 나는 내가 왜 승려가 되었는지 망각했다. 7장에서 이야기했듯, 라마는 나를 법의학자와 함께 시체 공시소에 보냈다. 잃어버린 목적을 다시 찾게 하려는 훈련이었다.

• • •

"묘지에서 명상해 본 적 있지?" 어느 날 오후 명상시간이 끝나자 일레인 패터슨 박사가 발을 끌며 천천히 내게 와서 묻는다. 그녀는 지나치게 가까이 내 얼굴을 뚫어져라 쳐다본다.

"묘지 말이야. 거기서 명상해 본 적 있느냐고?"

"네. 여러 번이요. 별 일 아니던데요." 저는 불교승려예요. 묘지에서 명상하는 것은 죽음이라는 운명을 탐험하는 1장 1조 같은 거지요. 불교의 기본이라고요

나는 3년 전에 승려로서 서약을 했다. 동료 승려들은 내가 마치 영원히 살 것처럼 군다면서 도를 닦으려면 멀었다고 한다. 해탈을 향한 경주 도박 같은 이 사원의 한 단면이다. 성마른 몇몇 늙은 승려들은 원기 왕성한 젊은 승려들에게 겁을 준다. 마치 모든 승려가 다 깨달음을 얻을 수는 없다는 듯이. 어쨌거나 그렇다.

"좋아. 네가 얼마나 강한지 한번 보자. LA 카운티의 시체 공시소에 갈

거야. 일요일 아침 10시에 노우스 미션 로드 1140에 있는 주차장에서 만나자."

"알았어요. 갈게요."

"꼭 와야 해."

간다. 가야 하나? 일레인은 이상한 짓 할 사람은 아니다. 내 말은 그녀도 승려이고 뭐 믿을만한 사람이라는 거다. 그녀는 아주 늦게 승려가 된 사람이다. 마흔 살 때 됐다던가? 그녀는 완전히 성숙한 승려고 나는 아기 승려라고나 할까. 스무 살 아기. 아직 자아가 너무 넘쳐나는 나이가 아닌가. 일레인은 내가 너무 자아가 강해서 말리부 사원의 모든 사람들이 아주 질색한다고 말했다. 그래. 나도 사실 나 자신에 숨이 막힌다. 서약 후 성적인 즐거움을 완전히 포기했는데 아직 깨달음도 얻지 못하고 있지 않은가?

라마는 우리가 수도 서약의 신성함을 잃지 말고 살아가야 한다고 강조한다. 라마는 일레인에게 나를 도와 육체의 덧없음을 깨우치게 하라고 명령한다. 나는 미끈한 몸매를 가지고 있다. 나는 지금 서부 헐리우드에 있는 한 체육관의 '피트의 몸 만들기(Pete's Butt Busters)' 프로그램의 회원이다.

처음 일레인을 보았을 때 엄청 놀랐다. 그녀는 독수리 같은 인상이었다. 짧고 굵은 몸매, 날카로운 매부리코, 어깨는 구부정하게 굽었다. 그녀가 시체들 사이로 웅크린 채 돌아다니며 주검들을 베면서 대담하고 소름 끼치는 부검을 하는 장면을 한번 상상해보라. 나는 절대 할 수 없는 일이지만 그녀에게는 잘 어울리는 일처럼 보인다.

토요일, 선셋 대로의 동쪽으로 차를 몰아갈 때 날씨는 온화했다. 안개가 걷히고 있었다. 주차장에 나의 폭스바겐 래빗을 주차시킨다. 일레인이 그녀의 파이트 스파이더를 몰면서 나를 휙 지나쳐서 차를 세운다. 엔진을 끄는데, 끽끽거리는 바이올린 같은 소리가 시끄럽게 난다. 차에서 내려 나를 향해 빙글 돌아설 때의 그녀의 다리는 마치 독수리 다리 같다. 그녀는 어둡게 코팅을 한 선글라스를 통해 나를 바라보고 있다. 선글라스 안쪽도 매우 어두운 것 같다.

"준비됐어?"

"네. 가요."

"그래 가자. 평생 절대로 잊지 못할 광경을 보게 될 거야. 내가 보여줄게." 일레인은 무거운 회색 문을 향해 앞서서 걷는다. 문이 삐걱 열리더니 쾅하고 닫힌다.

"어서 와." 그녀는 기울어진 어깨 너머 덤벼들 듯 말한다. "여기가 LA 카운티 시체 공시소야."

시체들. 여기저기 시체가 있다. 그들은 두 줄로 환자용 수송 침대에 쌓여 있다. 천으로 울퉁불퉁 덮여 있다. 보이지는 않지만 그것들이 시체라는 것을 안다. 바로 내 눈앞에 시체들이 쌓여 있다. 가려놓았지만 냄새는 어쩔 수 없다. 곰팡내가 섞인 진하고 고약한 약품 냄새가 코를 찌른다. 입으로 숨을 쉬고 있지만 냄새를 완전히 피해갈 수는 없다. 이 주검들은 입체 영상이다. 우리 승려들이 보면서 명상을 하던 사진하고는 차원이 다르다. 이 주검들은 코앞에서 오감을 자극해 오는 것 같다.

"저기요, 일레인?" 나는 작은 목소리로 물어본다. "정말 많은 사람이 여기저기서 매시간 죽어 가나 봐요."

완전한 책임을 져라

"그래. 사람들이 그렇지, 뭐."

"네?"

"그래. 사람들이 너무 많이 죽어서 여기 방이 좁을 지경이라니까. 참, 내. 그렇게 속삭이지 않아도 된다고. 여기서 시끄럽다고 깨어날 사람은 없으니까 말이야." 달~ 달달, 일레인은 침대 하나를 오른쪽으로 밀치더니 천을 벗겨본다. 거기에는 서른 살 정도 된 라틴계 남자가 누워있다. 검은 곱슬머리가 그의 얼굴을 감싸고 차가운 은색 침대 위로 흘러내리고 있다. 윤기가 흐르는 탱탱한 몸이 형광 불빛 아래서 노랗게 빛을 발한다. 그녀가 문을 연다. "이 사람은 나중에 보자."

"음, 일레인?"

"왜? 뭔데?"

"이 남자 왜 죽었어요?"

"405번가에서 차에 치였어. 주의해야 해. 길 한가운데로 건너면 안돼. 일찍 죽기 십상이라고."

"여기 오래 있었어요?"

"자, 자세히 들여다 봐." 그녀는 팔꿈치로 나를 쿡 찌른다. "어떻게 생각해?"

"글쎄요. 잘 모르겠어요." 그는 살아있는 것 같다. 길거리를 가다가 쇼윈도 안에 있는 마네킹이 순간적으로 살아있는 것 같아서 움찔 다시 쳐다보면 금방 생명이 사라지고 없는 것처럼 느낄 때와 비슷하다. 그럴 때면 마네킹의 눈 속에서 빛나던 눈빛이 내가 상상한 것인지 아닌지 심란한 마음이 되지 않던가. "저는, 저~ 한 번도 시체를 본 적이 없었어요. 장례식에 가 본 적이 없거든요."

"장례식은 나중 일이지. 일단 부검을 해야 해. 한 시간쯤 뒤에 할거야."

"부검이요?"

"그래. 시체의 겉을 봤으니 이제 안쪽도 볼 수 있을 거야."

내장이 꾸룩꾸룩 소리를 낸다. 크게 낸다. 난 토하고 말 거야. 이 남자를 칼로 자르는 걸 보면 틀림없이 토할 거야.

"자 이쪽으로 와 봐. 냉장실로 가 보자."

"세상에나... 지금 아무것도 먹을 수 없을 것 같은데요..."

"괜찮아. 아무것도 안 먹을 거니까." 일레인은 딸각하고 휙~하는 소리와 함께 단단하게 생긴 금속 문을 연다.

"이곳이 시체를 보관하는 냉장실이야."

제길. 여긴 너무 춥다. 냉기가 다리를 타고 올라온다. 내가 거대한 냉장고 안에 들어오는지 모르고 있었다. 내가 입은 분홍색 탱크톱과 반바지는 이곳에서는 별로 도움이 안 된다.

일레인은 벌거벗은 주검들이 가득한 방 안쪽으로 나를 데리고 들어간다. 다리는 얼어붙고 근육은 굳고 목이 졸아든다. 천으로 가려 놓지도 않았다. 시체들이 한눈에 그냥 다 보인다. 여자들의 시체를 모아놓은 선반이다. 베이커리에 쌓여 있는 빵처럼 선반에 6명씩 쌓여 있다. 전혀 온기도 없고 냄새도 없다. 시체들은 벽을 따라 방을 채우고 있다. 마치 선반의 미로를 만들려는 듯이. 갓 죽은 자들의 영혼 때문일까. 방안의 공기가 답답하다.

"이제 됐어. 여기까지 데려다 주었으니까 이제 혼자 시간을 보내도록

완전한 책임을 져라

해." 딸깍.

쿵. 일레인은 가버렸다. 돌아오겠지. 그렇지?

난 여기 혼자 있기 싫다. 정말 싫어. 나는 문고리를 잡고 힘주어 잡아당긴다. 이... 멍청한... 문을... 열어야 돼... 아아아아! 잠겨버렸네. 그래. 침착하자. 심호흡. 심호흡을 하자. 아유. 여기 진짜 춥다. 완전히 발가벗은 느낌이네... 시체들처럼. 부검과 신고를 기다리는 시체들. 이 시체들, 사실 자는 거 아닌가. 20대도 있고 30대도 있다. 모두 날씬하고 키 크고 아름답기를 꿈꾸었겠지. 그런데 이 시체들 다 날씬하고 젊네. 늙은 사람들은 하나도 없나? 못생긴 시체들은 다 어디 갔지?

나는 선반 쪽으로 약간 다가가서 날씬한 갈색 머리의 여자를 내려다본다. 천장에 달린 불빛을 받아 그녀는 푸르스름한 빛을 띠고 있다. 세상에. 나랑 비슷한 나이인 것 같은데. 갸름한 얼굴, 얇은 입술, 굽이치는 머리는 녹색 피부 뒤로 흘러내려 선반에 누워있다. 세상에나. 나하고 비슷하게 생겼네... 아니 생겼었겠네. 이제 그녀의 피부는 하얗고 입술은 창백하고 머리카락은 윤기가 없다. 나처럼. 무슨 일이 있었을까? 어떻게 죽었을까? 술 먹고? 마약을 했나? 차에 치였을까? 어디로 가는 길이었을까? 회사에? 운동하러?

분명히 하루 뒤에 묘지 안에 있는 차디찬 냉장실 안에 먼지 쌓인 채 누워있게 되리라고는 상상도 못한 채 따스한 LA의 하루를 보내고 있었겠지. 절대로 나 같은 전혀 모르는 사람이 이런 생각을 하며 자신을 내려다보게 되리라고는 꿈에도 생각지 못했겠지. 정말 보이는 것처럼 확실하게 죽어있는지 확인하고픈 마음이 들어 그녀를 만지고 싶어진다. 그러나 움직일 수가 없다. 굳었다. 들러붙었다. 회색 리놀륨 바닥에 풀칠로 붙여 놓은 것처럼 꼼짝을 못하겠다.

좋아. 해보자. 용기를 내자. 얼굴을 어정쩡하게 들고 몸을 뒤로 빼는 듯하면서 나는 그녀를 향해 약간 움직인다. 팔을 뻗다가 그녀의 팔을 살짝 건드리자 깜짝 놀라서 다시 움츠러 든다. 그녀의 팔은 차갑고 파란색 사과처럼 단단하다. 내 팔을 만져본다. 따뜻하고 부드럽고 잘 익은 복숭아 같은 색이다. 가까이 더 다가간다. 그녀를 만진다. 다시 나를 만진다. 그녀. 나.

가슴이 터져버릴 것 같아 바닥에 주저앉는다. 슬픔이 가슴 깊은 곳에서 걷잡을 수 없이 솟구친다. 그녀에 대한 연민, 나에 대한 연민, 모든 사람들, 언젠가는 소멸할 모든 것들에 대한 슬픔이 날카로운 칼처럼 나를 벤다. 아무런 차이도 없다. 다 너무 똑같다.

무릎을 꿇고 무거운 가슴을 안은 채 그녀의 얼굴을 자세히 본다. 아름답다. 그러나 비어 있다. 나는 손을 뻗어 그녀의 생명이 없는 손을 내 손 안에 잡는다. 꽉 잡는다. 그리고 가만히 있는다. 누구일까? 사랑받는 사람이었을까? 사랑할 줄 아는 사람이었을까? 나는? 나는 어떤가?

생명. 너무나 소중한 것. 너무나 완벽한 것. 너무나 연약한 것. 내 뺨을 타고 흐르는 눈물처럼. 나는 눈물을 혀로 받아서 맛을 본다. 냄새를 느낀다. 달콤하고 쓴맛. 향기와 악취, 콘체르토와 양철이 부딪치는 소리. 냉장실 바닥에 앉아 주검들에 둘러 싸인 채 한 여자 주검의 손을 잡고서 나는 기억한다. 왜 내가 승려가 되려고 했었는지. 나는 사람들을 돕고 싶었다. 인간사의 고통을 줄여주고 싶었다. 그녀의 손을 다시 선반 위에, 가만히

273

완전한 책임을 져라

허벅지 옆으로 가지런히 놓아준다. 고마워요... 고마워.

일어나서 문쪽으로 비틀거리며 다가가 손잡이를 돌린다. 냉장실에서 나오며 바닥에 주저앉는다. 나는 한 손을 흰색 벽에 기대면서 분홍색 꽃무늬 탱크톱 위로 눈물을 떨구며 회색 타일 바닥을 기어간다. 무너져 내리는 다리로 밖으로 나와 주차장의 아스팔트를 걷는다. 청명한 오후의 햇살이 내리쬐고 있다.

나는 선셋대로의 서쪽으로 차를 몬다.

• • •

그 여인의 주검은 많은 것을 생각하게 했다. 제일 먼저 언젠가 나도 죽는다는 것. 그 언젠가가 생각보다 빨리 올 수도 있다는 것. 그러므로 지금 당장 가장 중요한 일을 해야 한다는 것. 두 번째, 나는 인간사 고통을 줄이고자 불교승려가 되기로 결심했다는 것. 그런데 내가 요즘 하고 있는 일은 무엇인가. 아무것도 안 하고 있다. 잊어버렸다. 나는 방향을 잃고 있었다. 다시 한번 자신을 돌아볼 시간이었다.

그러나 이런 생각은 완전하지 않은 것이었다. 이 경험을 통해 자신을 더 많이 알게 되었지만 아직도 나의 목표를 성취하고자 다른 사람, 즉 라마에게 너무 의존하고 있었다. 또한 그렇게 통렬하게 기억을 해낸 사실도 언젠가 다시 잊어버린다는 문제가 남아 있었다.

274

내게 맞는 봉사를 찾아라

시체 공시소에서의 특별한 경험은 그 후로도 4년간 효과가 있었다. 그러나 24세가 되자, 사원에서의 생활이 더 이상 나에게 맞지 않았다. 우리는 모두 삶의 고통을 초월하려고 열심히 명상훈련을 했지만 나는 오히려 그 고통을 몸으로 느끼고 같이 살아보고 싶었다. 서약을 파기하고 다시 속세로 돌아왔다. 29세가 되었을 때 이미 나는 물질의 세계에 깊이 발을 들여 놓고 있었다. 나는 돈을 많이 버는 것이 어쩌면 삶의 고통을 더는데 더 유용할지도 모른다는 생각을 했다. 좌충우돌하면서 사회생활을 하는 동안 라마를 떠나 더는 영적인 생활을 하지 않았다. 나는 명상을 7년 동안이나 하지 않았다. 그동안 IT 거품이 터지면서 많은 사람이 직장을 잃었고 나는 어려운 시기를 헤쳐나가도록 CEO들에게 컨설팅을 했다. 직원을 내보내고 자산을 매각하는 일을 도왔다.

나 자신이 대단한 영적 존재라고 생각하지 않는다. 그러나 적어도 영적인 삶을 탐구하는 인간으로서의 한 예는 될 수 있다. 일을 하다 너무 허무한 느낌에 시달릴 때면 여러 가지 방법을 통해 영적인 고양을 다시 얻으려고 노력했다. 토니 로빈슨 세미나에서 불타는 석탄 위를 걷기도 했다. 사막에서 홀로 지내기도 하고 주술사를 만나 함께 공부를 하기도 했다. 여러 개의 사원을 찾아 명상의 시간을 갖기도 했다. 하지만 나의 탐구는 일관성이 없었기 때문에 결과도 오래가지 않았다. 몇 주 만에 다시 성공을 향해 돌진하는 행위로 돌아가 반복의

완전한 책임을 져라 ◀

반복을 거듭했다. 40살이 되었을 때 이제는 정말 일을 좀 버리고 자신을 돌봐야 한다고 느꼈다. 그때 아버지가 암 선고를 받은 것이다.

나의 전 인생을 통해서 얻은 교훈이 무엇일까? 그것은 내가 아무리 노력을 해도 인간의 삶은 늘 고통이 함께 한다는 것이다. 이 진실과 함께 작은 깨달음도 얻었다. 매일 아주 조금씩이라도 고통을 줄이는 일을 할 수 있다는 것이다. 영적인 삶을 연습하는 과정을 통해 인생의 핵심가치를 정확히 깨닫기도 했다. 그것은 바로 사업과 생활 자체가 궁극적으로 사회 전체의 자비심을 증가시키는 일에 공헌해야 한다는 것이다.

영적인 훈련은 또 하나의 진실을 알게 해주었다. 인간은 원래 선하다는 것. 모든 사람은 하나하나가 다 엄청나게 놀라운 존재이다. 살면서 혼란을 겪을 뿐이다. 내가 보기에 사람들은 사랑과 두려움, 둘 중의 하나를 선택하는 것 같다. 내가 인간을 사랑하는 이유가 바로 그것이다. 우리 인간들은 복잡해 보이지만 실제로는 단순한 존재들이다. 사랑을 선택한 사람들을 만나면 도움을 받고 지지를 얻는다. 두려움에 휩싸인 사람들을 만나면 좀 복잡한 감정이 생긴다. 이런 진실을 마음속에 담고 살면 사람들과 지내는 것이 좀 쉽다. 연민과 동정이 생기고 판에 박은 듯한 반응은 자제하게 된다. 분노와 공격성 같은 감정들이 사실 두려움의 다른 모습이라는 것을 나는 안다. 두려움에 대해서는 이제 거의 졸업했다. 사람들이 내게 적대적으로 대할 때 이 진실을 상기하면 감정적으로 받아들이지 않게 된다.

많은 사람이 인생의 목적을 찾고 있다고 말한다. 그들은 인생의 사명이 눈부실 만큼 선명하게 나타날 날을 기다리고 있다. 그날이 올 때까지 그들은 *거대한* 대기소에 앉아 있다. 확신하건대 그 대기소는 정말 만원이다. 조용히 앉아서 모든 것이 확실해질 때까지 기다리는 것도 나쁘지는 않다. 불확실은 정말 괴로운 일이 아닐 수 없다. 할 수 있다면 인내를 가지고 조용히 때를 기다려라. 다만, 너무 자세한 메시지를 기대하지는 마라.

나는 완전하고 확실한 메시지를 받아본 적이 없다. 대신에 끈끈이 종이에 적힌 짧은 메모를 받았다. 당신도 그렇지 않은가? 자연 속을 걸을 때, 명상을 할 때, 마음이 고요할 때 어떤 통찰이 생기지 않던가? 그때 그 메시지를 따라갔는가? 삶에 그 메시지를 적용해 보았는가? 내가 발견한 것은 한번 그렇게 얻어진 메시지를 실천하면 또 다른 메시지를 얻게 된다는 것이다. 몇 달이 흐른 후에 다시 그때를 돌아보면서 작은 통찰에서 얼마나 많은 일들이 시작되었는지 발견하고는 경의를 느낀다. 대기소는 현명하게 이용하면 인생의 다음 장을 열기 전에 잠깐 쉬는 곳으로 좋은 공간이 될 수도 있다. 새로운 인생의 시작을 기다릴 때는 삶을 단순하게 만들어라. 나는 회사를 넘기거나 정말 심각했던 사업 관계를 청산할 때마다 단순해 지려고 노력했다. 갑자기 하는 일이 없어지면 당황하게 되고 밀려오는 허무함에 안절부절 못하게 되기 때문이다. 숨을 깊이 쉬고, 차분하게, 인생의 다음 장을 기다려라. *언제나* 그다음 장이 열리게 마련이다.

나는 평온함을 증진시키고자 매일 30분가량 명상을 하고, 하루 중 필요할 때면 아무 때라도 2~3분 정도의 짧은 명상 시간을 갖는다. 생

완전한 책임을 저라

각의 공세를 멈추는 순간 혁신에 대한 아이디어, 마케팅 계획, 인생의 통찰력 등이 오히려 명확해진다. 직관은 주의력이 있어야 생긴다. 집중하는 법을 배워라, 그래야만 삶을 안내하는 조용한 목소리를 들을 수 있다.

3개월마다 한 번씩 나는 완전히 혼자가 된다. 생각도 하지 않으려 한다. 아주 조용한 시간을 보내기도 하고 그렇지 않을 때도 있다. 혼자 자연에서 지내며 꿈을 꾼다. 며칠 동안 완전히 홀로 나만의 배터리를 다시 충전하며, 해결해야 하는 문제에 집중하면서 지낸다.

나처럼 영적인 생활을 추구하라거나 다른 어떤 영적인 시간을 가지라고 강요하는 것은 아니다. 하지만, 자신을 발견하는 시간을 사랑하라고 말하고 싶다. 자신에게 가장 소중한 것이 무엇인지 알아내야 한다. 핵심에서 멀어질 때, 중요한 목표에서 떠나있을 때 어떻게 하면 다시 그곳으로 돌아갈 수 있는지 방법을 찾아내야 한다.

인생을 관통하는 한 가지 규칙을 가지도록 하라. *한 가지* 규칙. "평상시에는 좋은 사람이지만 일을 위해서라면 잔인해질 수도 있다"는 식의 이중적 잣대를 적용하는 것은 좋지 않다. 영적인 삶을 삶의 나머지 부분들과 분리해서 생각할 수 없다. 통합된 인간으로서, 삶을 살아가는 데는 통합적 접근방법이 필요하다.

누구나 일과 삶의 조화가 필요하다고 주장하지만 영혼을 위한 시간을 쓰는 데는 너무 야박하다. 조화를 이루는데 가장 바람직한 방법은 바로 영혼을 살찌울 시간을 가지는 것이다. 아무리 바쁘다 해도 일주일에 한 시간, 한 달에 몇 시간 정도는 봉사를 할 여유가 있다. 봉사활동은 상상하지 못했던 모습으로 인생의 질을 높여줄 것이다.

• • •

"사랑해요." 샬롯이 숨을 할딱이며 말한다.

"음, 나도 사랑해요." 나도 사랑하는 것 같다. 샬롯을 만난 지 겨우 1시간밖에 안되었으니까. 감정의 강도가 강렬하다. 죽음이 다가오고 있다면 한시도 버리고 싶지 않겠지.

나는 개인치유센터에서 봉사활동에 참여하고 있다. 병원과 집을 오가는 환자들을 돕는 것이다. 인간의 고통을 줄여보고자 하는 소망과 나 자신이 암에 대한 공포에 두 번이나 사로잡혔던 경험이 나를 봉사로 이끌었다. 6개월 동안 훈련을 받고 담당 환자를 위해 일할 준비가 되었다.

샬롯은 첫 번째 환자들 중 한 명이다. 그녀는 낭포성 섬유증을 가지고 태어났다. 24세 밖에 되지 않았는데 숨 쉬는 것이 힘든 노동이 되어 버렸다. 쇠약한 늙은이처럼 자주 기침을 해댄다. 앞으로 몇 달 안에 샬롯이 내가 만난 가장 행복하고 가장 친절한 사람이라는 것을 알게 된다. "나는 정말 너무 멋진 인생을 살았어요." 샬롯은 내가 방문할 때마다 그렇게 말한다. 그녀가 입술을 움직일 때마다 코에 언제나 꽂혀 있는 산소줄이 얼굴 위로 튀어 올라 마치 깨지기 쉬운 자기 화병 위에 생긴 금처럼 샬롯의 얼굴을 반으로 가른다.

그녀는 죽음이 가까이 왔다는 것을 알고 있다. 내가 건네준 액체 모르핀을 꿀꺽꿀꺽 마시고 곧이어서 크랜베리 주스를 마신다. 나는 마치 으스스한 죽음의 살롱에서 샬롯만의 바텐더가 된 느낌이다. "나는 아직... 모두

279

완전한 책임을 져라

를 떠날 준비가 되지... 않았어요." 헐떡이며 말을 잇지 못한다. 그녀의 허파가 부풀어 오른다. 무슨 말을 할지 숨죽이며 쳐다본다. "난... 밖으로... 나가고... 싶어... 아줌마... 집에 가도... 돼요?"

"물론이지, 함께 저녁을 만들어 먹자. 좋아하는 것은 다 만들자꾸나. 보자... 바닷가재하고 아스파라거스, 라스베리를 넣은 초콜릿 케이크하고." 나는 웨이트리스처럼 손바닥에 메뉴를 적는 시늉을 한다. "뭐 더 시키실 것은 없나요, 손님?" 샬롯은 즐거운 웃음을 띤다.

일주일 뒤에 샬롯은 1분에 3발짝씩 걸어서 내 집 문을 두드린다. 그녀의 남편이 그녀의 줄어든 몸을 안아서 계단 4개를 올려주었지만 그녀는 자신이 혼자 걸어 들어가겠다고 고집을 피운다. 우리는 만찬을 하고 고요 속에 앉아 해가 지는 것을 본다. 바위에 부딪히는 파도의 철썩이는 소리가 들린다. 샬롯은 산소줄을 떼어낸다. 테라스의 기둥에 기대어 서서 힘겨운 숨을 들이쉬면서 소금기가 많은 공기를 마신다.

인생의 마지막 외출이었다.

며칠이 지나 샬롯은 다시 병원으로 들어갔다. 나는 시를 읽어주고 인생과 사랑에 대해 대화를 나눈다. 샬롯은 오랫동안 미루어 왔던 편지를 사랑하는 사람들에게 쓰기 시작한다. 나는 그녀의 편지를 받아 적는다. 식구들은 언제라도 볼 수 있는 가까운 곳에 살았지만 글을 통해 그녀는 더 자세히 감정을 전달한다. 편지를 쓰는 동안 마음과 몸이 함께 울먹거린다.

어느 날 저녁 고객이 주최한 파티에 참석하고 있었다. 나는 시끄러운 방을 나와서 병원으로 안부 전화를 건다. "어서 내일이 와서 만나면 좋겠구나. 네가 정말 좋아할 근사한 시를 찾아냈어"

"멋..지..네요." 그녀는 헐떡인다.

"내일 보자, 사랑해."

"사..랑..해..요."

다음날 아침 전화가 울린다. 샬롯은 아침 6시 반에 세상을 떠났다. 왜 꼭 오늘 아침이란 말인가? 아직 해주고 싶은 말이 많은데. 같이 나누고 감사하고 싶은 일들이 많은데. 그 파티에 가지 말고 병원에서 그녀와 함께 지내야 했다. 끔찍할 정도로 경쟁이 넘치는 사회에서 그렇게 오랫동안 살면서도 배우지 못한 인생의 가장 중요한 핵심을 샬롯은 내게 가르쳐 주었다. 다른 사람을 사랑하고 돌보아 주는 것. 그녀는 또 숨 쉬는 법을 가르쳐 주었다. 어떻게 공기를 가슴 가득 품고 그것에 대해 감사하는지 보여주었다.

・　　・　　・

다음 호스피스 환자 밥은 분노를 버리고 용서를 끌어안는 방법을 가르쳐 주었다. 몇 년 후, 학대받는 아이들을 치유하는 '라이프 웍스(LifeWorks)'에서의 자원봉사로 나는 고통을 겪는 아이들에게 사랑과 관심과 조화로움을 일깨우는 법을 배웠다. 사람들은 무엇인가 베풀려는 선의로 봉사활동에 뛰어든다. 하지만, 누구나 알게 되는 사실은 봉사는 베푸는 것보다 훨씬 큰 선물을 받는 일이라는 것이다.

선한 사람이 되려 애쓰지 말고 그냥 선행을 하라

자원봉사는 이제 내 생활의 가장 중요한 일부가 되었다. 호스피스, 중독자 지원, 문맹퇴치, 사업가 지원, 환경보호운동 등 많은 자원봉사에 참여한다. 언제나 세상을 변화시키고 싶은 열망을 가지고 살았지만 꾸준하게 일상적으로 자원봉사를 하기까지 상당한 시간이 걸렸다. 돈을 내기는 쉽지만 시간을 내는 것은 어려운 일이다.

왜 그렇게 오래 걸렸을까? 당신도 나와 비슷하지 않은가? 우리는 대개 선행을 하고 싶어하면서도 "일단 먼저 부자가 되고 나서 기부하겠다"거나 "좋은 일이지만 일단 한번 조사를 해보고 실천하겠다"는 핑계를 대면서 행동을 하지 않는다. 실리콘밸리 같은 '좀 더 많이'를 외치는 세상에서 살면 당신은 여러 가지를 확신하게 된다. 좀 더 좋은 차가 필요해! 좀 더 큰 집을 가질 거야! 원하는 것을 가지려고 열심히 돈을 모은다. 원하는 것이 남에게 베푸는 일이라면 어떨까? 모든 것을 다 베풀 필요도 없다. 아주 작은 것으로도 큰 차이를 만들어 낼 수 있으니까. 세상에 어떤 공헌을 남기고 싶은가? 세상이 조금이라도 나아지도록 무엇을 할 수 있을까?

돈과 성공은 정신을 흐리게 만들기도 한다. 더 큰 성공을 이루려면 늘 맑은 정신이어야 한다. 그러니 맑은 정신을 유지하기 위해서라도 반드시 성취한 것을 어느 정도 떼어서 나누어 줄 수 있어야 한다. 기부와 봉사를 사업의 목적으로 여기면 결정을 내리기가 훨씬 쉬워진다. 사업을 시작할 때 처음부터 기부를 계획하는 것도 좋을 것이다.

내가 알던 스위스의 한 작은 회사는 회사를 세울 때 이미 자선재단을 동시에 기획하였다. 그렇게 해서 회사의 핵심가치인 서비스 정신을 봉사의 모습으로 구현했다. 나는 자비심이 그렇게 깊은 사람이 아니다. 때때로 선행이 가장 이기적인 행동이 아닌가 생각할 때도 있다. 좋은 일 하겠다는 의도에서 시작한 일이 놀라운 사업의 기회가 된 적이 많았기 때문이다. 빌 게이츠하고 데이트하게 된 이야기와 백악관에 초대받았던 이야기는 작은 예일 뿐이다. 문득 좋은 일 좀 하자는 생각이 들 때는 그냥 실천해 버려라. 당신은 작은 봉사로 얻는 충족감에 틀림없이 계속 참여하게 될 것이다.

이 장을 쓰는 동안에 이런 일이 있었다. 내가 잘 알지 못하는 산업 관련 분야에 자원해서 일을 해주고 그 대신 그 분야의 여러 사람을 소개받기로 한 것이다. 나와 함께 일하기로 한 임원이 자신이 하는 운동의 대의명분에 대해 나를 설득했다. 나는 기꺼이 봉사하기로 했고 그 임원은 그 산업계 안에서 큰 역할을 맡고 있는 주요 인사들에게 나를 소개해 주겠다고 약속을 했다. 결과는? 나는 정말 열심히 일하고 내 몫의 봉사를 했지만 상대방은 내게 아무도 소개시켜 주지 않았다. 나는 화가 났다. 이용당했다는 생각에 분노와 적의가 생겼다. 그렇게 많은 일을 했는데 돌아오는 것은 하나도 없다니. 자존심이 비명을 지르는 소리가 들린다. 감정이 격해지는 걸 막아보려고 멘토를 찾아갔다. 그는 '~라면 좋으련만'이라는 생각 때문에 자존심이 상처받는 것이라는 진리를 다시 깨우쳐 주었다. '약속한 대로 사람들을 소개해 주었다면 좋았을 텐데, 내가 일한 것을 정당하게 인정받았다면 좋았을 텐

완전한 책임을 져라

데, 내가 유명하고 비싼 사람이라는 것을 그가 알았어야 하는데'와 같은 생각들이 나를 화나게 한다는 것이다.

자존심이란 놈은 조금이라도 이득을 봐야 편안해 한다. 그것이 자존심의 속성이다. 내 자존심은 "나는 할 일을 했으니까 권한이 있다"고 주장한다. *틀렸다.* 기대를 가진다는 것은 타인이 나의 행복을 좌지우지하도록 허락하는 것과 같다. 나는 손바닥을 아래로 하고 *던져주는 행위*를 한 것뿐이다. 이런 것은 진정한 봉사가 아니고 대가를 움켜쥐려는 동작일 뿐이다. 보상을 바라는 봉사는 효과가 없다. 예전에 자선단체와 일할 때는 두 손바닥을 위로 하고 공손히 내주는 마음으로 일했다. *두 손을 위로 모으는 공손한 마음은 진정한 서비스 정신을 보여준다. 돌아올 대가를 기대하지 않고 행복을 주고 싶은 순수한 행위이다. 손바닥을 밑으로 하고 무엇인가를 내주는 것은 이득을 바라는 마음이 들어 있는 거짓 자선이다.* 위로 향한 손바닥과 아래로 향한 손바닥'의 가치는 네트워킹에도 적용된다. 위로 향한 손바닥은 마음이 통하는 교류를 만든다. 아래로 향한 손바닥은 탐욕이 섞인 거래를 만든다. 어떤 태도가 좋은 관계를 세우고, 가치를 키우며 궁극적으로 양쪽 모두 이익을 가져갈 수 있도록 만들어 주겠는가?

사람들에게 기부를 권유하는 자원봉사 대변인이 되면 참 즐겁다. 1990년 중반에 '인류를 위한 헤비타트(Habitat for Humanity)' 운동본부에서 메일을 받았다. 빌 게이츠의 '최첨단 저택'이 온통 신문지상을 도배하고 있을 때였다. 빌의 첫 번째 아이가 태어난 때이기도 했다. 완벽한 타이밍이 아닐 수 없었다. 나는 제니퍼 게이츠의 이름으로 기부를 했다. 그리고 빌에게 이메일을 보냈다. "방금 헤비타트 운동본부에 제니퍼 이름으로 기부를 했어요. 그녀가 처음 성금을 낸 사건이 될 거예요." 빌은 부부가 앞으로 많은 자선활동을 하겠노라고 답장을 보내왔다. 그는 확실히 그 약속을 지키고 있다!

중국에서 전해오는 격언은 내가 자원봉사에 대해 느끼는 심정을 그대로 표현해준다. 봉사에 대한 우리의 이야기를 끝내기에 이것보다 좋은 경구는 없는 것 같다.

낮잠을 자면 한 시간이 행복하다.
낚시를 하면 하루가 행복하다.
결혼을 하면 한 달이 행복하다.
유산을 물려받으면 1년이 행복하다.
남을 도우면 평생이 행복하다.

세상을 변화시키는 법

- 영혼을 채워 줄 대의를 찾으라. 그런 일을 찾으면 참여한다는 생각으로 흥분되고 고양될 것이다. 여러 가지 일을 돌아가면서 하는 것도 좋다. 나는 시민권, 학대 아동, 노숙자, 여성인권, 무료급식, 에이즈 등에 관련된 활동을 한다. 각각의 활동을 통해 인생의 폭이 넓어진다.

- '일주일에 한 번' 참여하는 것을 습관으로 삼아라. 일주일에 한 시간 또는 한 시간에 해당하는 월급을 기부하는 것이다(금액은 아무래도 좋다. 주는 행위가 중요하다).

- 일을 하기로 결정하면 시간 계획을 잘 짜서 어기지 않도록 노력하라. 우선순위를 높이 매겨라. 시간을 미리 떼어 놓아야 다른 일이 끼어들어 방해를 못 하게 막을 수 있다.

- 가진 것이 많다고 생각하라. 시간, 재능, 돈 중에 어떠한 것이든 줄 수 있다. 줄 수 있는 것을 주어라. PR에 정통하다면 자선단체를 알리는 데 무료로 일주일에 한 시간 정도 일해 줄 수 있을 것이다. 시간과 재능을 주는 것이다. 돈을 내는 것이 쉽다면 그렇게 하라. 모든 기부가 다 좋은 것이다.

- 다른 사람도 끌어들여라. 우리 회사에서는 개인이 기부를 하면 회사도 그만큼 같이 기부를 한다. 재미도 있고 회사와 직원이 한 마음이 되어서 도덕성도 높일 수 있는 좋은 방법이다.

287

완전한 책임을 져라

무료로 제공되는 좋은 자료들

www.RulesForRenegades.com 접속 후 다운로드
(접속 시 로그인 필요)

"Personal Development section"

288

완전한 책임을 져라

__ DO IT ANYWAY

커리어와 인생을 활기로 가득 채우는 과정은 숨막힐 정도로 즐겁고 신나는 일이다. 사업을 하고 있거나 하려는 사람들에게 이 책이 도움이 되었으면 좋겠다. 나의 시련과 성공을 들여다 본 당신이 나의 이야기에서 당신의 인생에 적용할 수 있는 무엇인가를 찾기 바란다.

현실을 바꾸지 않으면 과거가 미래를 지배하게 된다. 고쳐야 할 것이 있으면 고치고 고통이 있으면 치료하라. 일과 사생활을 꼼꼼히 점검해 보아라. 당신이 변화를 만들 수 있는 분야를 찾아서 눈에 띄는 차이를 만들어 내어라. 습관처럼 하라. 그러면 재미가 느껴질 것이다.

삶의 여러 측면에서 주제로부터 벗어나지 않게 도와주는 여러 가지 방안들이 이 책 안에 소개되고 있다. 아버지의 임종 때문에 자신을 진실로 돌아보게 될 때까지 나는 오랫동안 내 인생의 본래의 목적에서 벗어나 있었다. 우리는 언제 어디서나 배울 수 있다. 어떤 삶이든 살고 무엇이든 추구할 수 있다. 남에게 자신을 증명해 보일 필요는 없다. 나는 시계의 뒷면에 다음과 같은 말을 새기고 다닌다.

나는 충분하다.

충분히 일한다.

충분히 가졌다.

꿈을 불러내어 생생한 현실로 만들어서 지니고 살아야 한다. 어려운 시절이 오면 그 꿈이 기댈 곳이 되도록. 꿈 때문에 당신이 누구인지 확실해질 것이다. 세상 밖으로 나가는 동시에 당신 안으로도 들어가야 한다. 남에게 의지하지 말고 당신의 권한을 포기하지 말라. 직시하는 것이 때로는 쓰리고 고통스러울지라도 자신에게 정직하라. 세상의 거절에 대해 상처입지 말고 실패를 성공의 단초로 만들어라. 원하는 것을 명백히 하면 이루는 것도 쉽다.

원하는 것이 확실해야 도달할 방법을 찾을 수 있다. 목표 설정의 과정을 밟아라. 목표설정이야 말로 성공의 가장 강력한 도구이기 때문이다. 누구나 실수를 한다. 때때로 남들에게 실망도 한다. 그러나 소통을 포기하지 말고 계속 나아가라. 우리 인생은 혼자 만드는 것이 아니고, 우리가 만난 사람들과 함께 창조하는 작품이란 것을 알게 될 것이다.

내가 결론으로 말하고 싶은 것을 누군가가 이미 잘 정리해 놓았다.

291

그냥 하세요(Do It Anyway)

사람들은 종종 자기 중심적이고, 터무니 없고, 불합리하게 굽니다.
그래도 받아 들이세요.

친절을 베풀어도 이기적이라고 비난하거나 불순한 동기가 있을 거라
고 의심합니다.
그래도 친절하세요.

성공을 쟁취하면 잘못된 친구와 확실한 적을 만들게 될 것입니다.
그래도 성공하세요.

정직하고 거짓없이 행동하면 사람들이 당신을 속일지도 모릅니다.
그래도 정직하고 거짓없이 하세요.

여러 해 동안 공을 들인 것도 하루 아침에 누군가 망가뜨릴지 모릅니다.
그래도 공을 들이세요.

마음의 평온과 행복을 누릴 때 사람들이 그런 당신을 질투할지 모릅니다.
그래도 행복하세요.

좋은 일을 해도 사람들은 쉽게 잊어버립니다.
그래도 좋은 일을 하세요.

당신이 가진 가장 좋은 것을 세상에 내놓아도 충분하지 않을 수 있습니다.
그래도 가장 좋은 것을 내놓으세요.

결국은 이 모든 것이 당신과 신 사이의 일입니다.
사람들과는 상관이 없는 일이랍니다.

마더 테레사

볼보 자동차 코리아

볼보의 기원

북유럽을 대표하는 세계적인 자동차 메이커 볼보는 1927년 스웨덴의 경제학자인 아사 가브리엘손 (Assar Gabrielsson)과 당시 최대의 볼베어링회사인 SFK의 엔지니어였던 구스타프 라르손(Gustaf Larson)에 의하여 창업되었다. 그들은 볼보의 최초모델인 OV4(Open/ Vehicle4, 일명 야곱)를 개발한 후, SFK의 지원을 받아 스웨덴의 예테보리 근처에 스웨덴 최초의 현대식 자동차 공장을 세우고 회사이름을 라틴어로 "나는 구른다 (I Roll)"라는 의미를 지닌 볼보 (Volvo)로 명명하였다.

브랜드 이념

"자동차는 사람에 의하여 운전됩니다. 그러므로 볼보에서 제작하는 모든 자동차는 안전이라는 지상과제를 기본으로 하여 만들어지고 있으며 이는 영원히 지속될 것입니다." 브랜드 철학인 안전, 품질, 환경을 기업이념으로 이에 부합하는 자동차를 생산하기 위해 최선을 다하고 있으며, 이 중에서도 안전은 오늘 날 안전의 대명사 볼보를 있게 한 기업의 근본 이념이다. 볼보의 비전은 복잡한 시장상황에서 정통적인 볼보의 역량을 강화하고 현대적인 감각을 유지해, 세계적으로 누구나 가장 갖고 싶어하는 성공적인 최고급 자동차 브랜드가 되는 것이다.

볼보자동차 세계 최초의 Safety장치/기능

1959년_ **3점식 안전벨트**

59년 볼보가 최초 사용한 이후 모든 자동차에 기본으로 쓰이기 시작했고, 지금까지 사용된다.

1964년_ **후방 어린이 안전 시트**
연구 결과 교통사고시 유아를 전방으로 앉혔을 때의 유아 사망률은 후방으로 앉혔을 때보다 5배 이상 높다.

1994년_ **측면 보호 에어백**
(SIPS/Side Impact Protection System)
볼보 특허의 측면보호 시스템은 측면 충돌시 차체에 전해지는 충격을 빔(Beam), 필라(pillar), 루프, 프레임 등 섀시 곳곳으로 탑승자의 충격을 최소화한다.

1998년_ **커튼형 에어백(IC/Inflatable Curtain)**
차체 내부 창측 둘레를 따라 내장되어 있고 충돌 때 승객 머리에 가해지는 충격의 75% 이상을 줄이는 효과가 있다.

경추보호 시스템
(WHIPS/Whiplash Protection Seating System)
심한 후방 추돌 사고시 탑승자의 목뼈 뿐 아니라 허리에 전해지는 충격을 최소화한다.

2002년_ **전복 방지 시스템(RSC / Rollover Stability Control)**
전복 가능성이 감지되면 차체를 안정시키기 위해 제동 장치와 미끄럼 방지 시스템이 동시 작동해 바퀴에 제동이 걸리고 엔진출력이 줄어 차체는 안정을 찾게 된다.

2004년_ **사각지대 정보 시스템(BLIS/Blind Spot Information System)**
차량의 양쪽 사이드미러 하단에 디지털 카메라를 장착해, 주행

시 양쪽 사각지대에 다른 차량의 움직임이 감지될 경우, 양쪽 사이드미러 쪽 실내에 장착된 경고등이 점멸되면서 다른 차량의 존재를 알려주는 기능이다.

2005년_ **시동 원천차단 안전장치(Alco Guard)**
차량에 장착된 소형음주검사장치를 통해 운전자의 상태를 측정한 결과, 운전자가 음주 상태인 것으로 판단될 경우 시동이 걸리지 않는 최첨단 예방안전 시스템이다.

회사연혁 (볼보자동차 코리아)

1987년	볼보 자동차 국내판매 개시 (한진과 국내 수입, 판매 계약 체결)
1991년 12월	볼보740 GL 모델 국내 최다판매 수입차종으로 선정 (238대)
1998년 3월	(주)볼보자동차코리아 설립, 국내 직판체제 구축. S70R 국내 시판
2001년 6월	볼보, 재규어, 랜드로버 브랜드 통합 / PAG 코리아 법인 출범
2001년 9월	이향림 대표 PAG 입사 (CFO - 인사재무 총괄이사)
2003년 2월	이향림 대표 인사재무 총괄상무 승진 (CFO)
2004년 3월	이향림 대표 볼보자동차코리아 대표 취임
2005년 1월	이향림 대표 PAGK 대표 취임
2005년 11월	볼보 압구정 전시장 오픈
2007년 2월	대치동 PAG 복합전시장 오픈
2007년 2월	볼보 서초 전시장 및 서초 A/S센터 오픈
2008년 5월	이향림 대표 볼보자동차코리아 대표 취임 (JLR 매각에 따른 PAGK 분리)